다르지만
조화한다

불교와 기독교의 내통

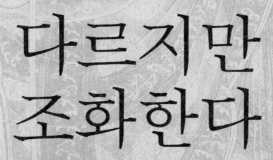

다르지만
조화한다
불교와 기독교의 내통

두 세계를 동시에 살아가기

이찬수 지음

울력 보살는사람들

* 이 저서는 2010년 정부(교육과학기술부)의 재원으로 한국연구재단의 지원을 받아 수행된 연구임(NRF-2010-361-A00017).

문화적 다름이 본성적 닮음을 이기지 못한다
- 두 세계를 함께 공부해 오며

30여 년 종교 관련 공부를 하면서 사람들은 결국 비슷하다는 생각을 많이 해 왔다. 동서양의 종교들이 겉보기에는 제법 다른 듯해도, 그 안에는 유사성 내지 상통성이 더 크게 자리 잡고 있다는 사실을 확인했다. 동서양의 대표적 사상 체계라 할 수 있을 불교와 기독교도 다르지 않았다. 불교는 무아(無我) 혹은 공(空)을 강조하고 기독교는 주체(主體) 혹은 존재(存在)를 강조하는 등, 겉으로는 현저하게 다른 메시지를 담은 듯한 두 전통도 그 깊은 곳에서 말하려는 세계는 거의 같은 것으로 보였다. 닫힌 세계로부터의 초월과 이기적 자아로부터의 자유를 추구하면서 본래적 인간상을 회복하려는 시도와 정도가 비슷하게 느껴졌다.

이런 생각은 어려서부터 기독교인이었던 내가 종교학을 만나면서 싹텄다. 대학에서 여러 종교들의 세계관을 배우면서, 이전에는 의식할 수 없을 만큼 자연스러웠던 기독교 중심적 세계관의 한계 같은 것이 폭로되기 시작했다. 내가 생각하는 진리가 다른 종교 안에서는 다른 양상으로 전개되고 있는 것으로 보였고, 사람들은 어떤 종교 전통에 속해있든 무언가 비슷한 기대를 하며 산다는 생각도 들었다. 무엇보다 불교에서는 충격이라 할 만한 정도의 영향을 받았다. 무아론(無我論)을 공부하면서 '절대'라는 말을 재해석하게 되었고, 세상을 상대적이고 관계적으로 볼 줄 아는 안목이 생겨났다.

내가 믿던 신(神)이 불교적 공(空)의 원리에 따라 상상되기 시작했다. 불교는 기독교와 너무나 다른 세계라는 기존의 막연한 선입견이 사라졌을 뿐만 아니라, 알지도 못한 채 얄팍한 지식을 판단의 유일한 근거로 간주하고, 은근히 남을 폄하하던 지난날이 부끄러웠다. 종교를 통해 보편적 사유를 체화하고 싶은 마음에 대학원을 종교학과로 진학했다.

대학원에서 힌두 사상과 초기 불교를 배우면서 은근히 인도를 동경했고, 중국의 도가는 대단히 매력적으로 다가왔다. 물론 내 종교적 실존을 지배하는 지속적인 관심사는 불교였다. 특히 선종과 화엄사상에 관심을 기울였으며, 법장(法藏)의 『화엄오교장』(華嚴五敎章)에서 육상원융(六相圓融)을 해설하며 나온 "기둥이 없으면 집도 없다"는 구절은 화두처럼 성찰의 대상이 되었다.

그러던 어느 날 후배에게 세상의 원리를 설명한답시고 화엄오교장의 그 구절을 나도 모르게 내뱉고는 그 말에 내가 다시 휩싸이게 되었다. 그 뒤 그 말은 정말 나의 일부가 되었다. "아하!" 하는 느낌과 함께 초기 불교의 연기론적(緣起論的), 나아가 화엄종의 성기론적(性起論的) 세계 해석이 순식간에 내 속에 녹아들어 갔다. 이론이 몸으로 느껴지는 신기한 순간이었다.

석사 논문은 보조국사 지눌의 선(禪) 사상에 나타난 믿음(信)의 문제를 중심으로 작성했다. 언젠가 깨달음을 이룰 수 있을 것이라는 기대와 희망, 즉 믿음이 있어야 깨달음의 여정에 나설 수 있는 것이 아닌가 하는 생각에서였다. 그런 자세로 지눌 관련 모든 문헌을 살펴보면서, 선불교에서도 믿음이 중요할 뿐만 아니라, 깨달음과 동전의 양면 같은 관계에 있다는 사실을 확인할 수 있었다.

석사 학위를 마치고는 당시 화엄사상에 관한 대표적 영어권 저술인 *The Buddhist Teaching of Totality*를 우리말로 번역했다. 1989년 한 해는 거의 매일 한두 시간씩 화엄의 세계관을 상상하다 잠들곤 했다. 그 번역물은 이

듬해 『화엄철학』(1990)이라는 책으로 출판되었다.

이런 과정을 거치면서 신, 인간, 세계의 상대성 내지 관계성이 자연스러워졌고, 하나 안에서 전체를 보는 안목도 생겨났다. 불교로 인해 나의 세계관이 한결 넓어지고 깊어지고 자유로워지는 느낌이었다. 불교를 알면 알수록 기독교도 더 잘 보였다. "진리가 너희를 자유롭게 하리라"(요한복음 8,32)는 말이 새삼 더 잘 와 닿았다. 나는 그 근저에서 상통하는 세계를 신앙의 근거이자 핵심, 그리고 목표로 삼게 되었다. 그래서 신학으로 석사과정을 한 번 더 시도했다. 이미 불교로 인한 사상적 전환을 경험한 덕분인지, 신학의 심층에 대한 그림도 더 잘 그려졌다.

박사과정에서는 20세기의 탁월한 가톨릭 신학자인 칼 라너(Karl Rahner)와 일본 현대 불교철학자라 할 수 있을 니시타니 케이지(西谷啓治)를 비교하며 학위논문을 썼다. 라너가 토마스 아퀴나스 이래 가톨릭 신학을 집대성한 대표적인 신학자였다면, 니시타니는 대승불교에 입각해 서양철학을 창조적으로 소화해 낸 교토학파의 집대성자였다. 이들을 비교하면서, 탁월한 사상가들이 인간과 세계를 아무리 복잡하고 정교하게 설명해도, 그 설명 체계의 깊은 곳에서 말하려는 것은 결국 상통한다는 생각이 자연스럽게 들었다. 이것은 야기(八木誠一)와 스위들러(Leonard Swidler)의 『불교와 그리스도교를 잇다』(1996)를 번역하면서도 들던 생각이었다. 그런 과정을 거치며 불교 안에서 기독교를, 신학 안에서는 불교를 보게 되었다.

이런 생각들은 박사학위 과정을 전후해 작성한 논문들을 재정리해 출판한 『불교와 그리스도교, 깊이에서 만나다: 교토학파와 그리스도교』(2003)와 『인간은 신의 암호: 칼 라너의 신학과 다원적 종교의 세계』(1999)에 담겨 있다. 전자는 부제 그대로 교토학파에 해당하는 여러 불교적 철학자들의 사상을 신학적 사유와 비교하는 논문들과 함께 소개한 책이다. 내가 저술한 대표적인 불교철학 연구서다. 후자는 외형상 칼 라너의 신학을 다룬 책이지만, 불교학자가 읽으면 불교적 세계관과 연결되기를 바라는 내심을 담은 연구서다. 연구 대상으로 삼았던 라너가 내 책을 읽으며 자신이 믿는 신이 공(空)이라고 표현해도 상관없을, 만물의 존재 원리이자 때로는 만물 그 자체이기도 하다는 사실을 받아들일 수 있다면 좋겠다는 상상을 하기도 했다.

내 입장을 두 세계에 두루 통하도록 정리해야겠다 싶어 『생각 나야 생각하지: 사유·주체·관계, 그리고 종교』(2002)라는 종교철학 에세이를 저술하기도 했고, 한국 기독교 연구사를 정리한 『한국 그리스도교 비평: 그리스도교, 한국적이기 위하여』(2009)도 저술했다. 이 책에도 한국에서 기독교와 불교의 관계를 다룬 부분을 근 100여 쪽에 걸쳐 담았다. 한국 기독교가 불교를 통해 한국적 종교로 거듭나기를 바라는 마음에서였다.

이 모든 연구 결과들은 불교적 언어가 불자에게 주는 의미와 기독교적 언어가 기독교인에게 주는 의미의 정도가 과히 다르지 않다는 사실을 담고 있었다. 나아가 두 종교가 추구하는 그 종착점, 가령 공(空)과 하느님, 열반과 하느님 나라, 그리스도와 보살, 기도와 염불 등은 결국 비슷한 체험의 깊이를 나타내 주며, 붓다와 예수가 말하고자 했던 세계도 결국 비슷한 것이라는 생각을 담고 있었다. 이들의 객관적 동일성을 당장 확보하기는 힘들어도 궁극적 차원에서는 만나리라는 기대를 가져왔다.

물론 일부 학계에서는 '같음'보다는 '다름'을 더 중시해야 한다는 목소리도 높다. 이러한 주장의 의도와 의미를 모르는 바도 아니다. 하지만 공통성을 이해하지 못하거나 염두에 두지 않은 차별성의 강조는 갈등으로 비화할 가능성이 크다는 사실을 현실 종교계에서 수도 없이 경험했던 터라, 나는 상통, 유사, 같음에 대한 이해가 종교학 공부의 관건이라고 늘 생각해 왔다.

물론 불교와 기독교가 단순히 똑같다고 말할 수는 없다. 수십 년을 함께

산 부부도 똑같기는커녕 서로의 차이를 확인하며 살 때가 많은 마당에, 종교들이 똑같다는 주장은 그저 개인의 주장에 머물 공산이 크다. 그럼에도 불구하고 무언가 상통하는 것이 전혀 없이 함께 산다는 것은 불가능하다. 함께 지낸다는 것은 크든 작든 무언가 통하는 부분이 있다는 뜻이다. 그런 것 없이 어찌 친구가 되고 부부가 될 수 있겠는가. 이러한 상통성은 종교들에도 마찬가지로 적용되며, 외형상 차별적인 듯한 불교와 기독교도 그 속으로 들어가 보면, 서로 통하는 지점이 있다. 아시아인이나 구미인이나 아프리카인이나 모두 좋은 일에 기뻐하고 슬픈 일에 아파하듯, 불교나 기독교나 모두 인간의 실상에 대한 궁극적 관심의 표현이듯, 외형 속에 담겨 있는 내면 내지 다양한 언어적 표현들이 지향하는 바는 결국 상통한다는 것이 나의 지론이다. 문화적 다름이 본성적 닮음을 압도하지는 못한다는 것이다. 내가 그동안 불교와 기독교를 비교하며 쓴 대부분의 글들은 이러한 공통성 혹은 상통성을 기반으로 하는 것들이다.

이 책도 불자와 기독자가 추구하는 의미 세계의 상통성을 염두에 두고 쓴 글들을 모은 결과물이다. 이 책은 불교와 기독교가 표층적 상이성과는 달리 심층에서 상통성이 더 크다는 사실을 담고 있다. 제목을 『다르지만 조화한다 불교와 기독교의 내통』이라고 잡은 것도 두 세계가 내적으로 통한다는 사실을 말하고 싶어서였다. 군자는 상대와 조화하면서 차이도 인정한다(君子和而不同)는 공자의 가르침(『논어』「자로」 23)을 염두에 두되, 불교와 기독교의 조화를 가능하게 해주는 그 심층에 더 관심을 기울이며 붙인 제목이다. 가령 불교의 공(空)과 기독교의 신(神)은 표층적 차이에도 불구하고 심층에서는 상통하는 궁극적 진리의 세계를 표상하는 핵심어들이다. 이들은 결국 언어와 관념을 넘어서는 세계이거나 그 언어와 관념을 가능하게 해 주는 근원의 세계에 붙여진 이름이다. 불교와 기독교는 무아와 존재의 차원에서 혹은 절대무와 절대유의 차원에서 이러한 근원의 세계를 말해 왔다고 할 수 있다.

인도의 신학자 파니카(Raimundo Panikkar)는 이렇게 고백한 바 있다: "나는 한 사람의 그리스도인으로서 출발했다. 나는 나 자신이 힌두인임을 발견했다. 그리고 나는 한 사람의 그리스도인임을 그만두지 않은 채 한 사람의 불자가 되어 돌아왔다." 다종교가 뒤섞여 공존하는 한국에서 태어나 그 영향력 안에서 살고 있는 나도 파니카와 거의 같은 고백을 할 수 있겠다: "나는 한 사람의 그리스도인으로 출발했다. 나는 나 자신이 한국인임을 발견했다. 그리고 나는 한 사람의 그리스도인임을 그만두지 않은 채 한 사람의 불자가 되어서 돌아왔다."

2012년부터 서울대 통일평화연구원에서 평화인문학 연구를 하고 있다. 종교의 핵심은 생명과 평화에 있다는 생각을 갖고 있던 차에, 기존 종교 연구와는 다른 환경에서 평화를 구체화하기 위한 공부를 할 수 있게 된 것은 다행스러운 일이다. 사회과학이 주도하던 기존 평화 연구가 좀 더 인간의 얼굴을 한 평화학이 될 수 있도록 하는 일을 나의 과제로 삼고 있다. 특히 한반도발 평화학의 주요 주제인 남북관계 개선 및 통일학 분야에도 불교와 기독교가 만나는 그 깊은 지점에 대한 연구가 유의미한 이론적 기초를 제공할 수 있으리라 본다. 두 종교가 만나는 지점은 한국인이 오래 지녀왔던 문화의 심층 혹은 영성의 정수이기도 하기 때문이다. 장구한 세월동안 다져온 민족적, 언어적 동질감이 현재 남북이 느끼는 단기적 이질감을 극복하는 동력으로 작동하게 될 것이다. 이 책의 기본 주제는 아니지만, 불교와 기독교라는 인류 최고의 지혜와 영성이 한반도발 평화 연구에 공헌하고 이들의 정수와 심층이 생명과 평화의 이름으로 한 데 묶이면서 우리 사회를 선도하는 공통의 가치가 되는 날을 기대한다.

2015년 8월 이찬수

다르지만
조화한다
불교와 기독교의 내통

• 1부 •

깨달음의
길에 서다

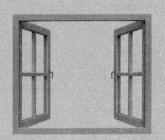

01 인연에 따르다 : 불교의 인간론

1. 근본적인, 너무나 근본적인

인간이란 무엇인가? 이처럼 근본적이고 어려운 질문이 또 있을까. 근본적이기에 수도 없이 되물었지만, 어렵기에 답도 늘 모호했다. 인간 자체야 동서와 고금을 막론하고 별반 차이가 없었고 또 없겠으나, 인간을 보는 관점은 항상 다양했다. 이 글에서는 그 다양한 인간 이해 중 하나, 그러나 동양적 인간 이해의 정수라 할 만한 불교적 인간관을 살펴보고자 한다.

물론 불교적 인간관마저도 여러 각도로 설명될 수 있다. 이천오백여 년의 역사를 이어 오는 동안 불교라 불릴 만한 전통 안에도 굉장히 다양한 인간론이 발생해 왔으니 말이다. 그럼에도 대강의 공통점도 있으니, 그 공통점은 무엇보다 석가모니 붓다의 가르침으로 연결된다. 붓다의 가르침을 시작으로 불교적 세계관의 전개 과정을 인간관 이해에 맞게 풀어가 보자.

2. 인연에 따르다

우리가 흔히 내뱉는 말 중에 '옷깃만 스쳐도 인연(因緣)'이라는 말이 있다. 그때 인연은 '인'과 '연'의 복합어이다. '인'이 어떤 사건의 직접적인 원인이라면, '연'은 그러한 인이 구체화될 수 있게 해주는 이차적 요인이다. 씨앗이 나무 한 그루의 인이라면 물·공기·햇빛은 그 나무의 연인 셈이다. 인과 연이 만나야 무슨 일이든 벌어진다. 한 송이 꽃으로 피어나고, 풍성한 열매가 맺어진다. 이것을 인연생기(因緣生起)라 한다. 그러고 보면 인연은 인연생기의 줄임말이다.

이 인연법에 따라 세상을 보는 종교가 바로 불교이다. 세상만사를 인과 연의 만남으로 파악하면서, 사건이나 사물 자체의 독자성을 보지 않는다. 이 글을 쓰는 '나' 역시 부모님의 씨앗들이 서로 만나[因] 인간의 형태가 이루어진 뒤 온갖 음식을 받아먹으며[緣] 오늘날 이런 모습으로 변해 왔다. 부모님의 씨앗은 또 어디서 왔는가? 그것은 하늘에서 내려 주는 빗물과 땅 속의 영양분을 빨아들여 자란 논밭의 오곡백과를 먹고 만들어졌다. 그러니 부모님의 씨앗 속에, 그로 인해 생겨난 내 안에 삼라만상이 이미 들어 있는 셈이다. 더욱이 수십억 년 세월 동안 비치고 있던 햇빛과 유유히 흘러온 강물을 받아들여 자란 것들이 내 속으로 들어와 내 생명이 되었으니, 내 현재 삶 속에는 이미 수십억 년의 세월도 녹아 있다. 그 엄청난 물 중에 하필 그 물방울을 빨아들인 그 풀잎을 내가 먹고 지금 이렇게 글을 쓰고 있으니, 이것이 바로 인연의 실상이다. 하고많은 사람들 중에 하필 그이와 옷깃을 스치며 만나게 되다니, 이것 보통 인연이란 말인가! 이 글을 읽고 있는 독자와의 인연이란 더 말해 무엇 하랴.

이러한 것들이 바로 붓다(Buddha, 서기전 563-483)의 통찰이다. 오늘 내가 나 된 것은 나 혼자의 힘이 아니라, 부모에·자연에·삼라만상에 빚지며 살아온 결과라는 뜻이 인연이라는 말에는 들어 있다. 세상만사는, 너 없이는 나도 존재할 수 없는, 상호 의존적 관계에 있다는 것이다. 이것은 저것을 조건으로 해서만[緣] 일어나게[起] 마련이다. 서로[相]를 마주함[對]으로써만 자기 자

신일 수 있다는 의미에서 세상만사는 상대적이다. 이런 실상을 붓다는 이렇게 정리했다:

이것이 있기 때문에 저것이 있고,

이것이 생겨나기 때문에 저것도 생겨나며,

이것이 없으면 저것도 없으며

이것이 없어지면 저것도 없어진다.

(此有故彼有 此生故彼生 此無故彼無 此滅故彼滅, 잡아함 권15)

3. '나'는 없다!

이러한 인연법, 연기(緣起)는 불교 사상의 기초이다. 불교 인간관의 근저이기도 하다. 이것은 '나'라는 실체가 독자적으로 있는 것이 아니라, '너'와의 관계 속에서 상대적으로, 그것도 일시적으로만 존재할 뿐이라는 가르침을 담고 있다. 흔히 나에게만 해당하는 고유한 본질, 불변의 실체를 거의 무의식 중에 가정하지만, 한마디로 그런 것은 없다는 것이다. 이러한 가르침을 무아론이라 한다. 무아, 즉 '나'라는 실체는 없다. 세상만사는 서로 얽혀 존재한다. 어디에든 독자적으로 존재하는 영원한 실체란 없다. '너'가 있으니 '나'도 있는 것이지, 너 없는 나란 있을 수 없다. 부모 없는 자식, 선생 없는 학생, 안 없는 밖, 작음 없는 큼, 어둠 없는 밝음 등등도 마찬가지이다. A 없이 어찌 B가 있을 수 있겠는가? 1 없는 2는? 기둥 없는 지붕은? 더 나아가 인간 없는 신(神)도 그렇다. 신 역시 나에 의해 신으로 간주될 때 신으로 존재한다. 신조차 인간에 대해 상대적이다. 세상만사는 이렇게 서로를 조건으로 해서만 존재하고 생겨나고 사라진다.

이것은 모두 '아'(我)가 없음을 말해 준다. 어디에든 독자적이고 불변하는 영원한 본질, 실체란 없다. 한마디로 무상(無常)하다. 행복을 추구하지만 그 행복 자체는 물론 행복을 추구하는 '나'의 실체 역시 따로 있는 것이 아니니, 그 어찌 괴로움(苦)이 아니랴! ─붓다는 세상만사를 괴로움으로 파악했다.─ 신에게 전적으로 매달리려 하지만, 그 신 역시 나에 의해 가탁되어, 끝없는 욕망의 대상으로 거기 있을 뿐. 이런 실상을 모른 채 언제나 나를 전제하며 나의 욕구를 채우기 위해 아옹다옹하며 살아가는 사람들이란! 만사는 이렇게 있지 않은 나에 대한 착각에서 문제 덩어리가 된다. 그렇다면 바로 나의 실상을 깨닫는 것이야말로 불교적 세계관의 완성이다. 그 나의 없음(無我)을 확증함으로써 일체의 집착에서 벗어나 대자유의 세계인 열반(涅槃)에 이르는 것이다. 이것을 결정적으로 보여준 이가 붓다이다. 불교의 인간관도 바로 이 점에서 출발하고 완성된다.

4. 다섯 요소들(五蘊)의 묶음

붓다에 의하면, 인간은 근원적으로 다섯 요소들의 묶음으로 이루어져 있다. 전통적으로 그것을 몸(色), 느낌(受), 지각(想), 의지(行), 의식 활동(識)이라고 한다. 인간이 생각하고 느끼고 소유할 만한 것으로 간주되는 것은 무엇이든 이 다섯 요소들의 묶음과 조화에 해당한다. 그런데 문제는 이 다섯 요소들의 묶음 위에, 혹은 근저에 그것들을 다시 묶어 주는 그 무엇이 있다고 가정하는 데 있다. 그 무엇을 바로 '나'라고 생각하는 데서 인간의 근본 문제가 생겨난다. 그 '나'란 무엇인가. 그런 것이 과연 있는가?

썩어 가는 이를 예로 들어 보자. 이가 썩으면서 통증이 생긴다. 그 통증은 이에 세균이 본격 침투했음을 알리는 신경 계통의 신호이다. 모두 생물학적인 과정들이다. 그러나 우리는 흔히 이렇게 말한다: "내 이에 충치가 생겼어. 괴로워!" 이에서 일어나는 생물학적 현상을 나에게서 일어나는 현상이라고 한다. '나'라는 자아를 이의 썩어 감에 적용해 '내 이' 라고 말한다. 그러면서 괴로워한다.

물론 통증 자체는 분명 불안하고 괴로운 일이다. 기존 몸의 조직과 질서가 흔들리는 일이기 때문이다. 그러나 더 큰 불안과 괴로움은 그것이 나에게서 벌어지는 일이라고 간주하는 데 있다. 그 나를 축으로 세상만사를 생각하다 보니, 세상만사가 그 나에게 맞지 않아 괴로워하는 것이 문제의 근본이다. 이것이 인간의 근원적인 실상이다.

인간은 주먹과 같다. 주먹이란 무엇인가? 다섯 손가락과 손가락 사이의 근육들이 뭉쳐서 생긴 일시적인 현상이다. 주먹은 영원한가? 아니다. 다섯 손가락과 손가락 사이의 근육이 펴지면 주먹은 사라진다. 인생은 마치 주먹과 같다는 것이다. 그것을 모르고 주먹을 움켜쥐고 놓을 줄 모르는 인생의 적나라한 모습을 붓다는 온몸으로 통찰했다. 그래서 모든 집착에서 자유로워졌다. 그리고 이렇게 가르쳤다. 나를 괴롭히는 나란 없다. 그래서 '무아'이다. 인간은 그저 다섯 덩어리의 묶음에 지나지 않는다.

물론 물질 자체, 사물의 구성 요소 자체가 없는 것은 아니다. 구성 요소의 근저에 있다고 곡해된 불변의 실체로서의 '나'가 없는 것이다. 티벳의 14대 달라이라마 텐진 가초도 붓다는 실체적 의미의 자아를 부정했지, 관계적·연기적 의미의 자아를 부정한 것은 아니라고 강조한다: "붓다가 무아를 말했을 때의 아는 변하지 않고 상주하는 아이며, 절대적이며 타에 의존하지 않는 독립적인 아이며, 또 집적태로서의 분할이 불가능한 단일한 아입니다. 이렇게 자립적이며 독립적이며 단일적인 성질을 구비하는 존재를 우리는 스바브하바(svabhāva), 즉 실체라고 부릅니다. 그러니까 불교의 무아론은 실체로서의 아가 존재하지 않는다는 것을 의미합니다. … 실체적 자아는 연기적 자아와 대립되는 개념이며, 실체적 자아가 없어져도 연기적인 자아는 분명히 있습니다…". 따라서 "무아라고 하는 뜻은 '아'라는 존재의 소멸을 의미하거나 나의 완전한 무화를 의미하는 것이 아니라, '아'에 대한 이해 방식의 근원적인 변화를 의미하는 것입니다. 즉 그것은 마음의 소멸이 아니라 마음의 혁명입니다. 혁명이란 마음이 새로워진다는 것입니다. 그러한 마음의 혁명을 불교는 지향하는 것입니다."

이러한 마음의 혁명은 아성(我性) 혹은 자성(自性)이 깨어지면서 성립된다. 그때는 현생과 내생과의 간극도 사라지고, 순간이 곧 영원, 현생이 곧 내생의 삶이 되는 때이다. 기독교 최대의 신비주의자 에크하르트식으로 표현하면, '영혼 속에서 신이 탄생'하는 순간이다. 그곳에서 신과 '나'가 분리되지 않듯이, 순간이 곧 영원, 중생이 곧 부처가 되는 것이야말로 불교가 전해 준 최대의 정신 혁명이라고 할 수 있다.

5. 인식한다는 것

다섯 묶음, 즉 오온의 집합으로서의 인간 개념은 시대가 흐르면서 점점 분화되었다. 가령 4~5세기경 학승인 세친(世親)에 의해 확립되었다는 유식학파에서는 다섯 묶음 가운데 하나인 '식'(識)을 중시하면서 왜 인간은 삼라만상을 실체시하며 그에 집착하는가를 규명하고자 했다. 초기 불교에서 '식'은 단순히 인식작용을 의미했지만, 유식학파에서는 어떻게 해서 그러한 인식 작용이 일어나게 되는지 좀 더 세밀한 고찰을 함으로써, 다양한 현상 세계에 마치 고유한 실체가 있는 양 착각하게 만드는 주범을 밝히려고 했다.

흔히 인간에게는 여섯 가지 감각 기관이 있다고 한다: 눈 · 귀 · 코 · 혀 · 몸 · 뜻[眼耳鼻舌身意]. 이 가운데 앞의 다섯 가지는 그저 감각기관들에 붙여진 이름이라면, 여섯 번째 뜻, 즉 '의식'은 다섯 감각들을 통해 받아들여진 대상들을 하나로 통합해 사물로서 인식하게 하는 작용을 한다. 이것은 초기 불교에서는 일반적인 생각이었다. 그런데 유식학파는 여기에다가 두 가지 '식'을 추가해 인간의 각종 인식 작용을 설명한다.

가령 어떤 사물에도 본래 고정된 실체가 없는데, 왜 아침에 일어나면 어제의 일을 기억하는가? 우리의 경험은 어째서 연속적으로 작용하는가? 등등 이런 것을 설명하기 위해 일곱 번째 마나식(末那識)이라는 용어를 창안해 낸다. 마치 한 순간과 다른 순간 사이는 디지털 식으로 나뉘지만 인간이 그것을 아날로그 식으로 연속해서 받아들이듯, 마나식은 일종의 디지털 방식을 아날로그 방식으로 변환시켜 주는 요소이다. 이것이 하나의 사물이 지속적으로 이어진다고 착각하게 만드는 원인이 된다.

하지만 마나식으로 인한 연속적 경험은 어디까지나 개인의 경험이다. 누구에게나 적용되는 보편적 경험은 아니다. 그래서 유식학파에서는 인류에 보편적으로 적용되는 여덟 번째 식, 즉 아라야식[阿賴耶識] 개념을 한 번 더 창안한다. 사람들의 보편적 심성이나 본능, 윤회와 같은 것은 아라야식을 통해 전해지는 보편적인 요소라는 것이다. 아라야식은 업에 의해 훈습된 습기를 종자의 형태로 저장하는 창고와 같다. 그래서 장식(藏識)이라 의역하기도 한다. 이 아라야식 안에 있는 종자들이 발아하고 성숙하여 각종 인식적 분별 작용, 즉 현상세계가 일어난다고 해석한다. 아라야식 자체는 늘 변하며 선악에 대해서도 중성적이지만, 그 안에 있는 종자들로 인해 선악의 구별이 일어난다는 것이다.

그렇지만 그러한 선악의 구별 및 인식 대상은 어디까지나 마음에 나타난 표상일 뿐이다. 이 점에서는 물질이란 존재하지 않으며 정신만 존재한다고 보는 버클리(George Berkeley)의 유심론과도 상통하는 듯하다. 아라야식 안에 저장된 종자들이 인식적 분별작용을 일으키고 그에 집착하게 만들듯이, 외계의 사물은 실상 그것을 지각하는 인간 의식의 연속에 불과하다는 것이다. 따라서 요가 같은 실천을 통해 허상을 극복하여 세상만사가 공(空)함을 깨달아야 한다는 것이 유식학파의 기본 입장이다. 실천적인 깨달음을 통해 무지로 인한 착각에서 벗어나 붓다 같은 이상적인 인간상을 이루어야 한다는 요청이다.

6. 이상적인 인간, 보살

불교에서 이상적인 인간이라면 응당 붓다이다. 이 붓다의 가르침을 따라 살고 수행하면서 결국은 붓다처럼 되는 데 불교 인간론의 핵심이 있다. 이에 따라 붓다 사후 많은 출가승들은 재가 신자들의 보시를 받으며 이상적 상태에 이르기 위한 수행에 전념했다. 워낙 큰 깨달음을 이루신 분이라, 스스로 붓다처럼 된다고 말할 수는 없었기에, 초기 수행자들은 이상적인 인간상을 아라한(arhat)이라 불렀다. 이는 세상에서 벗어나 일체의 번뇌를 끊어버린, 당시로서는 완전한 성자의 경지였다. 아라한의 경지를 추구하던 이들은 자연스럽게 세속에서 분리된 삶을 살았다. 세속 안에 살면서 어찌 세속의 때에서 벗어날 수 있겠는가 하는 마음으로.

하지만 탈세속적으로 사는 그만큼 한편에서 아라한은 일반 대중과는 무관한 이른바 종교적 이기주의자처럼 비쳐지기도 했다. 그러자 중생의 고통을 외면하고 자신의 해탈에만 힘쓰는 엘리트주의적 수행이 과연 자신의 법을 대중에게 두루 전하고자 했던[轉法輪] 붓다[석가모니불]의 가르침과 어울리는

가 하는 물음을 던지는 이들이 생겨났다. 붓다는 홀로 고고함만을 추구한 분이 아니라, 해탈 후 45년간이나 동지들과 함께 살면서 중생을 교화한 분이었다는 사실을 기억하고자 했다. 분명한 것은 대중과 함께하지 못하는 수행은 붓다의 가르침에 어긋나는 행동이었다. 이렇게 생각한 이들이 대중적 종교의 길을 걸으면서 새로운 이상적 존재를 추구하게 되었으니, 그것이 보살이다.

보살은 깨달음(bodhi)을 추구하는 존재(sattva), 즉 '보디사트바'의 한자식 음역인 보리살타(菩提薩陀)의 줄임말이다. 대중 속에서 해탈을 지향하는 존재라 할 수 있겠다. 보살 운동가들은 석가모니도 붓다가 되기 이전 생에는 보살이었으니, 이 보살의 길을 걸으면 결국 붓다의 길을 걷는 것이라 믿었고, 깨달음은 생사의 세계 안에서 이타적 삶을 실천하는 가운데 이루어진다고 보았다. 홀로 깨달음을 추구하면서 독야청청 하는 것이 아니라, 중생과 더불어 살면서 깨달음의 공덕을 나누기로 작정한 존재들이다. 이에 따라 "위로는 깨달음을 구하고 아래로는 중생을 교화한다."(上求菩提 下化衆生)는 보살의 이념도 생겨났다. 그대로만 한다면 말 그대로 이상적인 인간이 아닐 수 없다.

7. 여래의 태, 불성

보살은 대중 속에서 깨달음을 추구하는 존재이다. 인간 존재는 다섯 내지 그 이상의 요소들의 묶음에 지나지 않으니, 불변의 본질이 있다는 착각에서 벗어나 채워도 채워도 끝없는 욕망의 뿌리, 즉 '나'를 제거해 나가는 자이다. 그렇게 하면 결국 붓다가 된다는 확신으로.

그런데 어떻게 해서 붓다가 될 수 있는 것일까? 후학들은 깨닫는다고 할 때 무엇이 그렇게 깨닫게 해 주는 것일까 하는 물음을 던지게 되었다. 이러한 고민 속에서 일종의 깨달음의 형이상학이 발전하는데, 그것이 곧 여래장(如來藏) 혹은 불성(佛性) 사상이다. 여래장이란 '여래[붓다]의 태(胎)'라는 뜻이니, 여래장 사상에는 모든 인간이 여래를 키우고 있는 태와 같은 존재들이라는 뜻이 담겨 있다. 인간의 마음 안에는 수행을 하면 성불할 수 있는 가능성이 애당초 주어져 있으니 그 가능성을 현실화시키면 붓다가 된다는 말이다. 그 가능성의 씨앗을 불성이라 부르기도 했다. 『열반경』에서는 인간에게만이 아닌 일체 중생에 불성이 갖추어져 있다고 선포했다: "일체중생실유불성!"(一切衆生悉有佛性).

8. 스님의 길

앞서 보살 얘기를 했지만, 굳이 멀리 갈 것도 없다. 말 그대로라면 우리말 스님도 이상적인 인간상이 될 법하다. 출가해서 붓다의 깨달음을 이루려는 이들을 우리말로는 스님이라 부른다. 일설에 따르면, 스님은 스승님의 줄임말이라 하고, 스승님은 승려를 스승[師]으로 대한 데서 비롯된다고 한다. 아직 이에 대해 명확하게 밝혀진 바는 없지만, 어떻든 스님은 출가 수행을 통해 세상에 대한 무집착을 실현하려는 이들이라 할 수 있다. 이것은 산스크리트 어원에서도 드러난다.

널리 알려진 대로, 남자 스님을 한자로는 비구(比丘), 여자 스님을 비구니(比丘尼)라고 부르는데, 비구/비구니는 산스크리트어 빅슈(bhiksu)/빅슈니(bhiksuni, bhiksu의 여성형)를 한자로 음역하여 표기한 것이다. 그런데 그 뜻이 재미있다. 비구/비구니란 '빌어먹는 이'라는 뜻이다. 우리말로 거지라 표현해도 지나치지 않은 해석이다. 왜 빌어먹는 이인가? 전적으로 자기 소유물을 갖지 않기 때문이다. 주는 대로 먹고, 없으면 굶기도 밥 먹듯 한다. 인도에서는 철저한 무소유의 정신에 따라 옷 한 벌 걸치지 않은 채 나체로 수행하기도 한다. 무엇에 집착하며 그것을 달라며 요구하지 않는다. 보통은 스님들이 육식을 금하는 것으로 되어 있지만, 초기 불교에서는 그렇지 않았다. 고기를 주면 고기를 먹고, 밥을 주면 밥을 얻어먹는 것이 빌어먹는 이, 즉 비구/비구니였기 때문이다. 그러니 아무리 작더라도 식탐을 가져서는 안 될뿐더러, 재물을 소유하는 것도 일체 금지되었다. 어떻든 고기를 피해 가려 먹고, 약간의 돈도 지니게 된 것은 교단이 어느 정도 제도화하고 난 이후의 일이다.

이러한 원칙대로라면 비구야말로 불교의 이상적 인간이라 할 수 있다. 빌어먹는다는 것은 무소유의 삶을 사는 것이고 무소유의 삶을 사는 것은 집착의 근거인 '나'가 사라졌음을 의미하니 말이다. 무소유와 무집착이라는 무아적 실천이야말로 붓다의 길이 아니던가.

사실 전 인류가 실제로 보살로 살고 모두가 비구/니로 살 수는 없는 노릇이다. 교화되어야 할 중생이 있고 먹여 주는 재가 신자가 있기에, 교화하는 보살도 있고 얻어먹는 비구/니도 있을 테니 말이다. 그런 점에서 붓다도 보살도 중생에 대해 상대적이며, 출가 수행자는 세상 풍파에 허덕이며 사는 재가자 덕에 살아가는 셈이다. 가치를 균질화시키고 나면, 이상적 인간이랄 것도 따로 없다. 존재하는 모든 것들은 상대성 혹은 관계성을 면치 못하고, 그런 점에서 현실 없는 이상도 불가능하기 때문이다. 원천적 차원에서 보면 모두가 이상적 존재라고도 할 수도 있다. 선불교에서 "산천초목이 모두 불성을 이루고 있다(山川草木悉皆成佛)"며 선포하는 것도 이러한 관계성을 통찰한 결과라고 할 수 있다.

그럼에도 불구하고 새삼 인간을 다시 말해야 하는 이유는 무언가 더 이야기되어야 할 필요가 있기 때문이다. 모두가 이상적으로 살고 있지는 않기 때문이다. 지금의 모습이 아닌 무언가 대안적인 듯한 그 어떤 모습이 그립고 아쉬워서일 것이다. 그 때 대안의 하나가 불교적 인간상이다. 그 전형인 붓다는 '나'를 비우고 무집착을 실천하라 가르치고 그대로 살았다. 그래서 그는 진정한 나(眞我)의 구현자로 불린다. 그 진정한 나는 어떻게 구체화될 수 있는 것일까. 탁월한 학승인 보조국사 지눌의 사상적 궤적을 따라가며, 새로운 각도에서 구체적으로 정리해 보도록 하자.

02 믿음과 용기, 그리고 깨달음
- 지눌의 신심론과 틸리히의 신앙론

중국에서 꽃을 피웠던 선불교에서는 '마음이 곧 부처'[心卽佛]라고 선포한다. 온갖 번뇌 망상에 시달리며 고통 속에서 헤매는 '범부의 마음이 그대로 부처'라는 것이다. 현실을 떠나 지금부터 부단히 정진하면 미래에 부처가 된다는 희망의 표현이 아니라, 타오르는 번뇌의 불꽃으로 괴로워하는 지금의 네 마음 상태 그대로 이미 부처와 조금도 다르지 않다는 선언이다. 이것은 뛰어난 깨달음의 능력[上根機]을 가진 사람이나 출가해서 수행하는 사람들, 밭에서 일하는 농부나 밥 짓는 아낙네들 모두 부처의 마음과 털끝만큼도 차별이 없다는 놀라운 해방의 소식이며, 길 잃고 표류하던 난민들이 만난 한 줄기 구원의 동아줄이다.

선불교에 의하면, 이것은 엄연한 '객관적' 사실이다. 인간이 알든 알지 못하든 이미 존재하는 사물의 참 모습인 것이다.[1] 우리 눈앞에 부처의 세계가 펼쳐져 있으니 누구든 그저 뛰어들어 가기만 하면 된다. 그래서 주관적인 진리로 삼아야 하는 것이다. 어떻게 이 구원의 진리를 자기 것으로 삼을 수 있을까? 이것이 문제이다. 내적으로 체득되지 못한 구원의 진리란 정작 구원되어야 할 존재와는 상관없는 공허한 메아리에 지나지 않기 때문이다. 선불교에 의하면 이런 주관적 수납 행위의 첫걸음은 믿음[信]이다. 먼저 믿어야 한다는 것이다. 이 글에서는 중국 선불교에서보다는 중생의 구원이라는 좀 더 실천적인 문제에 관심을 기울였던 고려 시대 보조국사 지눌(普照國師 知訥, 1158-1210)의 선사상에 나타난 믿음 개념을 중심으로 살펴보고자 한다.

1. 지눌의 사상적 궤적

지눌은 고려시대의 불교계를 대표하는 학승이었을 뿐 아니라 나아가 오늘날 한국 불교의 큰 줄기[조계종] 형성에 절대적인 영향을 끼친 인물이다. 사상적으로 볼 때 그는 육조 혜능(六祖 慧能) 계열의 선(禪)을 수용·비판·심화했고, 당나라의 종밀(宗密)이 주창했던 선교일치(禪敎一致)의 사상을 선의 입장에서 계승했던 선사이다. 무엇보다 이통현(李通玄, 635-730 또는 646-740)의 화엄에 대한 통찰에 깊은 영향을 받은 뒤 그의 믿음의 개념을 전적으로 수용·선화(禪化)하였을 뿐 아니라, 궁극적으로는 간화선을 통해 선의 진수를 선사했다는 데서 선을 종합적으로 이해하도록 하는 데 제격인 분이다.

이 가운데 특히 중요한 것은 그가 이통현의 화엄사상에서 받은 영향이다. 지눌은 당시 선과 교의 이원적 사고방식에서 비롯된 다툼과 갈등을 해결하고자 고심하다가 이통현의 『신화엄경론』(新華嚴經論)[2]을 읽고는 화엄에도 선과 같은 돈오(頓悟)의 문이 있음을 깨달았다(1185년, 28세). 그리하여 원돈신해문(圓頓信解門), 즉 원돈교(화엄)에서의 믿음과 앎의 문이라는 화엄적 돈오[敎的인 禪]의 길을 제시했다. 이 문을 통해 지눌은 화엄을 선으로 포섭하려 했던 것이다. 다시 말하면, 이 믿음의 문을 전통적인 선에서의 돈오의 문과 동일시하여 파악함으로써 원돈신해문을 자신의 선적(禪的) 교학 체계의 핵심으로 삼았다. 그런 뒤로는 자신의 거의 전 작품에 걸쳐서 믿음의 중요성을 언급한다.

일반적으로 지눌 선사상의 핵심을 '돈오점수'(頓悟漸修)로 집약하는 데 이의를 제기할 사람은 없을 것이다. 돈오, 즉 모든 중생의 마음이 부처와 조금도 다름이 없음을 대번에 확증한다니, 얼마나 획기적인 구원의 길인가! 그러나 자칫 생로병사에 시달리면서 부처님 앞에 감히 얼굴도 들지 못하는 한 촌부의 입장에서 볼 때 그것은 한낱 실현하기 어려운 공허한 메아리에 지나지 않을 수 있다는 것 또한 엄연한 현실이다. 한마디로 돈오는 너무 어렵다는 것이다. 그래서 지눌은 먼저 믿어야 한다고 강조한다: "그런즉 번뇌에 속박된 범부가 처음에 바른 믿음의 마음을 내는 것이 가장 중요한 문이 된다." (如是則 具縛凡夫初發正信之心 最爲要門) 이것은 지눌이 『신화엄경론』의 핵심을 간추리면서 내린 결론이다. 돈오라는 획기적인 구원의 길은 믿음으로 시작한다는 것이다.

이것은 지눌이 읽으며 감읍했다는 『신화엄경론』의 보광법당회(普光法堂會)에 잘 담겨 있다. 보광법당회는 깨달음으로 가는 여정 중에서 믿음의 위치를 드러낸 법문이다. 이 법문에서 설하는 믿음은 한편으로는 중생이 부처의 깨달은 바를 그대로 받아 내적으로 실현하게 해 주고, 다른 한편으로는 보살도의 수행으로 이어지게 하는 역할을 한다.[3] 이통현은 이 보광법당회를 집중적으로 해석함으로써 믿음이라는 인(因)과 궁극적 깨달음(妙覺)의 세계라는 과(果)의 동시성을 강조했다. 즉, 보살수행 52위의 가장 초위(初位)인 신심(信心) 속에 이미 모든 불과로서의 덕이 그대로 갖추어져 있다는 사실을 거듭해서 밝혔던 것이다. 지눌은 이 신심이 선의 돈오와 다르지 않다는 사실을 확인한 뒤, 선교일치의 든든한 교학적 근거를 확립할 수 있었다. 그래서 50세 되던 해 이와 같은 『신화엄경론』의 사상을 중생이 깨쳐 들어가는 가장 좋은 마음의 거울이라 확신하고,[4] 그 논서의 요점을 뽑아 세 권으로 절요(節要)했으며(『화엄론절요』), 그 지침서로서 『원돈성불론』(圓頓成佛論)을 지어 화엄의 선화를 꾀했다. 『화엄론절요』와 『원돈성불론』을 통해 화엄에도 선과 같은 돈오의 문이 있음을 소개하고, 원돈신해문이라는 화엄적 돈오의 길을 제시했다.

지눌이 말하는 원돈신해문에서의 '원돈'이란 가장 완전한 가르침으로서의 화엄을 나타내기 위해 도입된 용어로서, 특히 이통현의 화엄사상을 의미한다.[5] 지눌은 『원돈성불론』을 통해 원돈의 의미를 잘 밝혀 주는데, 요약하면 원돈이란 삼승(三乘)에 반대되는 일승(一乘)의 가르침, 점오(漸悟)의 가르침이 아닌 돈오(頓悟)의 가르침이라는 것이다. 결국 『신화엄경론』의 가르침은 선의 돈오의 문과 동일한 일승의 가르침이다.[6] 원돈의 실제적인 뜻은 믿음[信]과 앎[解]이 무엇을 나타내는지 살펴볼 때 좀 더 분명해진다. 먼저 믿음에 대해서 알아보자.

2. 믿는다는 것

1) 마음이 부처임을 용감하게 인정하기

믿는다는 것은 무엇인가? 다음에서 실마리를 풀어 보자.

> 범부가 십신(十信)에 들어가기 어려운 것은 모두 자기를 범부로만 알고 자기의 마음이 부동지(不動智)[7]의 부처임을 인정하려 들지 않기 때문이다.[8]

십신은 의심 없이 믿음을 내는 보살 수행의 첫 단계이다. 화엄에 의하면, 보살은 십신을 시작으로 하여 십주(十住), 십행(十行), 십회향(十回向), 십지(十地), 십일지(十一地)를 거쳐야 궁극의 깨달음[妙覺]에까지 이른다고 한다. 그런데 이통현에 의하면, 그 궁극의 깨달음은 이미 십신의 초위, 즉 믿음을 발하는 순간 완성된다. 믿음 가운데 이미 부처의 성품이 완전하게 갖추어져 있기 때문이다. 지눌은 이러한 이통현의 견해를 전적으로 받아들이고서, 범부가 십신의 단계에 들어가지 못하는 것은 자기는 그저 범부일 뿐 부처와는 다른 존재라고 인정해 버리기 때문이라는 결론을 내렸다. 여기서 우리는 첫 번째로 '믿음이란 자기가 곧 부처임을 인정하고 받아들이는 행위'라는 것을 알 수 있다. 지눌에게 믿음이란 어느 정도 인식적인(cognitive) 요소가 포함된, 자발적인 의지작용(volition)이다.[9] 인정하고 받아들이는 것은 전적으로 자기의 문제이며, 자기의 결단을 통해서 내려져야 하는 행위이다. 따라서 자기 앞에 열린 깨달음의 세계가 비록 현재로서는 불확실한 듯 보여도 용기를 갖고 결단을 내리면 그것을 내적으로 확증할 수 있게 된다. 비겁하거나 나약하게 굴지 말고 자기 자신의 존재를 과감히 긍정해야 하는 것이다.

여기서 겁내거나 약한 마음을 내지 않고 제 마음을 확실히 믿어 조금이나마 마음의 빛을 돌려 친히 법의 맛을 보는 것, 이것을 일러 마음을 닦는 사람들이 이해하여 깨닫는 곳이라 한다.[10]

만일 어떤 사람이 이 법을 듣고 비겁하거나 나약한 마음을 내지 않으면 마땅히 그 사람은 부처의 종자를 이어 반드시 모든 부처의 수기를 받게 될 것이다.[11]

자신의 존재를 긍정한다는 것은 앞에서 본 대로 자기의 마음이 곧 부동지의 부처임을 인정하는 것이지만, 평생을 범부라고 여기며 살아온 사람들에게는 그것이 쉽사리 해결되는 문제가 아니다. 그래서 용기가 필요하다는 것이다. 지눌은 수행자의 용기를 북돋아 주고자 '용맹심을 내어', '장부의 뜻을 내어'와 같은 표현을 곳곳에서 사용한다. 그런데 이때의 용기는 부처로서의 과감한 자기 긍정이어야 하므로, 거기에는 일종의 모험이 뒤따른다. 이 모험 자체는 믿음이 아니지만, 이것 없이는 믿음이 실현될 수 없다. 믿음이 실현되기 위해서는 겁내거나 약한 마음을 품지 말고 제 마음이 부처와 동일함을 확실히 인정해야 하는 것이다. 여기서 우리는 믿음에 대한 좀 더 구체적인 정의, 곧 '믿음은 용기를 갖고 제 마음이 부처임을 인정하는 행위'라는 것을 알 수 있다. 이처럼 믿음을 발하려면 결단의 용기가 필요하다. 현재는 불확실한 듯 보여도 이 결단의 용기로 말미암아 '마음이 곧 부처'라는 놀라운 구원의 진리가 자기 속에 확증될 수 있는 것이다.

또한 지눌에 의하면, 믿음이란 언제나 앎[解]과 병행될 때 비로소 완전한 것이 된다. 믿음에 바른 앎[正解]을 더할 때 비로소 깨달을 수 있다는 것이다.

> 중생이 본래 부처임을 알고서 이미 바른 믿음을 내었으니 모름지기 앎을 더함이 필요하다. 영명 스님이 말씀하시기를, "믿기만 하고 알지 못하면 무명을 더욱 자라게 하고, 알기만 하고 믿지 않으면 사된 견해를 더욱 자라게 한다"고 하셨다. 그러므로 믿음과 앎은 서로 겸해야 도(道)에 빨리 들어갈 수 있음을 알 수 있다.[12]

믿음이 완전한 것이려면 앎[解]과 병행되어야만 한다. 지눌이 믿음과 아울러 '바른 앎'을 강조한 이유, 즉 '원돈교에서의 믿음과 앎의 문'(圓頓信解門)을 제창하게 된 이유도 바로 여기에 있다. 그렇다면 앎이란 또한 무엇일까?

> 만일 믿음이 지극하면 자연히 앎이 열리리니, 앎이 열린다는 것은 그저 생

각으로만 마음이 곧 부처임을 아는 것만이 아니다. 동시에 이 묘한 뜻을 붙잡아서 항상 비추어 돌아보아야 하는 것이다. 그러면 홀연히 한층 더 친히 절실하게 스스로 긍정하고 스스로 도달하는 곳이 생기게 되는데, 이것이 바로 바른 앎이다.[13]

지눌에게 앎이란 자기의 마음을 비추어 돌아보는 반조(返照)의 행위를 거쳐서 도달되는 세계, 믿음이 지극해지면 자연스럽게 열리는 자신의 존재, 즉 부처로서의 자기 자신에 대한 궁극적인 이해를 뜻한다. 이런 점에서 앎이란 깨달음과 다른 것이 아니다. 바꾸어 말하면, 앎이란 돈오이다.[14] 돈오가 참 깨달음이려면 마음의 빛을 자기 쪽으로 돌려서 비추어보는 노력이 수반되어야 한다고 지눌은 도처에서 가르치는데,[15] 이것은 위 인용문에 나타난 믿음에다가 반조의 행위를 거쳐서 도달되는 바른 앎의 세계를 더해야 한다는 말과 조금도 다르지 않다. 믿음이라는 실천적인 구원 행위를 철저하게 분석하고 상세하게 설명하는 지눌의 태도에서 우리는 주체적이고 실천적인 내적 체험을 중시하는 학승으로서의 태도를 발견한다.

또한 위 인용문에서 "믿음이 지극하면 앎이 열린다."는 것은 믿음은 앎을 포괄하는 행위이지, 서로 구분되는 별개의 것이 아니라는 의미다. 따라서 '믿음과 앎을 겸해야 도에 빨리 들어갈 수 있다.' 말한다 해도 이 둘이 서로 다른 것은 아니다. 이 둘은 같은 맥락에 있는 것으로서, 이 둘이 겸비될 때 '참된 마음'(眞心)의 본체를 바로 알게 된다는 것이다.

요즈음 마음을 닦는 사람들은 부처의 종성(種性)을 갖추었으니, 돈종(頓宗)의 바로 가리키는 문에 의해 결정적인 믿음과 앎을 내는 자는 자기 마음이 항상 고요하면서도 깨어 있음을 곧바로 깨친다(直了).[16]

여기서 "자기 마음이 항상 고요하면서도 깨어 있다."는 것은 지눌 심성론(心性論)의 핵심인 진심(眞心)의 본체의 측면을 일컫는다. 진심의 본체는 비고 고요할[空寂] 뿐 아니라 그 보다 더 적극적 성격인 깨어 생동감 넘치는 신비스러운 지[知]의 면[靈知]을 갖고 있는데, 이 진심의 두 가지 모습이 믿음과 앎을 통해 내적으로 실현된다는 것이다. 이는 "결정적인 믿음과 앎을 내는 것"이 바로 선문에서의 돈오와 다른 것이 아님을 보여준다. 이처럼 지눌은 믿음과 앎, 깨달음이라는 세 차원을 별개로 구분하지 않는다. 바른 믿음은 그 자체로 앎을 포괄하며, 바른 앎은 깨달음 자체인 것이다. 지눌은 자신의 만년작(52세)인 『법집별행록절요병입사기』(法集別行錄節要幷入私記)에서 믿음, 앎, 깨달음의 관계를 이렇게 밝힌다.

> 이 원돈교에서의 깨달음과 앎의 뜻에는 별도의 좋은 방편이 없으며, 단지 한 생각에 스스로 믿는 것뿐이다. 자기의 믿음이 미치지 못하는 자는 공연히 많은 방편적 힘을 쓰면서 스스로 어려움과 막힘을 만들어 낸다.[17]

즉, 믿음을 통해 깨달음과 앎이 이루어진다는 것이다. 깨달음과 앎을 내적으로 실현하고자 할 때 필요한 것은 대번에 믿는 행위일 뿐이다. 믿음이 즉각적으로 깨달음을 주며, 지극한 믿음은 사실상 깨달음과 다를 바 없는 것이다. 이 때 덧붙여 강조해야 할 것은 반드시 반조(返照)의 행위가 수반될 때 그 믿음이 내적으로 실현된다는 것이다. 자기의 마음이 본래 청정한 부처와 같다는 사실을 잘 돌이켜 보고 용기 있는 결단을 내리면 이루지 못할 것이 없다는 것이다.

> 성품이 본래 청정하기 때문에 만일 생각을 비우고 '마음의 빛을 돌리는 것'

을 조금이라도 빌릴 수 있다면, 단지 한 생각에 있을 뿐이며 많은 힘을 소비하지 않는다. … 만일 마음 속을 비추어 보고 뜻을 얻은 후에 믿음의 뿌리를 견고히 하고 용맹스러운 마음을 내어 계속 보호해 가진다면 무엇인들 이루지 못하겠는가![18]

반조, 즉 마음의 빛을 자기 쪽으로 돌려서 마음을 잘 살피는 행위란 얼마나 중요한가! 용기 있는 믿음의 결단과 함께 반조의 행위를 기울일 때 천하에 이루지 못할 것은 없다. 그때 비로소 마음이 곧 부처임을 내적으로 확증할 수 있게 되는 것이다.

지금까지의 분석을 종합·정리하면, 지눌이 말하고자 하는 믿음의 정의와 개념을 완전하게 정립할 수 있다: 믿음은 용기있게 자기가 곧 부처임을 인정하는 행위이며, 그 행위는 자기의 마음을 비추어보는 노력으로 이어질 때 비로소 내적으로 실현된다.

지금까지 보았듯이, 지눌 선사상에서 믿음과 앎은 깨달음, 즉 돈오와 다르지 않다.[19] 여기서 우리는 지눌이 믿음과 앎의 해석에도 깊은 주의를 기울였던 이유를 알 수 있다. 지눌은 『신화엄경론』과 만나는 체험 후에 원돈신해문, 즉 원돈교에서의 믿음과 앎으로 들어가는 문을 상세히 밝혔다. 다시 말해서 전통적으로 선에서 강조하던 돈오를 믿음과 앎이라는 언어로 해석함으로써 화엄의 선화(禪化) 및 선의 화엄화를 꾀했고, 선의 언어로 화엄을 해석함으로써 선의 실천 속에 화엄을 포섭하려고 했던 것이다.[20] 원돈신해문은 믿음과 앎을 통해 깨달음으로 들어간다는 선수행의 구체적인 방법을 드러내 주는 것임과 동시에 사람들로 하여금 믿음 및 앎과 깨달음의 본질이 다르지 않음을 알 수 있게 해 주는 지눌 선사상의 핵심이라 할 수 있다. 원돈신해문에 대한 설명은 『화엄론절요』나 『원돈성불론』에서 두드러지지만,

『권수정혜결사문』, 『법집별행록절요병입사기』와 같은 다른 작품들 속에서도 널리, 그리고 일관되게 제시되고 있다.

2) 마음이 마음을 믿을 수 있는 이유

선에서의 "믿음은 용기를 갖고 자기가 곧 부처임을 인정하는 행위"라는 말에서 이미 알 수 있듯이, 믿음은 자기 자신을 향하여 있다. 자기가 믿음의 대상인 것이다. 다시 말하면, 자기의 마음이 부처의 그것과 조금도 다르지 않다는 것이다. 자기가 자기를 믿는 것인 셈이다. 지눌은 '삼승의 방편적인 교법'(三乘權敎)에서는 믿음의 주체와 대상을 분리시키는 데 반해, 선문에서는 믿음의 대상이 자신 안에 갖추어져 있다며, 이들을 구분해 설명한다.

교문(敎門)에서는 사람과 신들더러 인과(因果)를 믿으라고 한다. 즉, 복락을 아끼는 이는 열 가지 선(十善)이 묘한 인이 되고 인간계와 천상계에 태어나는 것이 즐거운 과가 된다고 믿으며, 비고 고요함을 즐거워하는 이는 나고 멸함이 바른 인이 되고 고집멸도(苦集滅道)가 성인의 과라고 믿으며, 불과(佛果)를 즐거워하는 이는 삼겁 동안에 육바라밀을 행함이 큰 인이 되고 보리와 열반이 올바른 과가 된다고 믿는다. 그러나 조사문(祖師門)의 바른 믿음은 앞의 것과 같지 않다. 인연으로 말미암는 모든 유위법을 믿지 않고 다만 자기가 본래 부처라, 본래적인 참된 성품이 사람마다 갖추어져 있고 열반의 묘한 본체가 낱낱마다 원만히 이루어졌으므로, 다른 데서 구하려 하지 않고 원래 저절로 갖추어졌음을 믿는다.[21]

삼승권교에서 믿는 것은 원인에 따른 결과로서의 카르마적 법칙임에 반해서, 선문에서는 원인과 결과의 동시성, 중생과 부처의 본래적인 일치성을 믿는다. 오랫동안의 수행에 의해 얻어지는 결과로서의 성불이 아니라, 이미 중생의 마음 안에 본래적인 참된 성품이 그대로 갖추어져 있고 열반이 구현되어 있으므로, 행주좌와(行住坐臥)가 그대로 그 성품의 표현임을 믿는 것이다. 경전 공부에 열중하는 삼승권교의 사람들이 아무리 법계의 걸림없는 연기(緣起)에 대해 주장할지라도 법계의 성(性)과 상(相)이 바로 제 마음의 본체와 작용임을 알지 못한다면, 다시 말해서 제 마음이 본래 부처임을 알지 못한다면, 그것은 근본을 잃어버린 망령된 분별 작용에 지나지 않는다: "마음을 알아 근본을 통달하려면 단지 그 근본을 얻고 지엽은 근심하지 말아야 한다."[22] 그래서 지눌은 자기 마음이 곧 부처임을 깊이 믿어야 한다고 누누이 강조하는 것이다. 결국 올바른 믿음의 대상은 자기 자신, 곧 자기 마음과 부처의 본래적 동일성이다. 밖이 아니고, 하늘이 아니고, 석가모니 부처님도 아닌, 나, 내 속, 불성 자체인 내 마음인 것이다. 범부와 성인은 그 근본에서 차별이 없기 때문이다.

범부와 성인이 한 찰나임을 아무도 믿지 못하네, 그러니 중요한 것은 능히 믿는 것에 있을 뿐이다.(龍門佛眼 禪師의 게송)[23]

화엄경에서 "믿음은 道(깨달음)의 근원이며 공덕의 어머니로 온갖 선법을 길러 낸다."고 했고, 유식에서는 "믿음은 수정구슬과 같다. 능히 흐린 물을 맑힐 수 있기 때문이다."고 했다. 이로써 온갖 선이 발생하는 데는 믿음이 그 길잡이가 됨을 알 수 있다. 불경 첫머리에 "이와 같이 내가 들었다"(如是我聞)고 쓴 것도 믿음을 내게 하기 위해서인 것이다. … 또 반야경에는 "한 생각 동안만이라도 깨끗한 믿음을 내는 자는 여래가 그것을 알고 보니, 이 모든 중생은 이와 같은 한량없는 복덕을 얻는다."고 하였다. 그러므로 천리를 가려면 첫 걸음이 올발라야 하니, 첫 걸음이 어긋나면 천리가 다 어긋남을 알아야 한다. 무위(無為)의 나라에 들어가려면 첫 믿음이 올발라야 하니, 첫 믿음을 잃으면 온갖 선이 다 무너진다.[24]

지눌이 각 경전에서 인용하는 믿음의 내용을 종합해 보면, 믿음은 온갖 선법을 길러 내는 도의 근원이며 공덕의 어머니이므로, 믿음을 첫 걸음으로 하고 길잡이 삼아 가면 무위의 나라에 들어가게 된다는 것이다. 한마디로 믿음은 깨달음으로 가게 하는 인도자인 것이다. 그런데 지눌에 의하면, 이것이 가능한 이유는 믿음 속에 이미 궁극적 깨달음이라는 결과가 들어 있기 때문이다. 존재론적으로 중생의 마음은 부처와 동일하기 때문에, 믿음을 일으킨 순간부터 궁극적인 지위에 이르기까지 조금도 변하는 것이 없다는 것이다. 지눌은 『신화엄경론』의 내용을 다음과 같이 해석하면서, 완전한 믿음은 완전한 부처를 이루어 준다고 한다.

완전한 가르침을 완전히 믿는 사람은 자기 마음이 갖고 있는 근본 무명의 분별하는 종자로써 부동지의 부처를 이루되, 믿음에서 궁극적인 지위에 이르기까지 변하거나 이루어지거나 무너지는 모습이 없으니, 심성은 본래 자재하여 연(緣)을 따라 구르는 것 같지만, 변하고 바뀌는 것은 전혀 없다고 할 수 있다.[25]

중생의 마음이 온갖 연을 만나면서 각종 형상을 반영해 내는 것처럼 보이지만, 그 본체는 변함없고 한결같은 청정함 자체이기 때문에, 마음 속에서 활개치는 근본 무명조차도 부동지의 부처 아님이 없다. 자기의 무명조차 본래 청정한 '참 성품이 일어난 것'[性起]이라는 것이다. 이것은 지눌 교학의 핵심이랄 수 있는 '화엄 성기설'[性起說]의 필연적인 결론이기도 하다. '성기'란, 상(相)이 상(相)에 의지하면서 일어난다는 연기(緣起, pratitya-samutpada)의 개념과 구별되는, 성(性) 자체가 상(相)을 일으킨다는 이론이다. 상이 상인 한, 그 상을 상되게 하는 성을 떠나서 존재할 수 없다는 관점에 근거한 이론이다.[26] 이것은 마니주가 연에 따라 각종 색상을 반영하여 다양한 현상세계를 창출해내는 것 같아도, 근본에 있어서는 변하지 않고 변할 것 없는 청정함을 본체로 하고 있기 때문에, 외적으로 아무리 다양한 모습을 취한다 하더라도 사실상 일어난 것이란 전혀 없다는 것과 다름없다. 이것을 적극적으로 표현하면 모든 현상세계 자체가 다 '참 성품의 일어남'[性起] 아님이 없다는 것이다.

지눌은 이와 같은 성기사상이 선의 종지에도 그대로 표현되어 있음을 확증하고서 그것을 자기 사상의 핵심으로 삼았다. 따라서 이와 같은 가르침을 완전히 믿는 이에게는 믿음을 내는 순간이 곧 궁극적 깨달음의 세계가 되는 것이다. 믿음을 통해서 계급도 차별도 모든 시간적 경과마저도 넘어선 부처의 경지가 여실히 실현된다는 것이다. 그것은 앞서 말한 대로 믿음이라는 인과 부처님의 덕이라는 과 사이에는 조금도 차이가 없기 때문이다. 이른바 인과동시(因果同時)이다.

> 믿음이라는 인이 모든 부처님의 과덕과 계합하여 털끝만큼도 어긋나지 않아야 비로소 신심(信心)이라 할 수 있다. 마음 밖에 부처가 있다 한다면 믿음이라 할 수 없다. 그것을 이름하여 큰 사된 소견을 가진 사람이라고 한 것이다.[27]

비록 (화엄경에) 십신(十信)과 오위(五位)의 차례를 지나 궁극에는 보현행(普賢行)[28]을 이루며, 인이 차서 과가 마침에 대해 잘 세워 놓았을지라도, 때도 옮겨지지 않았고 보광명지도 달라지지 않았다. 이 관행을 성취한 이는 이 열 가지 신심으로 불과(佛果)에 곧바로 이르러 보현행이 원만해짐을 완전히 알되 한꺼번에 모두 알게 되니, 이름하여 신심이라고 하는 것이다. 오늘날 마음이 큰 중생이 처음으로 신심을 내매 그 인과가 동시인 것이다.[29]

믿음이라는 인과 부처님의 덕이라는 과 사이에는 털끝만큼도 차이가 없으니, 이미 존재론적으로 중생의 마음은 부처의 참된 성품과 다르지 않기 때문이며, 모든 것은 그 참 성품이 일어난 것이기 때문이다. 따라서 믿음과 그 덕 사이에는 계급이나 차례가 있을 수 없다. 그러므로 화엄경에 십신과 오위 - 십주·십행·십회향·십지·십일지 - 의 차례로 수행 절차를 배열해 놓았다고 할지라도, 이것은 인이 차서 과가 이루어지는 것을 뜻하지는 않는다. 참 믿음이란 믿음을 낸 이후부터 불과에 이르기까지 인과 과 사이에 조금도 달라짐이 없이 모든 절차를 한꺼번에 성취할 수 있게 해 주는 것이기 때문이다. 인과 과는 동시에 이루어진다. 십신의 첫 단계인 신심에서부터 모든 행위의 완성인 보현행에 이르기까지 깨달음의 본질에는 아무런 차이도 변화도 없다. 신심이 오랜 시간 동안의 모든 수행 절차를 완성하고 초월하여 보현행과의 일치를 실현시켜 준다는 것이다.

수행 절차와 관련한 화엄 52위에 대한 전통적인 해석에 의하면, 보살이 궁극의 깨달음에 이르려면 신심을 낸 후에 억겁의 세월 동안 닦아 나가야 한다는 다겁성불(多劫成佛)을 주장한다.[30] 반면 지눌은 십신의 처음인 신심에 이미 모든 부처님과 조금도 다름없는 공덕을 갖추고 있다는 찰나성불(刹那成佛)을 주장한다. 물론 여기서의 '찰나'도 길이를 갖고 있는 직선적인 시간을 의미하는 것이 아니다. 올바른 믿음이란 열심히 수행하면 먼 훗날에 부처가 될 수 있다는 미래적 신념이 아닌, 중생은 이미 더도 덜도 아닌 부처 그 자체라는 현재적 사실의 절대적 확신인 것이다. 이처럼 지눌이 말하는 믿음은 중생과 부처의 본래적인 일치성을 한순간에 실현시켜 주는 최고의 실천행이다.

3. 믿음에 따른 수행

1) 발신점수(發信漸修)

지눌이 일승의 원돈문을 빌려 믿음[信]과 앎[解]에 대해 상술하고 있는 이유는 믿고 앎을 통해 궁극적인 깨달음을 얻을 수 있음을 보여주려는 것이다. 그렇다면 믿고 알기만 하면 '만사 OK'인가? 구도(求道)의 여정은 더 이상 없는가? 그렇지 않다. 지눌은 믿음 이후에도 그에 따른 계속적인 수행이 뒷받침되어야 한다고 한다. 즉, 범부가 믿고 앎으로 십신의 단계에 들어갔다고 해도, 선정[定] 지혜[慧]를 통한 계속적인 수행을 거쳐야만 비로소 완전해진다는 것이다. 그 이유는 오랫동안 쌓여 온 습기가 생각마다 그에게 영향을 미치기 때문이다.

> 비록 근본적인 지혜(理智)가 나타났다 해도 여러 생 쌓여 온 습기가 생각마다 침투해 들어오므로 함도 있고 지음도 있어서 세상의 마음[色心]이 아직 끊어지지 않으니, 이것을 일러 십신에 있는 범부가 앎[解]에 장애를 받는 곳이라 한다.[31]

십신에 있는 범부가 온갖 습기의 침투를 당하는 이유는 오랜 수행이 아닌, 다만 한 생각에 믿음과 앎을 통해 들어온 탓에 여러 생 쌓여 왔던 습기가 여전히 남아 영향을 미치기 때문이다. 그러므로 십신의 지위에 있다 하더라도 앎에 장애가 있으므로, 집착이 없는 지혜로써 이를 다스리는 수행이 필요하다.

만일 마음이 큰 중생이 이 최상승의 법문에 의하여, 사대(四大)는 물거품이나 허깨비와 같고, 육진(六塵)은 허공의 꽃과 같으며, 제 마음이 곧 부처의 마음이요 제 성품이 바로 법의 성품임을 … 결정적으로 믿고 알아, 이 앎에 의거하여 닦는 이는 비록 '시작도 없던 때로부터 계속되어 온'[無始以來] 습기가 있더라도 머물 것 없는 지혜로 그것을 다스리면, 도리어 이것이 본래의 지혜라, 억제할 것도 끊을 것도 없다.[32]

의지함도 머묾도 없는 지혜, 즉 무집착의 지혜로 다스리면, 비록 그것이 아무리 오래 전부터 쌓여 온 것이라 해도 다스려지지 않음이 없다. 중생의 성품이 바로 부처의 성품이기 때문이다. 따라서 그 수행은 다스릴 것도 끊을 것도 없는 수행이다. 이것은 지눌이 선돈오후점수(先頓悟後漸修) 사상을 통해 먼저 깨닫고 그에 따라 점차적으로 수행해야 한다고 가르쳤던 바와 구조적으로 그리고 내용적으로 동일하다. 그런데 먼저 돈오로써 본래적인 마음의 성품을 꿰뚫은 이후이기 때문에 그에 따르는 어떠한 점수에 의해서도 장애를 받지 않고 받을 수도 없듯이, 지눌은 믿음 이후에는 그에 따르는 걸림 없는 방편의 선정과 지혜로 수행해야 한다고 가르친다. 이와 같은 믿음과 앎에 따른 수행을 지눌은 이렇게 말한다.

모름지기 먼저 심성은 본래 깨끗하고 번뇌는 공한 줄을 믿고 알며, 앎에 의지해서 훈습하고 닦음을 방해하지 않는다면 어떨까? 그것은 밖으로는 계율과 의례를 포섭하면서도 구속이나 집착을 잊고, 안으로는 정려함을 닦으면서도 애써 누르는 것이 아니다. 이른바 악을 끊되 끊으면서도 끊음이 없고, 선을 닦되 닦으면서도 닦음이 없어야 참된 닦음이 되는 것이다. 만일 이와 같이 선정과 지혜를 둘 다 운용하고 온갖 행을 한꺼번에 닦으면, 어찌 이것이 헛되게 침묵만 지키는 어리석은 선이나, 다만 문자만 찾는 미친 지혜일 수 있으랴![33]

믿고 앎에 의지해서 선정과 지혜를 닦아야 한다. 이른바 '정혜쌍수'(正慧雙修).[34] 그렇게 되면 닦아도 닦음이 없고, 끊어도 끊음이 없는 참된 수행이 이루어진다. 믿고 앎에 의지해서 선정과 지혜를 닦는다면, 온갖 행위에 걸림이 없게 되는 것이다. 물론 이와 같은 걸림 없는 수행이 참된 믿음과 앎에 근거해야 하는 것임은 두말할 나위 없다. 그래서 지눌은 이렇게 강조한다.

모름지기 먼저 자기의 마음을 비추어 돌아보아 믿음과 앎을 바르고 참되게 하여 단견(斷見)이나 상견(常見)에 빠지지 않고, 선정과 지혜의 두 문에 의지해서 마음의 온갖 때를 다스려야 한다. 만일 믿고 앎이 바르지 못하다면, 닦는 바 관행이 모두 무상하여 끝내는 뒤로 물러나 (부처의 종자를) 잃어버리게 될 터이다. 이것은 어리석은 이의 관행이다. 어찌 지혜로운 사람의 행이 되겠는가![35]

결국 바른 믿음과 앎에 근거해서 수행하되, 선정과 지혜로써 하면, 마음의 온갖 때를 다스리되 다스림 없는 다스림이 될 것이며, 닦음 없는 닦음이 될 것이다. 이것은 자기의 무명조차 본래 참 성품에서 비롯된 것임을 믿고 안 이후이기 때문에 가능한 일이다. 믿고 안 이후의 모든 수행은 방편적인 데 지나지 않으며, 궁극적인 경지에 들어가는 데 아무런 걸림이 없다. 지눌은 믿음과 궁극적인 경지 사이의 과정을 다음과 같이 해명한다.

> 만일 십신의 초심에 들어가면 자유로이 십주의 초심이 이르게 되며, 만약 십주의 초심에 머물게 되면 자유로이 궁극적 경지에 이른다. 그런즉 번뇌에 속박된 범부가 처음에 바른 믿음의 마음을 내는 것이 가장 중요한 문이 되는 것이다(具縛凡夫初發正信之心 最爲要門).[36]

위 인용문은 지눌이 이통현의 『신화엄경론』의 요점을 간추리면서 최종적으로 느낀 믿음의 중요성에 대한 언급이다. 범부가 처음에 믿음을 일으킨다는 것이 얼마나 중요한가! 지눌은 이통현의 믿음에 대한 해석을 전적으로 자기의 사상 속에 수용하면서, 그것을 선 전통에서의 깨달음, 즉 돈오와 동일시했다. 따라서 한편으로는 돈오점수로 지눌 선사상의 골격을 삼을 수 있으면서, 다른 한편으로는 '믿음과 그에 따른 실천'이라는 언명으로도 지눌 선의 핵심을 드러낼 수 있다 하겠다. '발신점수!'(發信漸修)라 요약할 수 있을 것이다.

2) 수행의 무시간성

비록 오랫동안 쌓여 왔던 습기는 대번에 지울 수 없어서 점차 닦아 나간다 하더라도, 자기의 무명조차 참 성품이 일어난 것이고 자기 마음의 활동이 진심의 묘한 작용임을 믿어 깨친 이후이기 때문에, 그 닦음은 닦음 아닌 닦음(修而無修), 다 이긴 싸움이다. 따라서 닦아 나가되 오랜 시간 수행하는 절차가 있어야 한다고 고집하는 사람이 있다면, 그는 첫 믿음과 앎을 올바르게 세우지 못한 사람임에 틀림없다. 자기 존재의 참 실상은 수행한 이후에 가서야 알려지는 것이 아니다. 믿음과 앎을 든든하게 세움으로써 닦음 아닌 닦음을 닦고, 다 이긴 싸움을 싸우는 것이 올바른 순서이다. 물론 이 순서라는 것도 순서 아닌 순서이다. 그래서 지눌은 마음을 닦는 사람들에게 권면한다. 올바른 수행이란 오랜 시간 여러 단계를 거치는 것이 아니니, 나약해지지 말고 자기 마음이 지금 이 순간 그 자체로 부처임을 믿으라고….

또 스스로 비겁하고 나약해져서 삼아승지의 수행하는 절차가 있기를 바라는 자는 성종(性宗)의 뜻을 얻어 마음을 닦는 이가 아니다. 만일 이런 병이 있으며 지금부터 고치기 바란다.[37]

(그런데) 아직 마음을 돌이키지 못하는 삼승의 사람은 으레 믿지 않는다. 왜 그런가? 삼아승기겁의 세월을 지낸 후에야 응당 깨달음의 과보(佛果)를 얻는 것이라고 여기기 때문이며, 자기의 몸과 마음은 모두 범부일 뿐이라고 스스로 인정하고서 단지 부처에게만 부동지가 갖추어져 있다고 믿는 등 스스로 자기의 마음이 본래 부동지의 부처이며 부처와 다름이 없음을 믿지 않기 때문이다.[38]

자기의 마음을 돌아보고서 비겁하게 굴지 말고 용기 있게 자신이 곧 부처임을 믿을 때 비로소 참 수행이 시작된다. 그 수행은 수행 아닌 수행이다. 삼아승기겁의 세월을 수행으로 보내야만 부처의 깨달음을 얻게 되는 것이 아니라, '지금 이 순간' 자기가 그대로 부처이기 때문이다. 따라서 수행하는 데 걸리는 시간이란 아예 없으며, 여러 단계, 절차가 있는 것도 아니다. 지눌은 이렇게 말한다.

> 만약 무량한 시간(僧祇)이 정말로 존재하고, 이 몸을 범부라 여겨 범부와 성인을 두 개의 다른 길로 구분하며, 짧은 시간이 바뀌어 긴 시간으로 변화하고, 마음 밖에 부처가 있다고 한다면 신심을 이루지 못한다.[39]

신심을 이루려면 긴 시간 · 짧은 시간, 범부 · 성인을 이원화시키는 것이 아닌, 지금 이 순간 정각(正覺)이 성취되어 있음을 인정해야 한다. 이것은 존재론적으로 중생 안에 불성이 그대로 갖추어져 있기 때문이며, 먼 시간 · 가까운 시간, 옛 부처 · 새 부처 따위의 수행하는 절차란 아예 없기 때문이다. 이처럼 믿음이란 시간의 멀고 가까움, 범부와 성인 따위의 모든 현상적인 분별을 넘어설 때 비로소 성취되는 것이다. 믿음 안에서는 '옛날 · 지금, 먼 때 · 가까운 때, 과거 · 현재 · 미래, 부처 있는 곳 · 부처 없는 곳, 정법 · 상법 · 말법, 옛 부처 · 새 부처, 깨끗한 세계 · 더러운 세계'라는 이원론적인 구분은 있을 수 없다.[40] 이것은 믿음이라는 출발점 자체가 자기의 무명 분별의 종자로 부동지의 부처를 이루어 가는 것이기 때문이며, 믿음에서 궁극적 경지에 이르기까지 닦아 나가는 모든 과정이 한결같이 부동지의 부처를 여의지 않기 때문이다. 닦아 나감에 시간이 초월된다는 것을 적극적으로 말하면, 사실상 모든 닦아 나감 자체가 부동지의 부처와 맞닿아 있음을 뜻하는 것이라고 할 수 있다. 믿음에서 묘각(妙覺)에 이르기까지 모든 곳에서 본래 부동지불을 떠난 적이 없으며, 모든 곳은 한량없는 법계의 법문으로 가득 차 있다는 것이다.

자기 마음의 근본 무명의 분별하는 종자로써 부동지의 부처를 이루고, 법계의 본체와 작용으로써 믿어 나아가고 깨달아 들어가는 문을 삼아, 믿음으로부터 십주, 십행, 십회향, 십지, 십일지를 지남에 이르기까지 모두 본래의 부동지불을 여의지 않고, 한 때도 한 생각도 한 법도 한 행위도 여의지 않으면서, 한량없고 가없으며 말할 수 없고 말할 수 없는 법계와 허공 경계의 티끌 수 같은 법문이 있다. 왜 그런가? 법계와 근본 부동지불의 위에서부터 믿어 나아가고 깨달아 들어가기 때문이다.[41]

이것은 수행의 무시간성을 선화(禪化)하여 적극적으로 표현한 화엄적 시간관이라 할 수 있다. 무시이래 지금까지 부처는 모든 곳에 상주하고 있으며, 모든 곳·모든 때가 부처 아님이 없다는 것이다. 직선적인 분별지의 시간 개념이 초월된다는 것은 사실상 시간이라는 직선이 모두 부처로 가득 차 있음을 나타내 주는 또 다른 표현이라 하겠다. 세상만사가 부처이니, 믿음이라는 인과 깨달음이라는 과도 일치하는 것일 수밖에 없다. 따라서 번뇌를 다스리는 모든 수행 절차 역시 극히 방편적인 것이며, 수행이라 할 수 없는 수행, 다 이긴 싸움이다. 수행할 때 하루, 한 달, 해, 억겁의 세월이 걸린다는 말은 어불성설인 것이다.

이 믿음이라는 인 가운데서 모든 불과의 법과 들어맞되 털끝만큼도 어그러짐이 없어야 비로소 신심을 이룬다. 이 신심을 따라 선정과 지혜로써 수행하여 나가되, 십주·십행·십회향·십지·십일지까지 지나는 동안 하루·한 달·한 해·억겁(日·月·歲·劫)의 시간이 지나감은 없다. 법계가 본래와 같고 부동지불도 그 전과 같아서 일체 종자의 지혜 바다를 이루며, 중생을 교화한다. 인과 과가 옮겨 가지 않고 시간과 겁이 바뀌지 않으니, 비로소 믿음

을 이루는 것이다.[42]

　위 인용문은 한마디로 믿음 속에서 모든 직선적 시간 개념은 초월된다는 말이다. 순간이 곧 영원이고, 시작이 곧 끝이며, 일체가 법계라는 것이다. 즉, 믿음은 모든 것을 초월하면서도 한순간에 일체를 포섭하는 원돈(圓頓)의 가르침이라는 것이다. 지눌이 원돈신해문을 열고 믿음을 강조한 것도 바로 믿음의 내용이 원돈하다는 것을 보여주려는 것이었다. 이렇게 보건대 원돈신해문에서의 원돈이란 믿음의 행위(act)의 면 보다는 믿음의 내용(content)을 수식해 주는 말이라 할 수 있다.[43] 즉, 원돈이란 바로 일체를 초월하고 동시에 일체를 포섭하는 믿음의 내용을 가리켜 한 말인 것이다. '원돈한 믿음!' 따라서 믿음에 근거한 수행이 모든 분별적 시간 개념을 초월한다는 것은 원돈한 믿음의 구체적인 표현이라 하겠다.

　믿음과 그에 따른 수행은 서로를 여의지 않는다. 믿음은 수행의 시작이며, 뒤따르는 수행의 원동력 역할을 한다. 믿음을 출발점으로 하여 닦음 아닌 닦음을 지나 궁극적인 깨달음을 성취하는 것이다. 이 믿음과 궁극적인 깨달음 사이에는 모든 시간 의식이 초월된다. 이것은 자기 마음의 근본 무명조차 사실은 부동지의 부처 자체이고, 깨달음의 과보에 들어가기까지 닦아 나가는 모든 과정이 모두 본래의 부동지불을 여의지 않기 때문이다. 믿음은 제 마음의 근본 무명 분별심이 바로 부동지의 부처임을 지금 이 순간 용기를 갖고 인정하여 확중하는 것이기 때문에, 믿음과 궁극적인 깨달음 사이에는 조금도 차별이 있을 수 없다. 이러한 믿음에서 비롯된 수행이라야 참 수행이며, 또한 이 수행은 진실한 믿음의 외적 표현인 것이다. 참 수행은 믿음 이후에, 이 믿음에 근거한 것이어야 한다.

4. 믿음과 보살행

믿음은 수행의 출발점이다. 수행을 통해 믿음의 결단이 외부로 표현되는 것이다. 그런데 이 표현에 중생을 위한 자기 헌신이 수반되지 않는다면, 그것은 수행자 자신의 정신적 평안만을 추구하던 소승의 출가자와 다를 바 없다. 그렇기 때문에 수행은 자리행에만 머물지 않고 중생구제를 위한 보살도의 실천으로 이어져야 한다. 그것이야말로 진실한 수행이라 할 것이다. 지눌은 이렇게 말한다.

> 그러므로 부디 용맹스러운 마음을 내어 몸과 목숨을 돌아보지 않고 오로지 제 일을 전일하게 함으로써, 스스로 심성의 도리를 믿고 알며, 시시때때로 분발하고 정신을 차려 도(道)의 눈을 갈고 닦아 한 티끌도 받지 않음을 기본으로 삼아야 한다. 그리고 만행의 문 가운데서 부처님께 예배하고 경전을 낭송하며, 나아가서는 보시[施]와 지계[戒]와 인욕[忍] 등의 도를 돕는 일에 이르기까지 버리지 않아야 한다.[44]

그러나 이 모든 것은 번뇌가 본래 공하고 닦음 또한 닦음 아닌 닦음임을 깨친 이후이기 때문에, 보시·인욕·지계와 같은 바라밀의 실천은 연(緣)에 따르면서도 아무런 작위가 없는 행위이다.[45] 믿는 사람은 자신의 행위를 돌아볼 뿐만 아니라, 이웃을 향해서는 무집착의 보시·인욕·지계와 같은 육바라밀의 실천을 통해 중생제도로 나아가야 한다. 여기서 다시 한 번 강조해야 할 것은 이웃의 구제 이전에 방편적인 선정과 지혜를 통한 자기의 수행이 먼저 있어야 한다는 것이다. 번뇌에 속박된 사람이 남의 번뇌를 풀어줄 수 없는 노릇이기 때문이다: "스스로 속박되어 있으면서 남의 결박을 푼다는 것은 있을 수 없다."⁴⁶ 자기를 풀고 선정과 지혜로 다스린 뒤 고뇌하는 중생을 제도해야 하는 것이다.

이미 남을 제도하려는 서원을 내었을진댄 먼저 선정과 지혜를 닦아야 한다. 도의 힘이 있은즉, 자비의 문을 구름이 퍼지듯 하고, 행함의 바다를 물결 날리듯 하여, 미래의 끝이 다하도록 고뇌하는 중생을 구제하고 삼보에 공양하여 부처의 가업을 이으리니, 어찌 고요함만을 취하는 무리와 같겠는가!⁴⁷

먼저 내적인 수행으로 자신의 결박을 풀고서 중생의 구제로 나아가야 한다. 산골짜기에서 홀로 고요함만 추구하지 말고, 믿음과 그에 따른 집착 없는 수행으로 고통 받는 중생의 구제에까지 이어질 때, 비로소 믿음이 완성되고, 믿음의 궁극성이 확증되는 것이다. 믿음은 부처로서의 자기 자신을 내적으로 깨닫게 해 줄 뿐 아니라, 모든 사람을 위한 외적 자비의 실천을 뒷받침해 주는 원동력인 것이다. 지눌은 이렇게 '믿고 실천하는 삶'을 통해 진정한 삶의 원형을 제시했다고 할 수 있다.

이에 끝까지 믿고 꽉 잡아 머물며, 허깨비와 같은 자비와 지혜를 가지고 허깨비와 같은 중생을 제도하면, 맡겨진 대로 깨달음의 행위가 애쓰지 않고도 이루어질 것이니(任運覺行不作而成), 어찌 한 평생이 기쁘고 유쾌하지 않겠는가!⁴⁸

5. 신앙의 다이내믹스 : 지눌과 틸리히

1) 용기, 틈을 메우다

수차 보았지만, 선불교에서 선포하고자 하는 것은 '마음이 곧 부처'라는 사실이다. 부처가 되기 위해 지금부터 부지런히 정진해야 하는 것이 아니라, 지금 우리 모습 그대로가 이미 부처와 조금도 다름이 없다는 사실을 선포하는 것이다. 이것은 이미 이루어져 있는 객관적 사실이다. 인간이 만들어 내거나 산출해 낼 수 있는 진리가 아니라, 알든 알지 못하든 이미 존재하는 사물의 참 모습인 것이다.[49] 그러므로 인간에게는 이와 같은 사실에 대한 주체적이고 자발적인 수납 행위, 곧 믿음이 늘 요청된다. 지눌 일생일대의 작업은 이와 같은 객관적 사실에 대한 주도면밀한 설명과 함께, 모든 중생들로 하여금 용기를 갖고 이 놀라운 사실을 받아들여서 자신이 곧 부처임을 확증하게 하려는 것이었다. 믿음으로 인간 본래의 성품이 회복되고 '내 마음이 바로 부처의 마음'이라는 사실이 내적으로 실현된다는 것이다. 믿음을 통해 중생과 부처 사이의 이원성이 극복된다는 것이다.

일반적으로 믿음은 주관과 객관, 중생과 부처 따위의 인식론적 · 존재론적 이원론에 근거하고 있는 개념이자 언어로 여겨지지만, 진지한 공부 이후에 도달하게 되는 믿음의 세계는 그 자체로 모든 분별심, 즉 이원론을 넘어설 수 있는 최고의 힘으로 작용한다. 나아가 주체와 대상을 분리시켰던 그 '틈'을 '장부의 용기'로 메우는 순간, 믿음은 깨달음과 다를 바 없어진다. 그래서 믿음은 '마음이 곧 부처'라는 지상 명제를 성취시켜 주는, 최고의 실천행이 된다고 말하는 것이다.

2) 지눌과 틸리히

종교학적인 입장에서 이런 식의 믿음의 자세와 의미 등은 신학자 폴 틸리히(Paul Johannes Tillich, 1886-1965)의 신앙관과 지극히 유사하다는 사실은 흥미롭다. 틸리히는 신앙(faith)을 "궁극적으로 관심을 기울이는 상태"(the state of being ultimately concerned)라고 정의했다. 여기서 궁극적 관심이란 궁극적으로 경험된 것에 대한 전존재적 관심을 뜻한다.[50] 인간 정신의 한 특수한 기능이 아니라, 정신생활의 모든 기능 안에 있는 깊이(depth)의 차원이다. 예수가 했던 "네 마음을 다하고 네 정신을 다하고 네 생각을 다하고 네 힘을 다하여 네 하느님이신 주님을 사랑하라"(마가복음 12,29)는 요청을 추상적으로 번역하면 궁극적 관심이라 할 수 있다는 것이다. 틸리히에 의하면, 신앙이라는 궁극적 관심을 통해서 주관과 객관은 일치하게 된다. 다시 말해서 신앙이라는 행위가 지향하는 궁극적인 것과 신앙이라는 행위 자체의 궁극성은 둘이 아니라 하나이며, 따라서 궁극적이고 무조건적인 것을 경험할 때는 주체와 객체라는 구분이 있을 수 없다는 것이다.[51] 신앙 속에서 신과 인간의 연속성을 경험한다는 뜻이라고도 할 수 있다.[52] 궁극적 관심의 상태와 그 관심의 대상이 분리될 수 없다는 뜻이다.

물론 존재론적으로 신과 인간이 단순히 동일하다는 뜻은 아니다. 신이 인간의 궁극적 경험 속에서 그 경험의 양식으로 드러난다는 뜻이다. 그 경험된 신이 신의 모든 것은 아니라는 것이 틸리히를 포함한 서구 신학자들의 대체적인 입장이라고 할 수 있다. 이 점에서 선불교와 본질적인 차이를 보인다. 선불교적 세계관에서 중생과 부처는 본래적 일치성 안에 있기 때문이다. 다만 지눌의 입장을 다시 정리하면, 중생과 부처는 본래적으로 일치하되, 이 일치성은 믿음이라는 용기 있는 결단을 통해서 실현되며, 모든 이원적 사고가 극복된 깨달음의 세계는 믿음 여하에 달려 있다는 것이다.

그럼에도 불구하고 틸리히가 신앙을 용기와 모험의 역학 관계로 파악한 것은 지눌이 장부의 용기를 내어 믿음을 일으키라고 요청했던 것과 구조적으로 다르지 않아 보인다. 이러한 구조적 유사성을 중시할 필요가 있다. 틸리히는 이렇게 말한다.

> 만일 우리가 신앙과 용기의 관계를 서술하려면, 보통 사용되고 있는 개념보다는 넓은 용기의 개념을 사용해야 한다. 신앙의 요소로서의 용기는… 자기 자신의 존재에 대한 과감한 자기 긍정이다. 과감성과 용기가 있는 곳에는 실패의 가능성이 있으며, 따라서 모든 신앙의 행위에는 이 가능성이 있다. 모험을 해야 하는 것이다. … 그리고 유한한 존재가 자기를 긍정한다면 그것은 피할 수 없는 신앙적 모험이다. 궁극적 관심은 궁극적 모험이요 궁극적 용기이다. … 물론 신앙과 용기는 동일하지 않다. 신앙은 용기 외에 다른 요소를 가졌고, 용기는 신앙을 긍정하는 것 이상의 다른 기능을 한다. 그럼에도 불구하고 용기가 모험을 받아들이는 행위는 신앙의 역학에 속한다.[53]

틸리히가 신앙을 용기 혹은 모험과 연결 지은 것은 지눌이 신심을 용맹심, 장부의 용기 등과 연결 지은 것과 유사하다. 자신의 부처됨에 대한 믿음과 궁극적 관심의 상태로서의 신앙은 용기와 모험의 역학 관계 속에서 그 대상과 연결되거나 일치한다고 본다는 점에서 이들이 구조적 유사성을 보인다. 두 종교의 구조적 유사성의 문제는 이 책의 이어지는 부분에서도 지속적으로 관심을 기울이는 부분이다. 물론 그렇다고 해서 지눌과 틸리히, 불교와 기독교적 세계관의 근본적 차이가 온전히 해소되는 것은 아니다. 차이를 억지로 해소하려고 노력할 필요도 없다. 다만 그 차이가 단순한 차별이 아니라, 더 깊은 근원의 세계를 드러내기 위한 다양한 방식으로 이해될 가능성에 대해서는 늘 열려있어야 한다. 지눌과 틸리히, 불교와 기독교적 세계관의 차이에 대한 논의도 좀 더 지속되어야 하는 것이다. 믿음과 용기, 신앙과 모험의 역학에 담긴 그 내용이 정말로 다르기만 한 것인지도 여전히 논의에 붙여야 하는 것이다.

　이 둘 사이의 간극은 자력과 타력, 그리고 범재신론에 대해 논의하는 다음 장에서 좀 더 메워질 수 있을 것으로 보인다. 불교와 기독교의 차이가 무슨 의미를 지니는지, 정말 차이이기만 한 것인지 등에 관한 문제는 한국적 현대 불교라 할 원불교를 다루는 다음 장에서 좀 더 살펴보기로 하겠다.

• 2부 •

불교와 기독교
서로 만나다

03 법신불 일원상과 범재신론
- 원불교의 일원주의와 세계주의

1. 한반도발 신불교, 원불교

> 우주 만유의 본원이요, 제불제성의 심인인 법신불 일원상을 신앙의 대상
> 과 수행의 표본으로 모시고….[1]

원불교는 한반도발 신불교이다. 기존 불교적 세계관을 대부분 계승하면
서도 현대세계의 당면한 문제를 창조적으로 수용하는 데에는 기성 불교보
다 한결 기민하다. 기독교와의 교류도 비교적 활발해 기독교를 통해 서양적
세계관을 수용할 준비도 좀 더 갖추어져 있는 종단이다. 법신불 일원상 개
념을 중심으로 원불교의 신앙관 및 세계관을 고찰하고 기독교적 신론과 비
교하면서, 이 두 세계관은 서로 어디까지 접근할 수 있겠는지 그 만남의 가
능성을 모색해보도록 하겠다.

알려지다시피 원불교는 '법신불 일원상'(法身佛一圓相)을 신앙의 대상으로
삼아 불교와의 연속성을 유지하면서도 '일원상'을 부각시키는 방식으로 종
교적 독특성을 유지하고 정체성을 확립해 왔다. 이를 위해『교전』이나 각
종『법어』에서도 법신불 보다는 일원 혹은 일원상의 의미를 강조하며 해설

해오고 있다.

하지만 법신불과 일원상의 관계, 그리고 일원과 일원상의 관계에 대한 교도의 인식은 아직 분명치 않아 보인다. 법신불과 일원상을 과연 동일시할 수 있는가의 문제, 그리고 일원과 일원상은 같은 것인가 하는 문제의 답변이 아직은 충분히 이루어지지 않은 것으로 보인다.

이 글에서는 먼저 이러한 문제의식을 가지고 '법신불'과 '일원상'의 관계 및 '일원'과 '일원상'의 개념을 좀 더 분석적이고 비판적으로 검토해 보고자 한다. 이어서 3대 종법사인 대산 김대거 종사(이하 대산)가 법신불 일원상 신앙을 계승하되, 그것을 일원주의와 세계주의의 차원으로 확장 전개하면서 '하나'를 강조하는 모습도 살펴보고자 한다. 일원주의 혹은 그 '하나'에 대한 강조가 최근 기독교권에서 전개되는 '범재신론'과는 어떤 관계에 있는지 비교해보고자 한다. '모든 것(pan)이 신(theos) 안에 있다(en)'는 이론(ism)인 '범재신'(panentheism)은 법신불 일원상 신앙이나 일원상의 진리의 고유성과 서양 사상과의 차별성을 분명히 하는 데 일조할 수 있을 개념으로 판단되기 때문이다. 법신불이라는 용어의 탄생 배경과 의미부터 정리해 보자.

2. 법신불, 일원상과 비교하기 위하여

주지하다시피 고타마 싯다르타는 제법무아(諸法無我)를 깨달아(budh) 깨달은 자, 즉 불타(Buddha)로 불리게 되었다. 인간도 오온(五蘊)의 조합물에 지나지 않을 뿐만 아니라, 만물도 사실상 그것만의 고유한 실체가 없음을 깨달은 것이다. 그런데 후대에 이르러 제법의 무아적 측면을 설명하기 위해 그 법을 더 잘게 쪼개어 세분화한 법의 개념을 이용했다. 법의 유아적 측면 내지 요소들을 이용해 법의 무아적 측면을 설명하려고 했던 것이다. 그러면서 점차 '아'(我)의 '없음'[無]보다는 '법'(法)의 '있음'[有]을 강조하게 되었다.

이러한 과정 속에서 특히 유식학파에서는 세분화된 법(dharma)으로 석가모니불의 본질을 규명하고자 했다. 깨달음의 내용 또는 그 내용에 대한 불타의 가르침도 '법'으로 불렸다. 이것은 깨달은 자, 즉 불타의 가르침이 그대로 깨달음의 내용과 동일하다고 후학들이 인식했기 때문이다. 물론 그 법은 불타 안에서 불타에 의해 알려진 것이다. 불타에 의해 발명된 것이 아니라, 발견된 것이다. 법은 불타에 의해 깨달아지고 알려지기 전부터 있어 왔던 것이라는 말이다. 제자들도 스승이 전부터 있던 영원한 법을 깨달았다고 보았다.

이렇게 불타가 깨달은 법이 정말 법이라면, 그것은 불타의 창작물이 아니라, 본래부터 불타 안에 있는 것이어야 했다. 깨달음의 내용으로서의 법이 정말 법이려면, 그 법이 주체와 분리된 객체로 남지 않고 주체 안에서 주체의 모습으로 스스로를 일으킨 것이어야 했다. 본래부터 주체 안에 있으면서 그 주체와 하나된 깨달음의 본질을 후학들은 법신(法身, dharma-kaya)이라고 부르기 시작했다. 법을 깨달은 주체, 법을 제대로 본 근원적인 주체가 '법신'인 것이다.

이때 법신의 '신'(身, kaya)은 생물학적인 몸이 아닌, 깨달음의 본질[實]을 의미한다. 구체적 형상을 뜻하는 것은 아니면서도, 법에 '몸'[身]이라는 구체적 수식어를 단 이유는, 그런 식의 이해를 통해서만 '법'이라는 깨달음의 추상적 본질이 좀 더 상상 가능하기 때문이다. 상상 가능하다고 해서 구체적 형상을 지닌 어떤 것은 아니다. 법신은 구체적이고 인격적으로 상상된 세계가 아닌, 불타 안에서 깨달음의 형태로 나타난 진리(眞理) 자체에 붙여진 이름이라고 할 수 있다.

이 문제는 유식학을 발전시킨 세친(Vasubandhu)이 『섭대승론석』에서 상세히 설명한 바 있다. 그에 의하면 법신은 무명에 의한 업의 연결고리를 끊은 인식 주체에 의해 얻어진 몸이다.[2] 얻어졌다지만 창작된 것이 아니고, 몸이라지만 생물학적인 몸이 아니다. 그것은 무명에 의한 업의 연결고리를 끊은 인식 주체의 본질에 오늘날의 용어로 인격성이 부여되면서 등장한 신조어이다. 이와 관련하여 『섭대승론석』에서는 이렇게 말한다.

> 번뇌를 끊는 도를 일으켜 닦을 때 인식주체의 허구적이고 비실제적인 부분을 떠나 인식주체의 본질적이고 실제적인 부분과 더불어 상응하기 때문에 전의(轉依)라고 이름한다. 이 전의로 말미암아 금강도 뒤에 법신을 증득한다.[3]

인식주체의 본질적이고 실제적인 부분으로 전의(轉依)됨으로써 얻어진 것이 법신이라는 것이다. 여기서 전의는 유가행파의 핵심 개념이다. 허망한 연기(緣起)의 세계에서 진실한 성기(性起)의 세계로의 전환을 의미한다. 유가행파에 따르면, 중생은 세상만사가 다른 것에 의존하여 일어난다[依他起性]는 사실을 모른 채 망상에 사로잡혀 있지만[遍計所執性], 만일 그러한 타자 의존적 사물의 실상[依他起性]을 제대로 깨닫게 되면 사물의 원만 구족한 모습[圓成實性]이 드러나게 된다. 한마디로 의타기성에서 원성실성으로의 전환이 바로 '전의'인 것이다. 그리고 그 전의의 결과로 드러난 본질적인 측면이 법신이다.

물론 법신은 전의 이전부터 인식 주체에 본래 그렇게 부여되어 있는 본질적인 부분이다. 깨달음의 본성을 자체적으로 담지하고 있는 몸이라는 점에서 자성신(自性身, svabhavikakaya)이라고도 한다. 그런 의미에서 법신은 불성이며, 여래장과 같다. 세친은 "법신은 진여"라고 단순하게 말하기도 한다.[4] 법신은 깨달음의 보편적인 본질에 관심을 기울이면서 현재적 깨달음의 정당성을 확보하기 위해 논리적으로 요청된 개념이라고 할 수 있다.

깨달음의 보편성에 관심을 기울이는 것은 세친 이전 초기 대승 경전들에서도 비슷하게 드러난 바 있다. 가령 『반야경』에서는 역사적 존재가 아닌, 반야바라밀이 참된 부처의 몸[佛身]이라고 주장한다. 역사적 존재로서의 고타마 불타보다는, 경험적으로는 불타에게서 비롯되었지만, 이론상으로는 그 불타를 불타 되게 해 준, 이미 선재하는 진리, 즉 지혜에 무게중심을 두고 있는 것이다. 진정한 불타 그 본래 모습은 역사적 존재 혹은 그 생물학적인 몸이 아니라, 불타의 지혜(반야)라는 것이다.[5]

『팔천송반야경』에는 색신과 법신을 구분하면서 이렇게 말한다: "여래는 그의 색신으로 보이는 것이 아니다. 법신은 여래로서, 법의 참 본성은 오지도 가지도 않는다."[6] 이런 표현을 통해 말하려는 것은 석가모니불이라는 역사 내 존재를 넘어 그의 지혜, 그가 실현한 보편적이고 근원적인 진리를 따라야 한다는 것이다. 역사적 제한성이 아닌, 초역사적 보편성에서 진리의 모습을 보아야 한다는 것이다.

물론 이것은 전술한 대로 역사적 존재인 석가모니불에게서 비롯된다. 역사적 존재 안에서 알려졌고, 그에게서 비롯되었지만, 그 역사적 존재를 역사 내 제한적 존재로 머물지 않게 하는 것은 그에게서 발견된 진리, 즉 영원한 '법'이다. 물론 이것은 불타의 법을 만물과 연결 지으려는 불교적 형이상학이다. 불교 형이상학에서 법은 석가모니불 이전부터 있었던 것이며, 일체 사물의 근거이다. 유식학에서의 전의가 가능한 이유도 인간이 본래 그러한 존재이기 때문이다. 현상적으로는 불타가 법을 비로소 깨달은 것 같지만, 실상 그 법은 불타의 깨달음 이전부터 불타 안에 있어 왔으며, 사실상 불타의 주체였던 것이다. 그 주체가 바로 법신이다. 본래 법신이었기에 비로소 법신으로서의 본질을 깨달을 수 있는 것이다.

이러한 도식은 대표적인 대승불교통론이라고 할 수 있을 『대승기신론』에서도 잘 반영하고 있다. 거기서는 중생이 본래 깨달아 있기에[本覺] 비로소 깨달을 수 있다[始覺]고 말한다. 유식의 언어와 연결 짓자면, 그 본각(本覺)을 비로소 시각(始覺)하는 것이 바로 전의인 것이다. "소경이 해의 혜택을 입어 살면서도 해를 보지 못하므로 해의 혜택이 없다고 하는 것"[7]이라는 소태산의 말처럼, 해의 혜택은 누구든 진작부터 받으며 살고 있다는 것이다. 기독교에서 만물이 하느님의 말씀으로 생겨났기에(요한복음 1,3, 1,10) 그 하느님의 말씀과 원천적으로 연결되어 있으며, 그렇기에 그 말씀에 대한 신뢰도 비로소 생겨날 수 있다고 보는 것과도 비슷한 이치이다.

3. 법신불과 일원상의 진리

원불교는 불교의 이러한 법신불 사상을 물려받았다. 『원불교교전』 및 각종 『법어』에서도 으레 법신불이라는 용어를 자연스럽게 사용한다. 그러면서 거기에 원불교만의 해석을 덧붙인다. 법신불이 그대로 일원상이라는 것이다. 그렇게 '법신불 일원상'(法身佛一圓相)이라는 독특한 표현을 사용한다.

그동안 원불교적 정체성의 확립을 위해 일원상에 대한 상당한 해설과 해석도 축적해 왔다. 원불교 교리도는 법신불이 일원상이라는 전제에서 출발한다고 해도 과언이 아니다. 하지만 법신불과 일원상의 관계 규명은 아직 불분명해 보인다. 대체로는 일원상을 법신불과 동일시하는 경향이 크다. 어떻게 법신불이 일원상일 수 있는가. 그러한 동일시는 과연 가능한가. 원불교 교리도에 따라 '일원이 법신불'이라는 규정을 살펴보면서 이 질문이 지닌 문제의식부터 구체화시켜 보자. 『정전』에서는 이렇게 규정한다.

일원(一圓)은 우주 만유의 본원이며, 제불 제성의 심인이며, 일체 중생의 본성이며, 대소유무(大小有無)에 분별이 없는 자리며, 생멸거래에 변함이 없는 자리며, 선악 업보가 끊어진 자리며, 언어 명상(言語名相)이 돈공(頓空)한 자리로서….[8]

일원이라는 말은 '하나'[一]와 '동그라미'[圓]의 합성어이다. 진리는 여럿으로 나뉘는 차별적인 것이 아니라, 근원적으로 하나이며, 그 하나는 굳이 형상화하자면 원과 같다는 것이다. 정산은 '원'을 이렇게 설명한다.

원은 형이상으로써 말하면 언어와 명상이 끊어진 자리라 무엇으로써 이를 형용할 수 없으나, 형이하로써 말하면 우주 만유가 다 이 원으로써 표현되어 있으니, 이는 곧 만법의 근원인 동시에 또한 만법의 실재인지라. 그러므로 이 천지 안에 있는 모든 교법이 비록 천만 가지로 말은 달리 하나 그 실에 있어서는 원 외에는 다시 한 법도 없는 것입니다.[9]

'원'을 '형이상'과 '형이하'로 구분하는 정산의 해설은 일원에 대한 유상(有常)과 무상(無常)의 구분[10], 구공(俱空)과 구족(具足)의 구분[11], 대(大)와 소(小)의 구분, 그리고 본래 청정하고 원만 구족한 성품이 '유도 아니요 무도 아니'면서 '그 있는 것이 무위이화 자동적으로 생겨난다'고 하는 구분[12] 등에서도 동일하게 드러난다. 이것은 사실상 진공(眞空)/불변(不變)이라는 본체[體]의 세계와, 묘유(妙有)/수연(隨緣)이라는 작용[用]의 세계를 구분하는 선종(禪宗)의 사유틀을 차용한 것이라 할 수 있다. 대산이 "진공 묘유가 바로 일원상 자리니, 진공은 텅 비어 있으나 텅 비었다는 그것마저 없는 자리요 묘유는 그 가운데 묘한 이치가 있어 나타남을 이름이라"[13]고 할 때도 전형적으로 선종의 표현 그대로이다. 그런 점에서 일원은 선불교적 마음 이론의 범주 안에 있다고 할 수 있다. 나아가 '원'의 근원성을 강조하며 '일원'이라는 표현을 사용하는 것은 '마음'의 근원성을 강조하기 위해 '일심'(一心)이라 표현했던 원효의 어법을 떠올려 준다. 이렇게 만유는 일원의 표현이며, 일원은 일체 만물의 근원이자 주체이다.

그런데 다른 곳에서는 "우주 만유의 본원이요 제불 제성의 심인인 법신불 일원상을 신앙의 대상과 수행의 표본으로 모신다."[14]고도 한다. '일원'과 '법신불 일원상'을 혼용하고 있는 것이다. 또 다른 곳에서는 "일원상의 진리를 우주 만유의 본원으로 믿으며, 제불 제성의 심인으로 믿으며, 일체 중생의 본성으로 믿는다."[15]고도 한다. 일원과 일원상도 혼용하거나 동일시하고 있는 것이다. '일원', '일원상', '법신불 일원상'을 모두 같은 개념으로 사용하고 있는 것이다.

하지만 법신불과 일원상을 얼마나 동일시할 수 있는지, 그리고 일원과 일원상을 혼용해도 되는 것인지에 대한 성찰은 잘 보이지 않는다. 아울러 "법신불 일원상을 신앙의 대상으로 모신다."지만, 법신불이 신앙의 대상일 수 있는지, 신앙의 대상이기만 한 것인지 등에 대한 분석도 별반 보이지 않는다.

전술한 법신불의 개념을 따른다면, 법신불은 그 자체로 본래부터 인식주체 안에 있으면서 그 주체와 하나되어 있는 깨달음의 본질이라는 점에서, 그리고 법을 제대로 본 근원적인 주체가 법신이라는 점에서, 법신불은 신앙의 대상이라기보다는, 신앙의 주체에 가깝다고 할 수 있다. 대산 역시 법신불을 신앙의 대상으로 표현하곤 하는데,[16] 그것은 이치의 절반만 말한 것이나 다름없다. 법신불을 어떻게 정의하느냐에 따라, 신앙의 대상으로 규정할 수 없는 것은 아니겠지만, 법신불은 신앙을 가능하게 해 주는 주체에 더 가까운 개념이다.

물론 원불교 교학 체계 전체적으로 보면 신앙의 대상과 신앙의 주체가 단순히 분리되는 개념은 아니다. "법신불 일원상을 신앙의 대상으로 모신다"는 말 속에는 법신불 일원상이 사실상 신앙의 주체라는 전제가 들어 있다고도 할 수 있다. 그럼에도 교법을 총괄적으로 규정하면서 "법신불 일원상을 신앙의 대상과 수행의 표본으로 모신다."[17]만 명기하는 데서 오는 오해도 있으리라 생각된다. '교법의 총설'에 법신불 일원상의 주체성을 강조하는 구절까지 포함시켰다면 논리적으로 더 온전하지 않았을까 하는 아쉬움이 드는 이유이다.

4. 일원과 일원상, 법신불과 보신불

일원과 일원상의 관계에서도 좀 더 엄밀한 분석이 있어야 한다. 이미 본 대로 "일원은 우주 만유의 본원이며, 제불 제성의 심인이며, 일체 중생의 본성"이다. 이처럼 일원에 대한 규정과 해설은 곳곳에서 등장한다. 이에 비해 일원상(一圓相)이라는 말은 별반 해설하지 않거나, 그저 일원과 동일시하는 경향이 있다. 일원과 일원상은 과연 같은 개념인가.

기존 불교 언어에서 상(相, laksana)은 사람들에 의해 상상된 어떤 특징(character), 모습, 속성 따위를 의미한다. 일반 한자로도 상(相)은 상태, 모양새 등을 뜻한다. 이런 의미대로라면 그 자체로는 개념화될 수 없는 일원이 어떤 식으로든 상상되면서 그에 대한 '상'(相)이 나오는 것이라고 할 수 있다. 당연히 일원의 특징 · 모양 · 상태를 의미하는 일원상(一圓相)은 일원에 비하면 좀 더 구체성을 띠는 언어다. 일원상은 만법의 근원인 일원의 특징으로 상상된 세계이다. 일원상과 일원을 단순 동일시할 수는 없다는 뜻이다.

물론 서로 분리될 수 있는 개념은 아니다. 구분하되 분리되지는 않는 이 관계는 중생심의 본체를 다시 공적(空寂)과 영지(靈知)라는 체(體)·용(用)의 관계로 재구분하는 선종의 입장[18]을 차용해 분명히 할 수 있다. 물론 일원을 공적·영지(空寂·靈知)의 체·용 논리로 해설하는 경우는 『교전』에도 많이 등장한다. 하지만 일원과 일원상을 체·용의 논리로 보는 것은 그다지 눈에 띄지 않는다. 일체 중생의 본원으로서의 일원과 그 특징·모양·상태로서의 일원상은 체(體) 속의 체·용(體·用) 관계로 볼 때 그 관계가 좀 더 명확해진다.

유식학에서 법신을 이법신(理法身)과 지법신(智法身)으로 구분하는 것도 같은 구조이다. 유식학에서는 법신의 지적(智的) 성격으로 인해 법신이 초형상적 형상, 즉 보신(報身)으로 나타난다는 논리를 펼쳤다. 이법신이 법신의 본체와 같다면, 지법신은 법신의 작용적 측면이 되는 셈이다. 이법신이 불이라는 보편적인 무형의 본질이라면, 지법신은 보신불로 나타나고 응신불로 화육할 수 있는 논리적 근거를 설명하기 위해 요청된 개념이라고 할 수 있다. 이런 식의 논리는 일원과 일원상을 '체 속의 체'[體中體]와 '체 속의 용'[體中用]의 관계로 보도록 하는 데 도움을 준다.

이러한 상의 개념을 『대승기신론』의 사유 틀인 삼대(三大), 즉, 체·상·용(體·相·用)의 하나로서의 상으로 이해하려는 움직임도 있다.[19] 이때의 상은 앞에서 말한 '체 속의 용'[體中用]에 해당한다. '체(體)의 용적(用的) 본질'이라 규정함 직하다. 그 용적 본질은 법신불 안에 갖추어진 힘의 측면이다. 다양한 현상세계는 그 힘의 자기표현이다. 그렇게 해서 다양한 현상세계를 법신불이라는 본체의 작용적 측면으로 볼 수 있게 되고, 그 작용이 본체를 떠난 적이 없다는 점에서 현상세계 전체를 사실상 법신불로 볼 수 있게 된다.

이렇게 상을 체 속의 용, 즉 넓은 의미의 법신불로 볼 때, 일원상, 일원, 법신불을 사실상 같은 의미로 혼용하는 것이 가능해진다. 하지만 그렇게 되면 법신불의 범주가 지나치게 확대되어, 극단적으로 말해 삼라만상을 신앙의 대상으로 삼는다는 말을 하는 것이나 다름없어질 수도 있다. 법신불 일원상을 신앙의 대상으로 모신다는 교법의 의미가 도리어 퇴색될 우려가 있는 것이다.

중요한 것은 '신앙의 대상'이라고 할 때의 신앙은 기본적으로 인간의 경험과 관련된 현상이라는 사실이다. 적어도 신앙이라는 말의 종교학적 의미와 어법에 충실하다면, 신앙의 대상으로서의 법신불 일원상은 인간의 구체적 경험의 범주 안에 있게 된다는 뜻이다. 그렇다면 다시 물을 수밖에 없게 된다. "우주 만유의 본원이며, 제불 제성의 심인이며, 일체 중생의 본성"과 인간의 구체적 경험을 동일시 할 수 있는가.

분명한 것은 본원, 심인, 본성이라는 말은 인간의 구체적인 경험 자체가 아니라, 구체적인 경험이 한갓 무의미한 일상이 되지 않고 승화될 수 있도록 논리적으로 요청된 개념으로 이해해야 한다는 것이다. 본 논문에서 '일체 중생의 본원'으로서의 법신불 일원상은 경험의 대상이기 이전에 경험의 주체라는 사실을 먼저 강조할 필요가 있다고 말했던 것도 이런 이유에서이다. 인간의 구체적인 경험의 대상은 사실상 보신불 또는 화신불처럼 적어도 상상이 가능한 어떤 차원에 있는 것이어야 하기 때문이다. 실제로 소태산도 일원상을 "진리의 상징"[20]이자, "청정 법신불을 나타낸 바"이고, 사은을 "법신불의 화신"(化身)이라 설법했다.[21] 일원상을 사람들이 경험할 수 있는 '상징' 또는 법신불의 '나타낸 바'로 보았다는 말이다.

하지만 엄밀하게 말하면 법신불은 구체적 "상징" 또는 "나타낸 바"의 차원과 단순히 동일시할 수 없다. 법신불은, 경험적으로는 불타에게서 알려졌으되, 논리적으로는 그 불타 및 다양한 불보살들의 존재론적 근거로, 또는 다양한 불들을 정말 불이게 해 주는 원천으로 상상된 개념이다. 상상되었다고 해서 그저 허구라는 뜻은 아니다. 깨달음이라는 것이 어떻게 가능한지 설명하려면 먼저 그 깨달음의 존재론적 근거를 확인해야 하기에 나온 개념이라는 말이다. 그런 점에서 본원·심인·본성 등의 언어는 모두 깨달음의 존재론적 근거로 요청된, 일체의 구체적 형상으로 표현되기 이전의 근원 혹은 원천이다.

그렇다면 법신불 자체와 법신불에 대한 상상 속에서 형상화될 수밖에 없는 분별과 변화의 차원은 분명히 구분해야 한다. 이 상상된 변화의 영역이 보신불의 차원이다. 가령 아미타불은 대표적인 보신불이다. 모든 형상을 여읜 법신불과는 달리 아미타불은 중생의 신앙 속에서 중생의 염원에 따라 상상된 붓다이다. 자비로 충만해 그저 이름만 불러도 그 염원에 부응할 것이라고 기대되는 붓다이다. 그러면서도 보신불 역시 구체적인 형상으로 그려서 나타내기는 힘들다. 굳이 표현하면 초형상적 형상을 지닌다고 할 수 있다. 상상은 가능하되 고정된 형상으로는 나타낼 수 없는 불타인 것이다. '절대적 법신'이 스스로를 부정하여 '상대적 법신'의 세계로 드러낸 결과라고도 할 수 있다. 역사 안에서 상상된 불타이면서 그 역사적 제한성을 초월한다. 역사 안에서 초역사적 진리를 드러내는 구조인 것이다.

하나의 상(相)으로 상상된 일원상 역시 일원이라는 만유의 본원, 초역사적 세계를 드러내는 역사적 매개로 봄 직하다. 매개라지만, 역사도 초역사도 아닌 제3의 영역을 말하는 것이 아니다. 일원과의 동일성을 확보해 상(相)을 단순히 상(像)에 머물지 않게 하려면, 일원상은 '절대매개'여야 한다. 일원이 그대로 일원상이고, 일원상이 그대로 일원이라는 논리를 확보하는 작업이 필수적이라는 말이다. 이런 논리는 일본 교토학파 철학자 스즈키 다이세츠(鈴木大拙)의 "즉(卽)의 논리"와 타나베 하지메(田邊元)의 "종(種)의 논리" 등에서 구체적으로 전개하고 있지만,[22] 이 논문의 범주를 넘어서므로 여기서는 생략하기로 한다.

5. 일원상(一圓相)과 일원상(一圓像)

이와 함께 교당에 봉안한 원의 형상을 일원상(一圓相)이라고 부르는 문제도 되짚어 보아야 한다.[23] 일원의 상징으로서의 원의 형상도 일원상(一圓相)이라고 부르는 순간, 구체적 형상으로서의 일원상(一圓像)과 일원(一圓)의 세계가 혼동될 가능성이 커진다. 실제로 교단에서는 하나의 형상으로서의 일원상(一圓像)을 만법의 본원으로서의 일원상(一圓相)과 혼용하는 경향이 있다. 개조인 소태산도 법당에 왜 석가모니불이 아닌 일원상을 모셨느냐는 어떤 이의 질문에 대해 "일원상은 곧 청정 법신불을 나타낸 바로서…. 일원상을 신앙의 대상으로 모신 것"[24]이라고 답한 적이 있다. 소태산도 법신불이 어떤 식으로든 형상화될 수 있다고 생각했으며, 형상으로서의 일원상(一圓像)과 신앙의 대상으로서의 일원상(一圓相)을 혼용하고 있음을 보여준다.

물론 형상으로서의 일원상은 일원이라는 본체의 표현인 전 우주를 담아내려는 원불교적 상징이다. 소태산이 일원상을 "진리의 상징"이라고 말한 것은 그 일환이다. 하지만 상징은, 그 상징이 지시하는 세계와 연결은 되지만, 그 세계와 동일한 것은 아니다. 따라서 진리의 상징으로서의 일원상(一圓像)을 일원상(相)과 혼용하게 되면, 상징이 지시하는 우주적 세계를 쉽게 역사 내 특정 형상이나 이념과 동일시하는 오류가 벌어질 가능성도 커진다.

과연 우주 만유의 본원이 구체적으로 형상화될 수 있을까. 형상화한 본원이 과연 본원 자체일 수 있을까. 이러한 질문에 대해 일원상(一圓相)은 법신불의 영역이라기보다는, 앞에서 본 대로 보신불의 기능을 하는 것으로 볼 때, 오해의 가능성이 줄어들거나 없어진다.[25] 보신불은 법신이 스스로를 부정하여 상대적 법신의 세계로 드러낸 불이며, 어떤 식이든 형상에 대한 상상은 상대적 세계라야 가능하다는 점에서 그렇다. 일원이 법신에 해당한다면, 일원상은 법신의 상상적 구체화, 즉 보신불의 영역에 해당한다.

그럼에도 일원상과 법신불을 등치시키려면, 전술한 대로 '본체로서의 법신불'과 '작용으로서의 법신불'로 구분해서 볼 필요가 있다. 또는 '절대적 법신'(법성법신)과 '상대적 법신'(방편법신)으로 구분해 보는 것도 가능할 것이다. 『화엄경』의 다음 구절, 즉 "법신은 특수한 장소에 머물지 않으며 그 구제 활동도 특정한 사람들에게 제한되지 않는다. 도리어 법신은 그 자체로 무한한 법, 끝없는 움직임, 무수한 몸 속에 존재한다."[26]는 말에서처럼, 법신을 하나의 상징으로 표현할 수는 있지만, 상징 안에 가둬둘 수는 없다. 형상화된 법신과 법신 자체를 동일시해서는 안 된다는 것이다.

이러한 상황에서 소태산을 지나치게 높이는 경향은 다소 우려스럽다. 가령 대산은 소태산에 대한 극존칭을 자주 사용한다. "소태산 대종사님은 주세불이시오, 산 여래시요, 새 불타시니라."[27]가 대표적일 것이다. 이것은 역사적 예수가 신이 어떤 분인지를 강력하게 드러내 보여준 분으로서 그리스도라고 불리게 된 것과 같은 이치로 보인다. 고타마 싯다르타가 법 혹은 불을 결정적으로 드러내 줌으로써 '불타'로 불리게 된 것도 같은 의미이다. 그리스도이든, 불타이든 당시로서도 일반적 호칭이었다. 그런데 대산은 소태산을 '화신불'로서의 불타가 아닌 '법신불'과 동일시한다: "법신불이 바로 대종사요 대종사가 바로 법신불이니…."[28]

대종사를 깨달은 분으로 여기는 존경심의 표현이겠지만, 혹시라도 깨달음의 구조를 이해하지 못하는 이들은 향후 이 구절을 소태산을 법신불과 단순히 동일시하는 오류를 범할 수 있게 하는 원전으로 작용할 가능성이 크다. 법신불은 하나의 호칭일 수 없다. 소태산을 대종사로 받들고 화신불로 규정하는 것은 원불교 교리 체계 안에서 응당 가능한 말이지만, 직접 법신불과 동일시하는 구절은 법신불의 의미를 생각하면 비약적 표현이 아닐 수 없는 것이다. "법신불이 바로 대종사요 대종사가 바로 법신불"이라는 말은 교단 안에서 교도의 신앙적 대화 차원에서는 가능할 수 있겠지만, 그럴 때에도 법신·보신·화신의 관계 또는 일원·일원상·법신불의 관계에 대한 충분한 이해가 전제된 이후에나 쓸 수 있는 말일 것이다. 이러한 문제의식을 좀 더 정교하게 반영한 '일원상의 진리'관이 확립되어야 할 시점이다.

6. 대산의 세계주의

1) 일원주의와 세계주의

어찌 되었든 '일원상의 진리'가 만물을 포섭하는 원불교적 근거임은 분명하다. 소태산에게서 비롯된 '법신불 일원상'의 개념과 '일원상의 진리'는 정산을 거치면서 개념적으로 더 명백해졌고, 대산을 거치면서 실용성과 구체성을 획득하기 시작했다. 특히 대산은 법신불 일원상 혹은 일원상의 진리를 일원주의라는 말로 규정하고, 일원주의의 세계사적 보편성을 강조한다: "대종사와 정산종사께서 영원한 세상에 염원하신 것이 일원주의요 세계주의이다."[29] "대종사의 일원주의는 전 세계 전 인류를 하나로 만들어 고루 잘 사는 하나의 세계를 이루자는 것"[30]이며, "일원주의는 세계주의"[31]라고도 규정한다.

물론 세계주의는 대산이 규정하기 전부터, 특히 정산 이래로 일원사상의 다른 이름으로 간주되어 왔다.[32] 세계주의는 일원사상을 전 세계에 구현해

보자는 취지의 원불교적 표현이다. 전 세계 온 인류 다양한 종교들을 하나의 가족으로 대하는 세상을 만들어 가자는 것이다. 그런 점에서 세계주의는 세계일가주의(世界一家主義)나 다름없다.[33] 대산은 이렇게 해설한다: "원(圓)은 곧 하나라는 뜻이니, 진리는 하나 세계도 하나 인류는 한 가족 세상은 한 일터임을 알자는 것이다."[34] 일원이라는 보편적 본원의 세계를 실제로 지구상 모든 곳에서 구현하자는 주장이다. '일원'은 낱말 뜻으로도 '하나'로서의 '일'과 '전체'로서의 '원'이 합해져 만들어진 말이기 때문이다.

이런 배경 속에서 원불교에서는 '하나'라는 말을 자주 사용하는 경향이 크다. 이때의 하나는 숫자, 즉 여러 가지 것들 중의 하나가 아니라, 근원을 의미한다. 대산은 말한다: "일원은 공(空)이 아니요 하나 자리며 그 하나는 낱이 아니요 열이 근원한 자리이므로, 그 열은 하나가 나타난 자리요 그 하나는 열의 본래 고향이니라. 그러므로 도에 뜻을 둔 사람은 먼저 그 하나를 얻어야 하느니라."[35]

하나는 열의 본향이다. 현실적 다양성의 세계를 포섭하고 그 다양성의 세계로 드러나는 근원이다. 그런 점에서 전체이기도 하다. 이 전체의 눈으로 보면 다양성은 근원적인 차원에서 사실상 하나이다. 만물이 단순히 동일한 물건과 같다는 뜻이 아니라, 다양성을 그대로 살려주는 근원이라는 것이다. 현실적 다양성은 일원이라는 보편적 세계가 스스로를 드러낸 것이기 때문이다: "진공 묘유가 바로 일원상 자리니, 진공은 텅 비어 있으나 텅 비었다는 그것마저 없는 자리요 묘유는 그 가운데 묘한 이치가 있어 나타남을 이름이라."[36] 이런 맥락에서 대산은 현실의 다양성을 긍정하면서도 다양성 속의 하나됨을 지속적으로 구현하고자 했다. 대산은 원불교 개교 반백년 기념대회 때 이렇게 설법한 바 있다.

진리는 하나 세계도 하나 인류는 한 가족 세상은 한 일터 개척하자 하나의 세계를 천명하시고 말씀하시기를 진리가 하나임을 깨달아 모든 종교가 한 집안을 이루고 서로 넘나들어 융통해야 할 것이요, 세계가 하나님을 깨달아 모든 인종과 민족이 한 가족을 이루어 서로 친선하고 화목할 것이요, 세상이 한 일터 한 일임을 깨달아 세상을 경영하는 모든 지도자들이 한 살림을 이루 어 서로 편달하고 병진해야 할 것이니라.[37]

이것은 "원"이 "언어와 명상이 끊어진 자리"이자, "우주 만유가 다 이 원으로써 표현되어 있다."고 본 정산의 법어를 구체화한 것이라고도 할 수 있다. "원 외에는 다시 한 법도 없다."[38]는 정산의 법어나 "일원의 원만한 진리는 천하의 대도요 만고의 대법"[39]이라는 대산의 법어는 같은 말이다. 그리고 이 법문 가운데 일원 · 원만 · 진리 · 대도 · 대법이라는 말도 사실상 동어반복에 가까울 정도로 동일한 언어들이다. 이것이 표현하고자 하는 것은 '세계 가 하나'라는 사고방식이다. 열반을 앞두고 한 대산의 법문도 하나의 세계 를 이루자는 내용이었다.

세계도 하나로, 세계도 한 집안으로, 세계도 새로 살아난 새 세계, 산 새 세 계, 새 성현, 산 살아난 새 종교, 일원의 세계, 보은의 세계, 균등의 세계로 밀 고 나갑시다.[40]

2) 동기연계와 하나의 세계

하나의 세계는 어떻게 이루어지는가. 대산이 세부적인 방법론까지 제시 하는 것으로 보이지는 않지만, 대산이 정산의 삼동윤리(三同倫理)를 이어받아

새롭게 표현하는 곳에서 그 방법론적 가능성이 엿보인다.[41] 이때 삼동윤리[同源道理, 同氣連契, 同拓事業] 가운데 본 논문에서 관심을 기울이는 부분은 '동', 즉 '같음'이다. 무엇이 같다는 말인가? 근원이 같고[同源] 기운이 같으니[同氣] 같이 개척[同拓]하자는 제안에서 같음의 의미는 무엇인가?

근원이 같다는 말은, "법신불 일원상을 체받는다."는 말에서 알 수 있듯이, 만물이 법신불 일원상을 본체로 하고 있다는 뜻이다. 법신불을 본체로 한다는 것은 동기연계, 즉 인류가 같은 기운으로 연결되어 있다는 말에서 좀 더 구체화된다. 인류는 같은 기운[同氣]으로 연계되어 있는 형제자매라는 인식을 가져야 한다는 것이다. 나를 나로 키워준 것은 모두 부모이기 때문이다.

> 나의 몸을 낳아 주신 생부모도 부모요 나의 몸을 길러 주신 양부모도 부모요 인도 대의를 가르쳐 이끌어 주신 법부모도 부모니라. 또한 생형제·양형제·법형제도 나의 형제며, 생자녀·은자녀·법자녀도 나의 자녀이므로 그대들은 이 모든 부모·형제·자녀의 은혜가 다 같이 깊고 중한 것을 알아서 진심으로 보은해야 할 것이니라.[42]

대산에 의하면, "시방이 일가(一家)요 사생이 지친(至親)인 것을 알아서 큰 집 살림을 하여야 부모 형제의 윤기가 건네지고 정의(情誼)가 솟아나며 대세계주의가 실현된다."[43]고 한다. 대산은 이처럼 세계라는 말을 자주 사용하면서 하나의 세계 혹은 세계의 하나됨을 줄곧 지향한다. 인류를 한 가족으로 여기는 세계의 건설을 꿈꾸며 강조한다. 그것이 일원상의 진리가 지구상에서 구체화해 나가야 할 지속적 과제라는 것이다.

하지만 어떻게 해서 인류가 형제자매인지, 시방세계가 어떻게 하나의 집안ㅡ家인지, 논리적으로 답하기는 간단하지 않다. 정산은 이것을 '한 울 안 한 이치', '한 집안 한 권속', '한 일터 한 일꾼'이라는 우리말로 풀어 말했지만, '동기'를 그저 '한 집안 한 권속'으로만 엮기에는 그 '하나'와 관련하여 교학적으로 답해야 할 부분들이 많다.

이를 위해 '동기연계'를 단순히 형제자매에 대한 은유로만 보지 않고, '기'의 의미를 확대해 만물이 질료적으로도 같다는 사실까지 적극적으로 개진할 필요가 있다. '같은 기운'(同氣)과 '법신불 일원상'의 관계에서도 더 따져 보아야 한다. 법신불은 기운인가? 같은 기운이란 무엇이며, 어디까지 연결되어 있는가? 만물이 같은 기운으로 연결되어 있다는 주장의 근거는 무엇인가? 이와 관련해 성리학의 이기론(理氣論)에서 도움을 받아도 좋겠고, 만물이 동일한 물질적 기반(가령 쿼크, 초끈)에 있다고 보는 물리학에서 도움을 받아도 좋을 것이다. 이 글의 범위를 넘어서기에, 이것은 물음으로만 남겨 두고자 한다.

3) 세계평화 3대 제언

대산은 일원주의, 동기연계의 세계관을 가지고 세계주의를 지속적으로 주창했다. 세계 종교연합 기구를 창설하자는 제안과 그 구현을 위한 지속적인 지원과 운동의 필요성을 강조한 것도 그 일환이다. 대산은 제1차 세계종교자평화회의(WCRP, 1970)에 사람을 보내어 '세계평화 3대 제언'을 한 바 있다. 그 첫째가 종교연합(United Religions)의 창설이다.

첫째, 종교연합 창설이니 우리 모든 종교인들이 합심 합력하여 국제연합 기구에 대등한 종교연합 기구를 창설하여 인류의 영과 육의 무지, 빈곤, 질병

을 퇴치할 수 있는 의무와 책임을 갖자는 것이다.[44]

국제연합이 정치적 · 육적 조화와 일치를 추구한다면, 종교연합은 종교적 · 영적 조화와 일치를 추구하기 위한 조직이다. 정치와 종교, 육과 영이 한마음 한뜻이 되어야 한다는 것이다. 물론 세계의 종교들을 하나로 통일하자는 것은 아니다. 그보다는 다양한 종교들을 저마다 형제자매로 인정하고서 지구 마을이 한 가족처럼 지내자는 주장이다. 종교다원주의적 사고에 걸맞는 전형적인 정책 제안이자 두고두고 세계 종교인의 관심을 끌 만한 제안이라고 생각된다. 이미 종교연합(UR)이라는 이름을 사용한 조직이 미국에서 제안되어 한국에까지 퍼져가고 있지만, 이오은 교무의 증언에 의하면, 이 조직도 대산이 사용한 '종교연합'이라는 말에서 아이디어를 얻어 시도되고 있는 것으로 보인다.[45] 최근 김성곤의 주도로 한국에서 창립되어 점차 국제화되고 있는 IPCR(International Peace Corps of Religions)도 대산의 제안을 구체화시키려는 원불교적 정신의 반영이라고 할 수 있다. 이런 기구들이 곳곳에서 성립되어가는 과정에 대산의 염원과 정신이 어떤 식으로든 반영되어 있다는 사실은 부정할 수 없어 보인다.

종교연합을 창설하자는 제안과 함께 대산의 세계주의적 사고를 더 잘 드러내는 제안은 세계 공동시장을 개척하자는 제안이다.

둘째, 공동시장 개척이니 우리 모든 인류가 나라와 사상의 울을 넘어서서 공동시장을 개척하여 생존경쟁보다 서로 공생 공영할 수 있는 새로운 길을 개척하자는 것이요.[46]

세계 공동시장을 개척하자는 제안이 1970년도에 나왔다는 사실은 대산

사상의 혁신성을 잘 보여준다. 공동시장 개척 제안은 동척사업의 일원주의적 확대판으로서, 종교연합을 창설하자는 주장 이상으로 원대하고 진취적이다. 물론 현실적으로는 그저 제안에 그쳤을 뿐, 원불교가 이를 위해 어떤 시도를 한 것으로 보이지는 않는다. 그리고 오늘날의 세계가 국가 간 무역 장벽의 철폐를 통해 단일한 자유 시장 체제, 이른바 신자유주의 체제 속으로 급속히 빨려 들어가고 있는 상황은 대산의 염원과는 도리어 반대 방향이라고 할 수 있다. 세계를 한가족처럼 볼 줄 아는 종교적 혹은 영성적 안목이 없이 진행된 자본중심주의의 결과이다. 시방을 일가(一家)로 보는 세계를 큰 집으로 볼 줄 모르는 공동시장은 비인간적 무한 경쟁 체제로 빨려 들어가기 십상이다. 이러한 문제의식 때문이었는지, 대산은 자신이 여러 번 강조한 세계주의를 '심전계발의 훈련'으로 뒷받침하고자 했다. 유력한 종교지도자다운 발상이다.

> 셋째, 심전계발 훈련이니 우리 모든 인류가 묵어 있는 마음 밭을 계발하고 훈련시켜 마음을 크게 넓히고 밝히고 잘 쓰는 슬기로운 새 나라 새 세계를 만들자는 것이니라.[47]

1984년 가톨릭의 요한바오로 2세가 방한했을 때도 대산은 "심전계발 훈련과 공동시장 개척과 종교연합 창설을 제언"[48]한 바 있다. 이른바 "세계평화 3대 제언"이다. 세계 평화 3대 제언은 일원주의를 구체화시키기 위한 장대한 방법들이다. 그런 실천 과정을 거쳐 "개인주의·가정주의·국가주의에 머무르던 것이 차차 세계주의로 옮겨지게"[49]된다고 보았기 때문이다. 대산의 일원주의와 세계주의는 이런 과정을 거쳐 비록 일부이긴 하지만 구체화되어가는 중이라고 할 수 있다.

4) 타력 신앙 다시 보기

이미 본 대로 일원주의는 일원상의 진리, 다시 말해 법신불 일원상의 진리에 기반해 있다. 거기서 세계주의적 제안들도 나온다. 앞에서 제기했듯이, 법신불과 일원상의 개념, 일원과 일원상의 관계를 좀 더 면밀히 정립해야 하며, '일원'과 그 나타남으로서의 '세계'의 관계를 좀 더 명확하고 일관되게 설정해야 하는 이유도 여기에 있다. 일원상의 진리를 세계적 차원으로 구체화시켜가는 과정에 논리적 흠결은 없는지 좀 더 면밀히 따져보아야 하는 것이다.

이러한 때 일원 혹은 하나의 강조가 일종의 도그마로 작용할 가능성에 대해 인식할 필요가 있다. 이미 본 대로, 대산은 진리, 세계, 인류가 하나라는 사실을 두고두고 강조한다. 그 '하나'는 원칙적으로 다양성을 살리는 보편적 진리를 의미하지만, 현실적으로는 원불교 교리 체계 하에서의 '하나'일 때가 많다. '종교들이 본래 하나'라고 말하지만, 그때의 '하나'는 원불교적으로 해석된 하나이다. 그 하나의 진리를 가르쳐준 원불교의 우월성을 은연중에 드러내기도 한다. 일원주의는 원칙적으로 만물 간에 우열을 매기려 하지 않지만, 이 일원주의를 역사 안에 알려준 인물이나 일들에 대해서는 대단히 우월적인 어떤 것으로 이해하기도 한다.

가령 갑자년 정월 초하루를 기점으로 선천에서 후천으로 넘어가자 새로운 법주(소태산)가 나와서 후천에 어울리는 일원주의적 법을 제정했다는 식의 세계관[50]은 지금까지 본 일원주의적 평등의 세계관과 조화시키기 힘들다. 시간적 선·후 관계 및 세상의 우·열 및 정·오의 관계를 전제하는 발언을 법신불 일원상 혹은 일원상의 진리와 조화시키기는 쉽지 않은 작업이라는 것이다.

"죄와 복을 주는 권리가 하느님이나 부처님이나 조상에게 있는 것이 아니라 바로 자기 안에 있는 것"[51]이라는 설법은, 한편에서 보면 모든 것은 마음에 달렸다는 가르침이지만, 다른 한편에서 보면 원불교의 절대 진리를 기준으로 다른 종교의 상대 진리를 폄하하듯 평가하는 말처럼 들릴 수도 있다.

기독교는 타력의 종교이고 원불교는 자력의 종교라는 식의 피상적 이해도 향후 교정해야 할 부분이다. 가령 종교학자 스위들러(Leonard Swidler)가 대산에게 기독교적 신의 초월성과 내재성을 원불교적 자력 및 타력 신앙의 의미와 비교하며 이들이 결국 같은 것이 아니겠느냐며 질문하자 그에 대해 대산(또는 법어 편찬자)이 했던 답변은 그의 기독교관이 다소 피상적인 것이 아닌가 하는 의구심을 불러일으킨다.

> "기독교에서는 하나님을 초월적인 존재로서의 측면과 내재적인 존재로서의 측면이 조화된 하나의 궁극적 실체를 말하는데 원불교에서 말하는 자력과 타력도 이와 같이 이해해도 되겠습니까?" 말씀하시기를 "원불교의 신앙은 처처불상 사사불공의 신앙이니, 원불교에서 말하는 타력은 상(像)에 의지하는 타력이 아니라 내가 곧 하나님이요 부처님이라고 하는 진리에 대한 믿음을 바탕으로 하고 있나니 우리는 석가세존만을 부처로 아는 것이 아니라 일체 만물을 다 부처로 알고 불공의 대상으로 삼느니라."[52]

스위들러의 질문에는 기독교적 초월과 내재의 관점을 원불교에서 말하는 타력과 자력으로 연결 지음으로써 동·서양의 보편적 진리관을 확인하려는 의도가 담겨 있던 것으로 보이지만, 대산은 도리어 원불교와 기독교, 동양과 서양을 우·열의 차원으로 규정함으로써, 자신이 강조했던 일원주의와 세계주의에 모순되는 답을 남긴 셈이 된 것은 아쉽다. 스위들러도 '신 자체'는 '인식된 신' 안에 갇히지 않는다는 의미에서의 인식적 초월을 말하고자 했던 것으로 보이지만, 대산은 초월을 단순히 공간적 넘어섬으로만 이해했던 것으로도 보인다. 대산이 질문의 요지를 지나치게 자의적으로 이해하고 답을 했거나 『법어』 편찬자가 스위들러 질문의 수준을 이해하지 못한 채 대산의 답변을 편집했을지도 모르는 일이다.

스위들러도 인간의 구원은 '내가 곧 하나님이요 부처님이라고 하는 진리'로 인해 이루어지는 것이지, 인간이 그 진리를 창작해 낸 것은 아니라는 점을 의식하고 있었음에 틀림없다. 이른바 '일원상의 진리'도 내가 깨닫기 이전부터 주어져 있는, 즉 나의 개인적 노력과 상관없이 그 이전부터 주어져 있는 진리라는 점에서 타력적일 수밖에 없지 않겠느냐는 것이다. 그렇게 주어져 있기에 신이 인간에 내재적이라 말할 수 있는 것이고, 신이 내재해 있기에 인간은 신을 인식하고 깨달을 수 있는 것 아니겠느냐는 것이다. 그런 점에서는 신의 내재성이 인간의 자력성의 기반이 되는 것 아니겠느냐는 것이 스위들러가 인식하고 있는 내용이었던 것으로 보인다. 그에 비해 대산은 인간 외부에 있는 신을 믿는 종교는 타력 종교로, 내부에 있는 신을 믿는 종교는 자력 종교로 단순화시켜 이해했던 것 같다.[53] 하지만 기독교 신학에서 타력이란 구원적 힘의 공간적 방향성을 의미하는 것이 아니다. 도리어 나의 존재론적 원천으로서의 힘을 의미한다. 나는 나를 나 되게 해 주는 근원 안에서 비로소 나일 수 있다는 입장이 기독교적 신앙의 핵심인 것이다.[54]

기독교의 타력 신앙은, 만일 그 의미를 제대로 해석한다면, '일원'이 나를 참으로 나 되게 해 주는 근원이라는 주장과 별반 다르지 않다. 일원이 일체 중생의 본성이기에 중생이 일원의 진리를 깨달아 불타가 될 수 있는 것이다. 이렇게 나는 나보다 선행하는 근원 안에 있고, 그 본성을 지니고 있기에 불타가 될 수 있는 것이다. 이것이 신학적 타력의 의미이다. 타력의 의미를 이렇게 놓고 보면 원불교도 타력적 측면을 지닌다고 할 수 있다.

특히 "법신불 사은이시여"하는 기도야말로 기본적으로 '법신불 사은'의 가피력을 염원하는 기도라는 점에서 원불교도 전형적인 타력 신앙을 지니고 있음을 보여준다. "'천지하감지위!'하고 염원할 때에 천지에 가득한 진리가 바로 하감하시도록… 평소 맺힌 것을 푸는 동시에 보은행에 힘쓰며 배은을 하지 않는 생활을 하여야 사은 전체가 내게 감응해서 큰 위력을 얻을 수 있느니라."[55]고 할 때도 원불교가 타력 신앙의 구조를 지니고 있음을 보여준다. "선지자와 주세불이 이미 천지공사로 다 해 놓으신 일이므로 우리는 그저 믿고 따라가기만 하라."[56]고 할 때의 그 '일' 역시 마찬가지이다. '천지공사'와 같은 증산적인 표현이 등장하는 것도 눈여겨보아야 하지만, 여기서 중요한 것은 인간에게는 그저 믿고 따라야 할 일이 있으며, 그것은 내가 하기 이전부터 주어져 있는 것이라는 사실이다. 결국 대산은 이렇게 말한다: "앞으로는 자력과 타력을 원만이 병진하는 수행과 신앙을 해야 구원을 얻을 수 있느니라."[57] 불교와 기독교적 세계관에 담긴 타력의 문제에 대해서는 길희성과 타나베의 사상을 다루는 이 책의 제5장에서 좀 더 구체적으로 볼 수 있을 것이다.

7. 법신불 일원상의 범재신론적 해석

1) 범재신론

자력과 타력을 원만하게 병진하는 수행과 신앙이란 어떤 것일까. 자력이란 스스로의 힘이다. 스스로의 힘은 어떻게 가능하며 어떻게 스스로 수행할 수 있는 것일까. 논리적으로 보면 스스로 수행할 수 있는 힘이 이미 갖추어져 있기에 수행할 수 있는 것이다. 이미 갖추어져 있지 않았는데 스스로의 힘을 행사한다는 것은 논리적으로도 불가능하다.

그 힘은 내가 창작해 낸 것이 아니라 이미 갖추어져 있는 것이다. 그래서 타력이다. 한마디로 자력은 타력을 전제하지 않고서는 불가능하다는 것이다. "자력과 타력을 원만히 병진하는 수행과 신앙을 해야 구원을 얻는다."는 대산의 말을 좀 더 명확히 하면, 타력에 기반한 혹은 타력에 의한 자력으로 수행해야 한다는 말로 바꿀 수 있을 것이다. 그런 점에서 타력은 자력으로 나타나되 자력에 선행하는 힘이다. 이것을 도식화하면, "타력·자력"으로 요약할 수 있을 것이다. 자력에 선행하는 더 큰 힘이라는 점에서 타력〉자력이지만, 타력이 자력의 형태로 나타나, 자력의 존재론적 근원으로 작용한다는 점에서는 타력=자력이다. 이들을 엮으면 한마디로 타력·자력이 된다.

이것은 법신불이라는 만유의 본원이 일원상이라는 상상 가능한 형태로 나타나는 것과 같은 구조라고 할 수 있다. 그런 점에서 법신불과 일원상은 단순히 동일성이나 대소 관계로 파악해서는 곤란하며, 그보다는 '법신불·일원상'의 관계로 파악함 직하다. 일원과 일원상의 관계도 일원·일원상으로 규정할 수 있을 것이다.

기독교 성경에서는 "모든 것은 그분에게서 나오고 그분으로 말미암고 그분을 위하여 있다."(로마서 11,36)는 구절이 있다. "우리는 그분 안에서 숨쉬고 움직이며 살아간다."(사도행전 17,28)고도 한다. 그분, 즉 신은 모든 것의 출처이고 존재론적 근원이며 생명의 바탕이자 삶의 목적이라는 것이다. 신과 인류 혹은 만유의 관계 역시 신·인류(≧만유)가 된다고 할 수 있다. 이것을 잘 나타내주는 기독교적 신론이 '범재신론'이다. 전술했듯이, 범재신론(汎在神論, panentheism)은 "모든 것(pan)이 신(theos) 안에 있다(en)는 이론(ism)"이다.[58] 범재신론에 대한 마커스 보그(Marcus Borg)의 간명한 해설을 들어 보자.

범재신론은 하느님의 초월성과 하느님의 내재성을 동시에 긍정한다. 범
재신론에 있어서 하느님은 '저 바깥에' 계신 어떤 존재가 아니다. 이 말의 그
리스어 어원은 그 의미를 가리켜 준다. 즉 pan은 '모든 것'을 의미하고, en은
'안'을 의미하며, theos는 '하느님'을 의미한다. 그러므로 범재신론은 '모든 것
은 하느님 안에 있다'는 것을 의미한다. 하느님은 모든 것 이상이지만(그리고
그래서 초월적이지만), 모든 것은 하느님 안에 있다(그래서 하느님은 내재적이다). 범재
신론에 있어서, 하느님은 '바로 여기'에 계신 것 이상임에도 불구하고, 그 분
은 '바로 여기'에 계시다.[59]

범(all)과 신(God)의 관계는 자연물과 자연법칙의 관계와도 비슷하다. "존
재하는 모든 자연물들은 자연법칙에서 예외적이지 않다. 자연법칙 안에서
이루어지지 않는 행위는 없다. 자연을 파괴하는 행위조차도 자연법칙 안에
서 이루어진다. 사람과 자연법칙 간의 관계도 비슷하다. 바람에 나뭇가지
가 흔들리고 시시각각 구름의 이동 모습을 관찰하고서 모든 것은 자연법칙
에 따른다고 말하지만, 그렇게 관찰하고 말하는 사람의 눈과 귀도 자연법칙
에 따른다. 자연법칙은 인간의 관찰 대상이기 이전에 그렇게 관찰하는 주체
인 것이다. 이런 식으로 범재신론에서의 신은 자연법칙과 구조적으로 유사
하다. 범재신론에서의 신은 인간의 경험 대상이자 동시에 경험의 주체이며,
인간이 경험한 것보다 언제나 더 크다. 경험의 주체이기에 경험에 대한 외
적 표현 안에 다 담기지 않는다."[60]

이러한 신과 인간 혹은 만물의 관계를 도식화하면, 'all(범)≤God(신)'이 된
다. all=God이 만물에 대한 신의 내재성을 의미한다면, all<God은 만물에

대한 신의 초월성을 의미한다. 신은 만물에 내재하면서 넘어선다. 내재성과 초월성을 한데 묶어 간단하게 표현하면 all-God이 된다. 이렇게 신은 모든 것 안에 있으면서 모든 것보다 더 큰 범주이다. 그래서 전체이다.

2) 범재은론 혹은 범재불론

이러한 범재신론의 입장을 법신불과 일원상의 관계 혹은 일원과 일원상의 관계에 적용하면, 앞에서 본 대로, 법신불 · 일원상, 일원 · 일원상으로 정리할 수 있을 것이다. 이런 식으로 법신불이 만유의 주체, 만법의 근원임을 늘 남겨 두어야 한다. 한편에서는 일원상을 다양하게 해석하며 법신불과 동일시한다 해도, 다른 한편에서는 언제나 일원상에 대한 법신의 주체성을 살려 내야 한다. 오해를 줄이려면, 일원상보다는 일원에 주목할 필요가 있다. 일원에 주목하면서, 일원은 만유로 드러나면서도(일원=만유) 만유 하나하나에 단순히 동일시되지 않는다는 사실(일원〉만유)을 동시에 살려 내야 한다. "일원≥만유"를 견지해야 한다는 것이다.

특히 동기연계를 적극적으로 해설하면, 그 동기성(同氣性)이야말로 범재신론의 기초가 된다. 삼라만상이 같은 기운 안에서 같은 원리에 따라 저마다의 생명력을 부여받으며 같은 기운을 드러낸다는 것이 동기연계에 대한 가능한 해석이라면, 그것은 모든 것이 신 안에서 신과 통하며 신을 향해 움직인다고 하는 범재신론적 사유 체계와 다르지 않다. 범재신론에서의 신이 그렇듯이, 동기 자체가 만유를 살리고 포섭하는 선행적 근원이기 때문이다.

사은(四恩) 사상 역시 모든 것이 은혜, 즉 이미 베풀어진 선물이라 본다는 점에서 범재신론적이다. 일거수일투족이 이미 베풀어진 은혜 안에서 이루어지는 것이기 때문이다. 은혜는 '내'가 태어나기 이전부터 편만해 있는 삶의 동력이기 때문이다. 원불교적 범재신론을 범재은론(汎在恩論)이라 규정해볼 수도 있겠다. 모든 것이 은혜 안에서 힘을 얻고 작동하기 때문이다. 모든 것이 불성 안에서 움직인다는 점에서는 범재불론(汎在佛論)이라 해도 과할 것 없어 보인다. 원불교 혹은 불교를 '범재은론' 혹은 '범재불론'으로 재해석하면서 일원주의가 생생한 세계성을 획득하고, 불교와 기독교가 서로의 정체성을 유지하면서도 서로 만나는 길에 한 걸음 더 나아갈 수 있게 되는 것이다.

8. 논리적 엄밀성을 위하여

지금까지 법신불 일원상을 신앙의 대상으로 모시는 데서 오는 문제점을 비판적으로 짚었다. 법신불과 일원상 및 일원과 일원상의 관계를 체·용의 논리에 따라 세밀하게 재분석하고, 일원상에 대한 보신불적 기능을 이론적으로 회복시켜야 법신불 일원상을 직접 신앙의 대상으로 삼는 데서 오는 논리적 비약을 피할 수 있다는 내용을 담았다. 체를 다시 체와 용으로 나누어 '체 속의 체'에 일원상에서의 '상'을 대응시키기도 했다. 이 모든 것은 법신불과 일원상의 관계 및 일원주의의 논리적 엄밀성을 확보하기 위한 작업이었다. 이러한 전제를 확보해야 대중적 신앙이 일원주의에서 이탈하지 않게 될 뿐더러, 원불교의 사상적 연원인 불교적 세계관과의 긴밀한 관계도 유지할 수 있기 때문이다.

그리고 신앙이 넓은 의미의 구원과 관련된 인간의 행위라면, 그리고 소태산처럼 대각에 이르는 데 수행의 목적을 둔다면, 신앙의 '대상'은 진리 자체, 즉 법신이 아닌, 보신불의 세계나 화신불의 영역에 두어야 한다는 사실도 강조했다. 이때 나무아미타불을 향한 염불은 보신불 신앙의 한 사례가 되고,[61] 석가모니불이나 대각자 소태산을 실천적 추구의 대상으로 삼는 것은 화신불 신앙의 사례가 된다.

법신불은 신앙의 대상이나 추구의 대상이기보다는, 신앙과 추구의 대상을 설명하고 정당화하기 위한 논리적 근거이다. 그런 마당에 법신불을 일원상과 동일시하거나 나아가 특정 형상을 신앙의 대상으로 삼는다는 식의 표현은 일원이라는 보편적이고 근원적인 진리에 모순된다거나 어느 정도 논리적 비약이라는 비판을 피해갈 수 없게 된다. 이미 본 대로 일원상을 하나의 형상 차원에서 사용하기도 한다면 그것은 법신불의 상징일 수는 있지만, 법신불 자체일 수는 없기 때문이다.

이 글에서는 이러한 문제의식을 가지고서 '법신불 일원상' 신앙의 논리적 엄밀성을 확보하기 위한 작업을 진행했다. 이런 맥락에서 대산 사상의 골자도 짚으면서, 특히 대산이 다소 피상적으로 사용하는 자력이나 타력 같은 종교 언어가 좀 더 엄밀성을 확보할 수 있도록 일부나마 비판적으로 분석했다. 그 과정에 기독교권의 언어인 범재신론의 간략한 해설과 함께 일원주의와 범재신론의 상통성을 찾는 작업도 병행했다. 필자가 원불교 밖에 있는 연구자라는 점에서 자칫 오해를 불러일으키거나 교단 내부 상황의 무지로 인해 결례가 될 작업일 수도 있지만, 모두 일원상의 진리나 대산의 일원주의가 구체적 세계성을 획득하는 데 작지만 지나칠 수 없는 문제들이라는 생각은 분명하다.

04 모두 절대무 안에 있다
- 니시다의 철학과 기독교

1. 일본 최초의 근대철학자

불교는 깨달음의 종교이다. 그 깨달음은 스스로로부터 오며, 스스로에 의한, 그리고 스스로에 대한 깨달음이다. 그래서 자각(自覺)이다. 깨달음의 대상이 자신이며, 깨달음의 주체도 자신인 셈이다. 자신이 자신을 깨닫는다는 것은 무엇이며, 그것은 어떤 논리적 기반 위에서 이루어지는가.

이 글에서는 교토학파(京都學派)의 창시자이자 서양적 의미에서 일본 최초의 근대 철학자라고 할 수 있을 니시다 기타로(西田幾多郎, 1870-1945)를 중심으로 자각의 논리를 정리해 보고자 한다. 교토학파 철학자들이 자신들의 학문 영역을 불교 철학 안에 한정하는 것은 아니지만, 니시다를 비롯해 이들이 관심 있게 연구하는 분야는 크게 보아 대승불교적 세계관과 다르지 않다. 니시다가 종횡무진 사용하는 절대무(絶對無), 장소(場所), 절대모순적 자기동일(絶對矛盾的自己同一), 역대응(逆對應) 등 독창적인 언어들의 의미 발생 구조는 공(空) 또는 공즉시색(空卽是色)과 같은 대승불교 언어의 쓰임새와 구조적으로 상통한다. 그런 점에서 니시다의 철학은 대승불교의 세계관을 근대 서양철학의 언어로 번역해 내었거나, 대승불교적 입각점에서 동·서양의 사상을 서양철학적 언어로 통합해 낸 탁월한 성취라고 규정하는 것은 정당하다.

대승불교적 안목으로 니시다의 철학 전반을 정리하노라면, 불교 철학의 언어가 그대로 보전 및 유지되어야 할 부분과 새롭게 해석 및 변용되어야 할 부분도 자연스럽게 느껴진다. 이 글에서 니시다 철학을 중심으로 불교적 자각에 대한 근대 일본 사상의 단면을 정리해 보려는 것도 그런 배경과 이유에서이다.

아울러 니시다 철학은 근대 서양 사상의 언어로 구성되어 있을뿐더러, 종종 기독교적 세계관과 비교하며 이루어지고 있다는 점에서, 그의 철학에서 불교와 통할 기독교 신학의 모습을 읽어 내는 것도 어렵지 않다. 역설적으로 그의 철학은 기독교 신학이 불교 철학과 상통할 수 있도록 외연을 확장하는 자극제 역할을 하기도 한다. 이 글에서는 자각의 논리를 중심으로 니시다 철학 전반을 정리하면서, 그의 논리가 기독교적 신론과 어떻게 통하는지, 그리고 기독교적 신 인식에 어떤 도전을 주는지도 알아보고자 한다. 니시다의 기독교관은 다음 기회에 좀 더 본격적으로 정리해보고자 한다. 초기 니시다 철학의 핵심이라 할 만한 '순수경험'의 문제부터 살펴보도록 하겠다.

2. 순수경험

'내가 ~을 경험한다.'는 말에서 드러나듯이, 일반적으로는 경험을 경험 주체와 대상으로 분리시켜 이해한다. 하지만 불교적 '자각'은, 비록 인간 안에서 벌어지는 인간적 경험이되, 기본적으로 스스로에 의한, 스스로에 대한 깨달음으로서, 그때 주체와 대상이 동일하다.

니시다는 윌리엄 제임스(William James, 1842-1910)의 순수경험(pure experience) 개념에서 영감을 얻고 언어를 빌려오면서, 경험 주체와 대상의 동일성의 문제를 집요하게 논리화해 나간다. 니시다가 제임스의 언어를 빌려 말하려는 순수경험은 무엇보다 주객미분의 경험이다. 가령 길을 걷다 활짝 피어있는 꽃을 보고 '아!' 하며 감탄할 때 그것은 일종의 순수경험이다. 이 순수경험에 반성적 사유가 더해져서 '내가 꽃을 보고 있다.'고 생각하거나, '저 꽃은 나팔꽃이다.'라는 식의 '판단'이 생기는 것이다. 니시다가 말하는 순수경험은 사유나 분별이 더해지기 이전의 의식의 통일적 상태이다. 니시다는 이렇게 말한다.

> 경험한다는 것은 사실 그대로 안다는 뜻이다. 전적으로 자기 잔꾀[細工]를 버리고 사실에 따라 아는 것이다. 보통 경험이라고 하는 것도 실은 무엇인가 사상이 섞여 있기 때문에, 순수라는 것은 조금도 사려 분별을 더하지 않은, 참된 경험 그대로의 상태를 이르는 것이다. 예를 들면 색깔을 보고, 소리를 듣는 순간, 아직 이것이 바깥 사물의 작용이라든가, 내가 그것을 느끼고 있다든가 하는 생각이 없을 뿐만 아니라, 이 색깔, 소리가 무엇이라는 판단이 더해지기 이전을 말하는 것이다.[1]

순수경험도 경험인 한, 그것은 인간 안에서, 특히 인간의 의식 안에서 발생한다. 어떤 경험이든 경험이 일어나는 곳은 의식 '밖'이 아니고 의식 '안'이다. 불교의 핵심이 그렇듯이, 니시다도 경험의 대상을 철저하게 주체 안에서 파악하려 한다. 경험 주체와 대상이 분리되어 있지 않다는 것이다. 엄마와 자신을 분리시키지 못하는 영아에게서 그런 주객미분의 사례를 볼 수 있다.

물론 사람이 영아의 상태에 머물러 있는 것은 아니다. 성장하면서 반성적 과정이 더해지고 주객을 분리하기 시작한다. 주객미분의 상태에서 주객

분화의 상태로 변해 가는 것이다. 하지만 니시다가 말하려는 분화는 미분의 단순한 대립이나 변질 혹은 타락이 아니다. 도리어 미분의 자기표현이다. 미분과 분화라는 모순적 사실을 통일적으로 보도록 해 주는 논리의 탐구가 니시다의 주요 작업이다. 특히 주객의 분화를 있는 그대로 포섭하고 승인하는, 즉 분화된 주체와 객체의 원천적 통일성을 확보할 수 있도록 해주는 근원에 집중한다. 그 근원 자각으로, 그리고 자각을 다시 장소(場所)라는 개념으로 충실하게 논리화해 나간다.

3. 유일 실재로서의 의식 현상

갓난아이가 의식 이전, 즉 전(前) 의식의 상태에 있다면, 깨달은 이는 온전한 의식, 즉 전(全) 의식의 상태에 있다고 할 수 있다. 물론 온전한 의식은 의식 이전과 분리되는 것이 아니다. 온전한 의식이든 이전적 의식이든 이들을 가능하게 해 주는 통일적 의식 위에서 가능하기 때문이다. 깨달은 이에게도 반성적 사유가 있지만, 그때의 반성은 대립적 주객분화의 결과가 아니다. 반성은 의식의 근원적 통일성을 해치지 않는다. 니시다가 보건대 그 통일적 의식이 순수경험을 안으로부터 포섭하는 온전한 실재이다.

모든 존재는 의식 안에서, 의식으로서 일어나는 의식 현상이다. 그래서 니시다는 말한다: "의식 현상이 유일한 실재이다"[2] 이런 관점을 가지고 초기의 니시다는 "순수경험을 유일한 실재로 삼아 모든 것을 설명해 보려"[3] 시도한다. 그가 보건대 유일한 실재로서의 순수경험은 의식 자체가 스스로를 의식하는 것이다. 의식 자체가 스스로를 의식하기에 능동적인 의식이다. 니시다는 이것을 의식된 의식이 아닌, 의식하는 의식이라고 풀어 말한다. 이때 '의식하는 의식'은 주체의 의식 안에서 바로 그 의식으로서 현전한 참된 실재이다. 의식 안에서 실재가 현전한다는 것은 의식 현상 자체가 바로 참된 실재의 현전이 된다는 말이다. 니시다의 다음 두 말을 들어 보자.

> 먼저 전체가 함축적으로(implicit) 나타난다, 그것에서 그 내용이 분화 발전한다. 그리고 이 분화 발전이 끝났을 때 실재의 전체가 실현되어 완성되는 것이다. 한마디로 말하면, 하나의 것이 자기 자신에서 발전 완성하는 것이다.[4]

> 자기라는 것이 초월적으로 밖에 있는 것이 아니라, 의식하는 곳 거기에 자기가 있는 것이다. 그때그때의 의식이 우리의 모든 자기됨을 요구하고 주장한다. 더욱이 그것을 부정적으로 통일해 가는 곳에, 참된 자기라는 것이 있는 것이다.[5]

유일 실재로서의 의식이 스스로를 분화·발전시켜 나간다. 이때의 분화는 분열이 아니라, 더 큰 통일에 이르는, 의식 작용 자체의 불가결한 계기가 된다. 의식하는 그곳에 자기가 있다. 좀 더 구체적으로 말하면, 그 다양한 의식이 자기부정적으로 스스로를 통일해 가는 곳에 참된 자기가 있다. 의식의 자기통일이 바로 자각인 것이다. 다른 각도에서 좀 더 구체적으로 보자.

4. 직관, 반성, 자각

자각의 논점은 주객미분의 의식과 그 분화로서의 반성적 성찰 사이의 관계를 분명히 하는 데 있다. 니시다는 무분별적 의식 상태와 분별적 의식 상태의 관계를 명확히 하기 위해 자각의 개념을 강조한다. 그의 입장을 요약하면, 순수경험, 그에 대한 반성, 그리고 이들 관계의 논리적 결과가 각각 직관·반성·자각이 된다. 니시다 연구자인 코사카 쿠니츠쿠는 이렇게 해설한다.

직관이라는 것은, 주객의 아직 나뉘지 않은, 아는 것과 그 대상인 알아지는 것과 하나이다. 현실 그대로 끝없이 진행하는[不斷進行] 의식이다. 반성이라는 것은, 이 진행의 밖에 서서, 뒤집어 그것을 본 의식이다 …. 나는 우리들에게 이 두 가지의 내면적 관계를 명확하게 하는 것이 우리들의 자각이라고 생각한다. 자각에서는, 자기가 자기의 작용을 대상으로서, 그것을 반성함과 동시에, 이와 같이 반성한다고 하는 것이 바로 자기 발전의 작용이다. 이렇게 하여 무한히 나아가는 것이다. 반성이라는 것은, 자각의 의식에서는, 밖으로부터 더해진 우연한 것이 아니고, 사실은 의식 그것의 필연적 성질인 것이다.[6]

니시다는 반성이 직관(순수경험)의 밖에서 직관을 보는 의식이라고 규정한다. 반성은 일단 직관의 외적 의식이다. 그러면서 이 대립적인 두 가지의 계기를 내면적으로 통합시키는 것이 자각이다. 자각은 순수경험과 반성적 사유의 공통 근원이자 결과이며 과정이다. 자각의 차원에 보면, 반성은 단순히 직관의 외적 의식이 아니다. 자기 안에 새로운 자기를 더하는 것이다. 이러한 '더함'의 내면적 통합이 자각이다.

자각의 근본 성격은 자기 안에서 자기를 비추는 것이다. 이때 앞의 자기와 뒤의 자기는 크기의 차이가 아니고, 공간적 안팎의 관계도 아니다. "자각에서는 자기를 직관하는 것이 자기를 반성하는 것이며, 자기를 반성하는 것이 자기를 직관하는 것이다. 이리하여 자각에서는 직관이 반성을 낳고, 또 반성이 새로운 직관이 되어 무한히 발전해 간다. 이와 같이 자각의 움직임은 자기 안에서 무한히 자기 자신을 비추는 움직임이라고 생각된다".[7]

5. 자각, 통일적 의식

자각이 자기 안에서 자기 자신을 비추면서 무한히 발전해 가는 체계라고 할 때, 앞의 자기와 뒤의 자기의 관계를 좀 더 면밀히 규명하는 일은 여전히 중요하다. 이들 관계와 관련하여 니시다는 피히테(J.G.Fichte)의 사행(事行, Tathandlung) 개념에서 적지 않은 영향을 받았다. 사행은 (행위로 생겨난) 사태/사실(Tat)과 행위(Handlung)의 조합어로서, 피히테가 두 낱말을 조합시켜 나타내려는 것은 '인식된 것'과 '인식 행위'가 동전의 양면과 같다는 사실이다.

피히테는 인식의 근원을 자아로 보았다. 이 자아는 '인식적 존재'가 아니라 '인식의 행위자'이다. 자아는 인식 행위를 가능하게 하는 근원으로서, 자기 존재를 스스로 정립한다. 당연히 외부적 재료에 근거한 경험적 증명으로 규정되는 것이 아니다. 자신 안에서 스스로를 정립하기 때문이다. 성서에서 말하는 신의 자기규정인 "나는 나다."(I am that I am, 출애굽기 3,14)라는 명제가 그것을 잘 나타내 준다. 피히테에 의하면 "나는 나다."는 자아의 주체적 능동성을 의미하는 제일 원리이다.

이렇게 자아는 행위의 주체이다. 그래서 자아는 늘 능동적이다. 물론 수동과 대립된 능동이 아니다. 자아는 능동적이면서 동시에 능동적으로 행해진 것이기도 하다. 그 행해진 소산(Tat)과 행위(Handlung)를 종합한 개념이 사행(Tathandlung)인 것이다: "자아는 행위하는 것이면서 행위의 소산이다. 능동적인 것이면서 능동성에 의해 생겨난 것이다. 행위와 거기에서 생겨난 것[事]은 절대적으로 동일하다." 자아는 인식이라는 사실(Tatsache)이 아니라 인식이라는 행위(Tathandlung)이다. 자아를 세우는 행위(Handlung)와 그 결과(Tat)는 하나이다. 이런 사실을 염두에 두건대, 자아의 행해진 측면이 존재로서의 자아라면, 즉 "나는 있다."로서의 I am이라면, 행위의 근원은 당위로서의 자아이다. 즉 "나는 나다."로서의 I am이다.

니시다는 이런 피히테의 철학에서 배우면서, 존재(나는 있다)와 당위(나는 나다)의 동일성을 확보하고자 한다. 니시다에게 '사유되는 자아'(대상)와 '사유하는 자아'(주체)는 동일하다. 그러면서 그 동일성이라는 통일적 의식을 '자각'으로 규정한다. 앞의 표현대로 하면, "자기 안에서 자기를 비춤"이 자각이다. '비춤'은 넓게는 '행위'이지만, 좁게는 '봄'(觀)이다. 니시다에게 능동적 행위의 초점은 '봄'으로 모인다. 그래서 비춤은 직관(直觀)이다. 그리고 그 직관에 대한 능동적 성찰의 통일적 의식이 자각이다. 직관에 대해 성찰한다지만, 그것이 능동적인 것이라는 점에서 직관 스스로 직관하는 것이다. 그것이 자각이다.

자각은 행위이되, 자각적 행위의 핵심은 '봄'이다. 니시다는 피히테에게서 아이디어를 얻으면서 처음에는 능동적 '작용'을 강조하다가, 점차 '봄'을 강조하기 시작한다. '작용하는 것'이 실재라는 입장에서 '보는 것'이 실재라는 쪽을 강조하기 시작한 것이다. 물론 그에게 '행위'와 '봄'은 같은 것이다. 그의 글 "작용하는 것에서 보는 것으로"에 이런 입장이 잘 나타나 있다. 통일적 봄, 즉 직관이 근원적 실재이다. 모든 것은 이 실재에서 생겨나 이 실재로 귀환한다. 귀환한 실재가 자각이다.

6. 판단 이론과 장소

어떻게 자기가 자기를 비추는가? 어떻게 자기가 자기를 보는가? 만일 순수경험이 주객미분의 경험이라면, 자각은 순수경험의 분화와 통일을 의미한다. 분화된 의식이 분화이자 미분이기도 한 통일성으로 귀환하는 것이 자각이다. 자각은 순수경험의 자기반성인 것이다.

그런데 자기가 자기를 반성하는 이 자기 분화는 어떻게 일어나는 것일까? 그리고 분화가 어떻게 통일성으로 귀환하는가? 이미 본 대로 니시다에게는 통일적 의식으로의 귀환이 자각이고, 그 자각이 유일 실재이다. 니시다는 이런 입장이 단순한 주관주의에 빠지지 않게 하기 위해 아리스토텔레스가 사용한 히포케이메논(hypokeimenon, 基底, 基體) 개념을 빌려 논리화한다.

히포케이메논은 자연 존재의 근저에 있는 것[基體]으로서, 아리스토텔레스에 의하면 "그 자체는 다른 어떤 것에 의해서도 술어가 될 수 없는 것이다".[8] 그러기에 일체 판단의 문법적 주어이다. 그런데 주어는 언제나 그보다 보편적인 술어에 의해 포섭될 때 비로소 주어로서 성립된다. 하나의 판단이 성립되는 것도 마찬가지이다. 가령 형식논리학에서 "개는 포유류이다"라는 판단을 내릴 때, 특수한 주어인 개는 포유류라는 보편적 술어에 포섭됨으로써만 타당성을 얻는다. 하지만 과연 포유류라는 보편적 술어가 개라는 특수한 주어를 온전히 포섭할 수 있을까? 포유류란 개로서의 특수성과 구체성을 탈각시켜버린 추상개념에 지나지 않는 것은 아닐까? 포유류에는 개만 속한 것이 아니라, 고양이 · 코끼리 · 고래도 있으니 말이다. 니시다는 이런 식의 의문을 던지면서, 주어의 측면 보다는 술어의 측면에 관심을 기울인다. 아리스토텔레스의 히포케이메논을 역으로 생각하여, 술어는 되지만 주어는 될 수 없는 것에 초점을 둔다. 주어를 한정하는 술어를 중시한다.

가령 "개는 포유류이다."라는 명제에서 그 "-이다"라는 판단이 진정으로 성립하려면 포유류라는 술어(보편)가 개라는 주어(특수)로 "스스로를 한정해야" 한다는 것이다. 이것이 니시다 사유 구조의 핵심이라고 할 수 있다. 개는 개를 개로서 성립시키고 있는 포유류가 스스로를 한정하고 스스로 개로서 특수화할 때만 비로소 개일 수 있다는 입장, 즉 '개는 포유류이다'라는 판단이 참으로 성립할 수 있다는 입장이다.

보편이 자신 안에서 스스로를 한정하여 특수가 되는 곳에서 특수와 보편 간에는 긴장과 알력이 없다. 특수가 보편이고 보편이 특수이다. 니시다의 판단 이론에서는 그 판단에서의 술어가 자기를 한정함으로써 주어와 술어가 원천적으로 하나 되어 있고, 또 하나 될 수 있음을 보여주고자 한다. 시간의 상에서 말하자면, 이곳은 영원이 순간 안에 스스로를 한정한 영원한 순간, 영원한 현재이다. 그 무언가를 "안다"고 하는 것도 이런 구조를 지닌다. 앎이란 특수가 보편 속에 감싸이고 둘러싸이는 것이다. 다시 말해 보편이 특수의 모습으로 스스로를 한정하는 것이다. 특수를 특수로 아는 것이다.

니시다에 의하면, 이때 보편이 스스로를 한정하면서 일체 존재의 다양성과 차별성을 그대로 긍정할 수 있으려면, 보편이 자기동일성을 유지하면서 스스로 안으로부터 차별을 전개해 나가야 한다. 이것은 자신을 부정하면서 자기를 외화(外化)하고 자기 자신으로 돌아온다고 하는 헤겔의 이데(Idee)와도 유사하다.

하지만 니시다가 보기에 헤겔(Hegel, 1770-1831)의 이데(보편)는 개체(현실)로 외화하고 개체에 내재하기는 하지만, 개체(현실)를 온전히 포함(包含)하지는 못한다. 내재하되, 개체를 개체로 온전히 살리지 못한 채, 개체에 대해 여전히 초월성의 흔적을 지닌다는 것이다. 헤겔의 이데에서는 보는 것이 보여지는 것에 대해, 움직이는 것이 움직여지는 것에 대해 초월적이다. 이데에 유(有)의 흔적, 상대무(相對無)의 흔적이 남아 있는 것이다.

니시다에 의하면, 자기동일성을 유지하면서 차별성과 다양성으로 현전하는 보편은 유(有)가 아니라 무(無)이어야 하며, 그것도 유에 대립하는 '상대무'가 아니라 이들을 포함하는 "절대무"(絶對無)이어야 한다. 절대무라야 개체를 개체로 온전히 살린다. 니시다는 내내 이런 것을 말하고자 한다.

7. 장소의 논리

이 절대무는 불교적 공(空)의 니시다적 표현이라고 할 수 있다.[9] 니시다의 표현에 따르면, 절대무는 모든 개체와 특수를 생생하게 자신 안에 포괄하는 '장소'이다. 장소란 일체 자각의 근거이며, "의식 바로 그 안에서 의식을 안으로부터 초월하면서 대상화되지 않은 의식을 성립시켜 주는 동시에 의식된 대상의 존재도 성립시켜 주는 근거이다."[10] 사물과 사물이 공통(共通)의 공간 안에서 서로 관계를 맺을 수 있듯이, 의식의 주체로서의 자아(自我)와 그 분화로서의 비아(非我)가 분열된 별개의 객체들이 되지 않으려면, 이들을 함께 포용하는 장소를 이야기하지 않으면 안 된다. 장소는 모든 의식 행위를 가능하게 하고 통일해 주는 근거이다. 장소는 인식 대상의 주관적 구성 정도가 아니라, 인식 작용과 인식 대상 모두를 포용하는 근원이다. "자기 안에서 자기를 비춘다"고 할 때 그 안에서의 심층을 의미한다고 할 수 있다.

이것을 판단의 문제로 가져오면, 일체 사물에 대한 판단의 정당성은 절대무의 장소(絶對無の場所) 위에서 가능하다. 절대무의 장소는 자기를 한정함으로써 개체를 포섭하는 궁극적이고 '초월적인 술어면(述語面)'이다. 이 초월적 술어면을 무한히 확대해 가면 그 극한에서 어떤 술어에 의해서도 포섭되지 않는, 즉 모든 술어를 자기 안에 포섭하는 그런 술어에 도달한다. 이 모든 술어를 초월한 '초월적 술어면'이 절대무의 장소이다.

그것은 보편적 절대무(술어)이기에 구체적 특수(주어)로 자신을 한정하고도, 아니 그렇게 자신을 한정함으로써 참으로 하나의 판단이 성립되는 것이다. '개는 포유류이다'라고 하는 판단에서 포유류라는 보편(술어)이 개라는 특수(주어)로 자신을 한정한다는 말이다. 그때야 비로소 '-이다'라는 판단이 성립할 수 있는 것이다.

물론 판단은 의식 안에서 벌어지는 일이다. 사물과 사건을 그 사물과 사건으로 판단하는 것은 의식 현상이다. 앞에서도 보았듯이 초기 니시다에게 "의식 현상이 유일 실재이다." 자각 이론 역시 의식 현상과 관련된다. 니시다는 의식 안에서 벌어지는 판단의 문제에서 술어의 자기 한정으로 주어가 긍정되는 논리를 고스란히 현상세계로 가져온다. 사물을 사물 되게 해 주는 그것, 그 술어적 측면에 주목한다. 니시다에 의하면, 만물을 만물되게 해주는 것은 만물을 만물로서 규정하고 있는 것이 스스로를 한정하여 내어 줄 때에만 가능하다. 이때 만물을 만물로서 규정하고 있는 것이 스스로를 내어줄 수 있으려면, 앞에서 말한 대로 무(無), 그것도 절대적인 무가 아니고서는 안 된다는 것이다. 초월적 술어면의 극한에서는 무도 사라지기 때문에, 아리스토텔레스가 미처 보지 못했던 진정한 기체, 즉 어떤 것에 의해서도 술어가 되지 않는 기체가 나타난다. 판단의 진정한 주체만이 남는 것이다. 그러기에 '자기가 자기를 깨닫는다'고 말하는 것이다. 이렇게 스스로 깨달음, 즉 자각은 절대무의 장소에서 구체성을 얻게 된다. 자각은 자기 자신을 직관하는 것이며, 절대무의 장소의 자각이기도 하다.

물론 절대무의 장소라 하지만, 절대무와 장소가 분리되는 것이 아니다. 절대무가 그대로 장소이다. 공간적 의미를 담아 장소라는 말을 쓰기는 하지만, 장소가 그대로 절대무이다. 그 장소 안에서 만물은 만물로서의 고유성을 유지한다. 장소가 절대무이기에 만물이 만물로 고스란히 살아난다. 장소는 '나'(주체)에 의한 하나의 객체가 아니다. 장소 안에서 나의 위치가 결정되는 것이다. 그런데 그 장소가 절대무이다. 그 절대무 안에서 나는 비로소 나일 수 있는 것이다.

초월적 술어면에서 볼 때에야 주어가 살아난다. 그것이 자기 자신을 보는 자각이다. 자각은 절대무를 자각하는 것이면서 절대무가 자각하는 것이기도 하다. 절대무를 자각하는 것이기에 아무 것도 자각하는 것이 없다. 절대무가 자각하는 것이기에 절대무 안에서 모든 것은 고스란히 살아난다. 이런 식으로 절대무는 만물의 만물됨을 생생하게 살려 주는 장소이다. 만물의 생생함을 고스란히 살려 내는 '자각의 논리'는 그래서 '장소의 논리'(場所の論理)가 되는 것이다.

8. 절대모순적 자기동일

절대무의 장소에서 개개 사물은 저마다의 고유성을 부여받고, 사물로서의 자기 정체성을 획득한다. 절대무 안에 있기에 각 개체는 자기동일적으로 폐쇄되어 있지 않고 다른 개체에 개방되어 있다. 절대무 안에서 자기가 부정됨으로써 스스로 긍정될 뿐 아니라 다른 개체도 긍정한다는 뜻이다. 이것을 개별 개체의 차원에서 보면, 개체와 개체가 서로를 한정(限定)함으로써 서로를 세워 주는 식이며, 이러한 상호 한정은 개체가 저마다 절대무라는 장소 안에 있기에 가능하다는 말이다.[11] 니시다는 후기로 가면서 이것을 "절대무의 자각적 자기 한정" 또는 "절대무의 자기 한정"이라 부르며 강조한다.

여기서 개체와 개체는 그저 대립되어 있기만 하지 않고 사실상 절대무라는 장소에서 저마다의 고유성을 유지한 채 통일되어 있다. 통일되어 있다는 것은 각 개체에 자기만의 아성(我性)은 없다는 뜻이며, 고유성을 유지한다는 것은 그 개체를 개체되게 해 주는 장소 안에서 자기동일성을 획득한다는 말이다. 초기 불교의 무아론(無我論)과 화엄종의 성기설(性起設)을 연상시켜 주는 부분이다. 성기(性起)가 '본성(불성)의 일어남'이듯이, 만물은 절대무의 현현, 즉 절대무의 자기 한정이다. 공(空)이 그대로[卽] 색(色)이라는『반야심경』의 논리와도 같다. 니시다는 후기로 가면서 "절대무의 자기 한정" 개념을 통해 역사적 세계를 있는 그대로 긍정하려고 애썼다. 고사카는 왕상(往相)과 환상(還相)이라는 일본 정토진종의 언어를 빌려 이런 상황을 다음과 같이 정리한다:

중기까지의 니시다 철학이 현상계로부터 그 근저에 있는 근본적 실재에 이르는 왕상(往相)의 과정이었다면, 후기의 니시다 철학은 역으로 근본적 실재로부터 그 현현으로서의 역사적 현실계에 이르는 환상(還相)의 과정이었다고 할 수 있다. 니시다 자신은 … 전자에서는 '겉으로부터 속을 보았다.'고 한다면 후자에 있어서는 '속으로부터 겉을 보려고 노력했다.'고 말하고 있다.[12]

역사적 현실계에서는 각 개체가 저마다 고유하게 자기동일성을 지닌다. 그렇기에 각 개체는 자기동일성을 지니게 해 주는 장소와 모순(矛盾)된다. 모순되되, 절대무라는 장소에서 그 장소의 자기 한정으로 인해 획득한 자기동일성이기에 단순한 대립적 모순이 아니다. 니시다는 이것을 "절대모순"이라고 부른다. 마치 산과 물의 부정을 거치고서 비로소 "산은 산, 물은 물"이라 말할 수 있듯이, 절대무의 장소에서 자기부정을 거침으로써 획득된 고유성이기에 이 고유성은 단순 대립이 아닌 일체의 대립과 차별[對]을 끊어 버린[絕] 모순, 즉 "절대모순"이다.

절대모순의 논리에 의하면, "질병이라는 것도 생명 가운데 있는 것이다. 살아 있는 것은 언제나 질병 가능한 상태가 아니면 안 된다. 그렇지 않으면 살아 있는 것이 아니다. 생명은 모순의 자기 동일이 아니면 안 된다. … 참된 생명은 죽음까지도 포함한다고 할 수 있는 것이다".[13]

참된 생명은 모순의 자기동일이다. 그것도 상대모순이 아니라, 절대모순이다. 모와 순 그대로 절대라는 말이다. 이 "절대는 자기 안에 절대적 자기부정을 포함하고 있다. 절대적 자기부정을 포함하고 있다는 것은 자기가 절대무가 된다는 것이다".[14] 만물은 이미 절대무 안에 있기에 자기동일성을 획득하게 되는 것이다. 더 높은 경지에서 점차 종합되고 통일된다는 뜻이 아니다. 그렇다면 그것은 상대적 차원의 모순일 뿐, 절대모순이 아니다. 지금 모순적인 그대로 자기동일적이라는 것이다. 바로 이런 차원에서 니시다는 만물의 자기동일을 "절대모순적 자기동일"(絕對矛盾的 自己同一)이라는 부르는 것이다.

9. 신학적 인간학의 구조

마찬가지로 니시다는 "신이 악마에 대립하여 있는 한, 그 신은 더 이상 신이 아니라다."라고 말한다. 신과 악마가 별개로 존재한다는 듯한 사고방식에서의 신은 상대성을 면치 못한다. 이때 신은 악마와 단순하고 상대적인 모순의 관계일 뿐, 절대모순이 아니다. 선과 악, 생과 사, 번뇌와 열반도 대립적이고 상대적으로 파악되는 한, 이들은 단순한 모순의 관계에 있을 뿐 절대모순이 아니다. 정토진종의 개조 신란(親鸞)이 "번뇌를 끊지 않고 열반을 얻는다."(『敎行信證』, 行卷, 正信偈 65)며 적절히 규정하고 있듯이, 열반은 번뇌에 단순히 대립되는 것이 아니다. 이들은 상대 모순이 아니라, 절대모순의 관계이다. 그래야 열반이 온전한 열반이 된다.

절대모순은 신이 스스로를 부정하되, 악마로까지 부정할 때 성립된다.[15]

바로 그럴 때 신은 참으로 신이 된다. 신 밖에 악마성을 일부라도 남겨 두어서는 신이 되지 못한다. 신이 전적으로 악마가 되는 것이다. 물론 악마는 없어지고 신만 남는다는 뜻은 아니다. 신이 악마로까지 자신을 부정하는 것은 바꾸어 말하면 신 자신이 스스로에 대해 부정을 일으키는 것이다. 니시다에 의하면, "참된 절대자는 악마적인 것에까지 자기 자신을 부정하는 것이 아니면 안 된다."[16] 신이 스스로를 부정하기에 이 신은 자기모순적이다. 그러나 신은 이러한 자기모순을 거침으로써만 긍정된다. 그때야말로 신이 참으로 신인 것이다. 기독교적 신론과 인간론에 시사하는 바가 크다.

　사실 신학의 구조도 이와 과히 다르지 않다. 가령 20세기 가톨릭 신학을 대표하는 칼 라너(Karl Rahner)는 "신이 비신(非神)이 되고자 할 때, 인간이 다르게는 될 수 없는 바로 그러한 자로서 성립한다."[17]고 말한다. 즉, 신이 자신을 비우면서 자신을 구체화할 때 그는 인간이 된다는 것이다. 그렇게 '신'과 '인간화한 신'은 대립적이지 않다. 인간 밖에 신이 별도로 남아 있는 것이 아니기 때문이다. 인간의 존재 방식이 그대로 신이다. 라너의 표현에 따르면, 인간이 된 신은 신의 자기 표명(Selbstäusserung)이다. 그 표명 밖이나 위에 신이 별도로 있는 것이 아니다. 그 인간의 인간됨은 신의 비신화(非神化)이다. 라너라는 창문을 통해 드러나는 가톨릭 신학의 신론과 인간론의 지평과 의미 체계도 니시다의 "절대모순적 자기동일"과 비슷한 구조 위에서 작동하는 셈이다.

　요약하자면 니시다에게 "절대모순적 자기동일"이란 자기가 자기모순적으로 자기 자신에 대함으로써 자기동일적으로 되는 것을 뜻한다. 절대모순과 자기동일은 어떤 절차나 단계가 아니다. 절대모순이 그대로[卽] 자기동일이고 자기동일이 그대로[卽] 절대모순이다. 그렇다면 "절대모순적 자기동일"에서의 '적'(的)은, 아베 마사오(阿部正雄)가 옳게 지적하고 있듯이, 자기동일을 수식하는 형용사형 어미가 아니라, 바로 '즉'(即)의 의미이다.[18] 고사카 마사유키(高坂正顯)도 "절대모순적 자기동일"에서의 '적'에는 즉(即)의 성격이 있다고 분석한다.[19] 색즉시공(色即是空)이라는 말에서의 '즉'과 다르지 않은 것이다. 이것은 색(色)이 스스로에 대해 자기모순을 일으켜 색으로서의 자기동일성을 획득하는 것이다. 달리 말하면 공(空)이 색(色)으로서 자신을 한정하는 것이기도 하다. 인간의 인식 체계 안에서 말하면, 인간이 다양한 사물을 그 사물로 인식할 수 있는 것은 그 사물을 사물되게 해 주는 장소, 즉 공(절대무)이 자기모순적으로 스스로를 한정하기 때문이라는 것이다. 그런 점에서 "절대모순적 자기동일"은 "장소적 논리"의 자연스러운 귀결이다.

10. 행위적 직관과 자각

"절대모순적 자기동일"은 장소적 논리의 다른 표현일 뿐만 아니라, 그가 초기에 말하던 "순수경험"의 논리화이기도 하다. 순수경험은 주객미분의 경험이며, 밖에서 주객미분의 내면을 뒤집으며 보는 행위가 반성이다. 그 반성의 눈으로 역사적 세계를 보면, 끝없이 변화하는 세계는 절대모순적 자기동일이라는 논리 구조를 지닌다.

이때 그 세계를 대하는 주체의 입장에서 세계를 다시 보면, 거기에는 두 가지 작용이 있다. 직관과 행위이다. 역사적 세계를 대하는 주체의 입장에서 보건대, 세계는 행위적 직관으로 스스로를 형성해간다. 이때 행위와 직관은 얼핏 서로 분리되는 모순적 언어들 같지만, 세계와 그 세계를 대하는 인간의 관계를 엄밀히 반성해 보면 그렇지 않다. 니시다에 의하면 사물을 대하는 주체는 직관에 의해 행위하고 행위에 의해 직관한다. 행위하기 위해 직관하는 것이 아니고, 직관하기 위해 행위하는 것이 아니다. 행위와 직관은 '상즉불리'의 관계에 있다.

가령 화가는 그림을 무에서 창조하는 것이 아니다. 화가가 '보는' 대상이 그리는 '행위'로 나타나는 것이다. '그리는 행위'는 '봄'로써 생긴다. 대상에 대한 직관이 깊어질수록 행위는 더욱 창조적인 것이 된다. 이처럼 생각하면, 행위와 직관은 대립적이지 않고, 오히려 상즉적·상보적이다. 보는 것이 행위하는 것이고, 행위하는 것이 보는 것이다. 그래서 '행위적 직관'은 '행위즉직관'이고, '직관즉행위'이다.[20]

이 '즉'에는 자기부정이 들어 있다. 화가의 '봄'(직관)이 내면화하면서 '그림'(행위)으로 나타난다고 할 때, '봄'은 '그림'에 대해 자기부정적이다. '봄'이 자기부정을 통해 '그림'이라는 행위로 나타나고, '그림'이라는 행위가 부정되는 곳에서 '봄'이 살아난다. 그래서 행위는 자기부정적으로 직관이 되고, 직관은 자기부정적으로 행위가 된다. 행위와 직관이라는 모순이 자기부정적으로 동일성의 관계 속으로 들어가는 것이다. 그래서 행위는 행위이고 직관은 직관이다. 그리고 그때의 행위는 직관적 행위이고, 그때의 직관은 행위적 직관이다.

> 행위적 직관이라는 것은 우리가 자기모순적으로 객관을 형성하는 것이고, 역으로 우리가 객관으로부터 형성되는 것이다. 본다고 하는 것과 일한다고 하는 것과의 모순적 자기동일을 말하는 것이다.[21]

> 참으로 모순적 자기동일의 세계에서는, 주체가 참으로 환경에 몰입하여 자기 자신을 부정하는 것이 참으로 자기가 사는 것이고, 환경이 주체를 감싸 주체를 형성한다고 하는 것은 환경이 자기 자신을 부정해서 바로 주체가 되는 것이 아니면 안 된다.[22]

가령 내가 움직이는 세계를 본다고 할 때, 나의 '봄'이 부정되는 곳에서 세계의 움직임이 고스란히 살아나고, 세계의 움직임이 나의 '봄' 속에 녹아든다. 니시다는 이것을 "물(物)이 되어 보고 물(物)이 되어 간다."는 말로 표현한다. 물(物)과 그 물(物)을 보는 자기 사이에 구별이 사라진 세계인 것이다.

물론 이런 '행위적 직관'은 인간이라는 역사적 존재에게 일어나는 작용이다. 환경에 지배되는 개체 생물에게서 일어나는 것이 아니다. 개체 생물은 역사를 창조하지 못한다. 인간이 역사를 창조한다. 니시다에게 역사적 존재란 생물적 신체가 아니라 인간적 신체를 말한다. 세계는 인간적 신체의 '행위적 직관'을 통해 스스로를 형성해 가며, 그 형성은 그렇게 보는 주체와의 상즉적(相卽的) 행위 속에서 그렇게 되어 가는 것이다. 순수경험의 세계가 심리적 세계였다면, 행위적 직관의 세계는 역사적 세계이다. "전자가 가지고 있던 관상적 · 심경적 내적 구조가, 후자에서는 역사적 현실계의 행위적 · 창조적인 내적 구조로서 구체적인 표현 형태를 취하고 있는 것이다."[23] 그리고 이 모든 것의 근원에 '절대무의 장소' 혹은 '장소의 논리'가 놓여 있다.

11. 신과 인간, 역대응의 관계

이런 식으로 니시다는 만물이 이미 절대무라는 장소의 자기 한정으로 인해 자기동일성을 획득하며, 그 근저에서는 저마다의 개성을 유지한 채 통일되어 있다고 본다. 그리고 더 나아가 절대무로서의 장소 개념을 이용해 일상의 소소한 일들은 물론 역사적 세계까지 긍정하고자 한다. 이러한 긍정의 논리를 니시다 최후의 논문(「장소적 논리와 종교적 세계관」, 1945)에서는 역대응(逆對應)이라는 개념으로 정리한다.

물론 역사적 세계를 긍정한다지만, 그 긍정을 가능하게 해 주는 것은 철저하게 자기부정이다. 니시다 철학에서는 처음부터 끝까지 자기부정의 논리가 들어 있다. 역대응의 개념은 결국 자기 긍정을 말하기 위한 것이지만, 그 과정은 철저하게 자기부정적이다. 자기부정을 통한 자기 긍정의 논리를 집약한 말이 역대응이라고 할 수 있다.

"절대무의 자기 한정"이라고 할 때 '한정'도 '자기부정'의 다른 말이다. 색(色)이 색(色)일 수 있는 것은, 공의 측면에서 보면, 공(空, 絶對無)의 자기 한정 때문이다. 색의 측면에서 보면, 색이 자기를 부정함으로써 자기를 긍정하는 것이다. 색의 자기 긍정은 자기부정을 전제로 한다. 색과 공을 대응 관계로 표현하면, 색은 공의 자기 한정으로 인해 부정됨으로써 긍정되는 역대응적 관계이다. '긍정되는 색'은 사실상 절대무의 장소 위에서 '부정되는 색'으로 인해 가능해지는, 역대응의 관계에 있다.

가령 아미타불에 대한 중생의 기도와 중생을 구제하려는 아미타불의 구제력은 서로 역방향이다. 이때 자신의 한계를 자각하면서(자신을 부정하면서) 아미타불의 원력을 감싸고, 중생에 대한 아미타불의 원력은 자신의 자리를 떠나(자신을 부정하고) 중생을 향하면서 중생 안에 감싸여진다. 인간의 아미타불로의 나아감과 아미타불의 인간에게 나아감은 역방향이다. 그것은 인간과 아미타불의 자기부정을 전제로 한다. 그런 점에서 "절대모순적 자기동일"에서의 '적'이 '즉'(卽)이었다면, 역대응에서의 '역'은 '비'(非)에 가깝다. 물론 니시다와 거의 같은 논리적 기반 위에서 이루어지는 스즈키 다이세츠(鈴木大拙)의 "즉비의 논리"에서 즉(卽)과 비(非)가 대립적인 것이 아니듯이,[24] '역' 역시 단순한 반대나 대립을 의미하는 것이 아니다. 즉(卽)이 그대로 비(非)이고, 비(非)가 그대로 즉(卽)이다. 그것은 단계나 과정도 아니다. 색이 그대로 공이듯이, 자기동일과 자기부정은 같다.

마찬가지로 중생의 기도와 아미타불의 서원은 단계적으로 성취되는 것이 아니다. 그것은 동시적이고 동일하다. 인간의 종교심이 있은 후 신의 구원이 있는 것이 아니라, 인간의 종교심이 그대로 신의 음성이다. 니시다는 말한다: "우리는 자기부정적으로, 역대응적으로, 언제나 절대적 일자(絕對的 一者)에 접하고 있다."[25]

> 상대적인 것이 절대적인 것에 마주하는 것이 죽음이다. 우리 자기가 신을 마주할 때가 죽음이다. … 상대적인 것이 절대자와 마주한다고 말할 수 없다. 또 상대와 마주하는 절대는 절대가 아니다. 그 자신은 아직 상대자이다. 상대가 절대와 마주할 때, 거기에 죽음이 없을 수 없다. 그것은 무(無)가 되지 않으면 안 된다. 우리 자기는 오로지 죽음에 의해서만 역대응적으로 신에 접하고 신과 맺어질 수 있는 것이다.[26]

인간과 신은 '서로 마주하는' 관계가 아니다. 서로[相] 마주하는[對] 것들을 우리는 상대자(相對者)라고 부른다. 서로 마주한다는 것은 별도의 개체로 남아 있다는 뜻이다. 그러고서야 어떻게 서로를 온전히 만날 수 있겠는가. 서로 만난다는 것은 서로가 서로 안에 들어가는 것이다. 서로 안에 들어가는 것은 주체의 입장에서는 스스로를 부정하는 것이다. 자기부정에 의해 절대가 현현한다. '절대'의 낱말 뜻은 '마주하고 있는 것[對]을 '끊음'[絕]이지만, 이 끊음은 상대적 끊음이 아니라, 절대적 끊음이다. 그럴 때 '상대가 그대로 절대'가 되는 것이다. 니시다가 "우리는 자기부정적으로 언제나 절대적 일자와 접한다."고 말하는 것은 이런 맥락이다.

니시다는 이와 관련하여 기독교의 성서를 이렇게 인용한다: "화로다, 내가 망하게 되었도다. 나는 입술이 부정한 사람이요 입술이 부정한 백성 중에 거하면서 만군의 주님이신 왕을 뵈었음이로다(이사야 6,5)."[27] 이 성서 구절은 본래 이사야라는 예언자의 회고적 고백의 일환이지만, 니시다는 여기서 '부정한 이가 신을 보는 논리'를 보고자 한다. 이것은 더러움을 극복하고 신을 보는 것이 아니라 더러운 그대로 신을 본다는 뜻이다. 더러운 이가 신을 '봄' 속에서 더 이상 상대적인 차원의 더러움은 없다. 그곳이 신의 장소이기 때문이다. 니시다는 "나는 그리스도와 함께 십자가에 못 박혔나니 이제는 내가 사는 것이 아니라 그리스도께서 내 안에 사신다."(갈라디아서 2,20)는 성서 구절도 그런 식으로 해석한다. 신과 인간이 만나되, 역대응적으로 만나는 것을 잘 보여주고 있는 것이다.

12. 평상저와 임마누엘

역대응은 신과 인간, 중생과 부처의 관계를 나타내는 언어이다. 니시다는 이것을 다시 인간의 종교적 자각의 편에서 설명하고자 '평상저'(平常底)라는 개념을 가져온다. 평상저는 당나라 선사 남전(南泉, 748-834)이 제자 조주(趙州, 778-897)에게 했던 "평상심시도"(平常心是道)를 응용해 만든 말이다. 평상심에 담긴 심리적 차원을 극복하고, 자각의 근저에서 평상성(平常性)의 본질을 볼 수 있도록 하려는 신조어라고 할 수 있다. 그 본질을 보는 것이 종교라면, 니시다에게 "종교는 평상심을 떠나는 것이 아니다. 남전이 '평상심이 도'라고 했는데, 그것은 어디까지나 이 평상심의 근저에 철저해지는 것이다."[28]

'평상저'의 그 '저'(底)에서 우리는 니시다 사상을 일관하는 장소의 이미지를 읽어낼 수 있다. 절대무의 장소가 자각의 근거이듯이, 평상 '저'는 평상 '심'이 가지고 있는 무한의 깊이를 적절히 표현해준다. 그 깊이에서 수평적 시간과 수직적 장소가 만나고, 역사적 세계와 종교적 세계가 교차한다. 그래서 평상저는 일상의 '초월'이 아니라, 일상의 심저(深底), 일상의 근원이다.

심저(深底)는 칼 바르트(Karl Barth) 계열의 신학을 탁월하게 불교적으로 해석한 신학자 타키자와 카츠미(瀧澤克己)의 표현대로 하면 "임마누엘의 원사실"에 해당한다고 할 수 있다. 임마누엘, 즉 '하느님이 함께 하신다.'는 사실은 인간이 의식하든 의식하지 못하든, 기독교인에게는 누구에게든 본래 이루어져 있는 근원적 사실이다. 타키자와는 니시다 철학에서 영감을 얻으면서 이것을 신과 인간의 "제일의 접촉"(第一義の接觸)이라고 명명한다.[29] "제일의 접촉"이란 그리스도인이든 아니든 인간 실존의 근저에 무조건적으로 놓여있는 근원적인 사실이다. 뉴턴이 중력의 법칙을 발견하기 이전부터 그 법칙이 모두에게 작용해 왔듯이, 인간은 근원적으로 신 안에서 살며 움직이고 있다는 것이다. 인간은 신과 근원적으로 접촉하고 있기에 실제로 신을 인식할 수 있게 된다는 것이다. "제일의 접촉"에 기반한 인간의 현실적 신 인식을 타키자와는 신과 인간의 "제이의 접촉"(第二義の接觸)이라고 명명한다. 중요한 것은 의식하든 의식하지 못하든 인간 안에 "하느님이 함께 하신다."는 근원적인 사실, 즉 "임마누엘의 원사실"이야말로 인간의 본질이라는 것이다. 그 안에서 모든 일이 이루어지기 때문이다.

타키자와가 니시다에게 영감을 얻으며 신과 인간의 원천적 관계성을 설명하는 데 초점을 두었다면, 니시다의 평상저는 일상사가 구원의 사건이고 일상이 구원의 세계라는 선(禪)의 정신에 충실한 언어라고 할 수 있다. 니시다에게 역사적 세계는 종교적이며, 종교적 세계는 역사적이다. 그런 점에서 "평상저는 무한의 과거와 무한의 미래가 일점에 집중하는 이 절대현재의 자기 한정으로서 자기를 자각하는 입장이다".[30] 이렇게 평상저라는 말로 니시다는 일상을 긍정하고자 한다.

평상저는 '평상심이 도'라고 하는 선불교의 근대 철학적 번역으로서, 여기서는 종교적 세계를 인간 주체의 측면에서 파악하고자 한 흔적이 역력하다.

타키자와처럼 신학자의 언어에 그런 측면이 없는 것은 아니지만, "임마누엘의 원사실"은 인간 주체에 '선행하는' 세계이다. 또는 인간 주체가 달리는 될 수 없고 그렇게 될 수밖에 없도록 이미 주어져 있는 은총의 세계이기도 하다. 신과 인간을 전적으로 동일화할 수 없는 것이 기독교적 세계관이다. 신학자 오다가키 마사야(小田垣雅也)의 말처럼, "불교와 기독교의 기본적인 차이는 … 기독교는 신과 인간의 관계에서 우선순위가 불가역적으로 신 쪽에 있다는 주장에 대해 불교는 가역적으로 본다는 점에 있을 것이다".[31] 한국의 대표적 불교-기독교 비교연구학자인 길희성도 비슷한 시각을 견지한다.[32] 앞에서 간단히 보았던 칼 라너의 신학에서도 인간에 대한 신의 초월성의 흔적, 불가역성은 유지된다.

니시다도 외견상 불교와 기독교의 이러한 차이를 의식하고 인정한다. "자기와 절대자의 관계에서 상반되는 두 방향을 인정할 수 있다. 거기서 기독교적인 것과 불교적인 것이라는 두 종류의 종교가 성립하는 것이다".[33] 물론 니시다는 이 가운데 하나를 선택하려는 입장에 서 있는 것이 아니다. 그는 이어서 말한다. "추상적으로 그 한쪽의 입장에만 서는 것은 진정한 종교가 아니다."[34] 니시다가 평상저라는 말로 나타내려는 것은 단지 불교라는 종교의 세계관이 아니다. 인간의 주체적 의식과 그에 근거한 일상을 가능하게 해 주는 근원이다.

그럼에도 이것이 선불교의 표층적 세계관에만 함몰되지 않도록 하는 장치를 마련했는데, 역대응이 그것이다. 역대응은 인간 주체의 면을 살리면서도 종교적 세계를 신 혹은 부처의 편에서 보고자 노력한 결과라고 할 수 있다. 신의 인간에의 방향과 인간의 신에의 방향은 서로 반대지만, 그 역방향이 서로의 자기부정 속에서 동일성을 획득하게 되는 것이다. 니시다는 이와 관련하여 상대적으로 정토진종의 사례를 종종 가져온다. 물론 기독교적 세계관도 그의 주요 연구 소재이다. 정토진종과 기독교적 사례를 통해 제시하려는 역대응의 개념은 평상저에 비해 일반적인 의미의 기독교적 세계관과 만날 가능성이 상대적으로 커진다. 이와 관련하여 니시다의 역대응 이론을 중심으로 기독교적 신론 혹은 인간론과 비교하는 작업은 향후 중요한 과제가 아닐 수 없다.

13. 자각은 어떻게 가능한가

지금까지 살펴본 순수경험, 절대무의 장소, 절대무의 자기 한정, 절대모순적 자기동일, 역대응 등의 언어는 기본적으로 난해하면서도 일관성이 있다. 니시다는 늘 직관과 행위를 동일시하고, 인식과 존재를 동일시하고, 반성을 역사와 동일시하고자 한다. 그의 철학은 내내 불교적 '즉'(卽)의 논리를 밝히는 데 있다고 해도 과언이 아니다. 그에게서 '모'와 '순'은 절대적으로 동일하며, 그 동일성을 통해 니시다는 역사를 긍정하고자 한다. 그는 현실 자체를 설명하려는 것이었다기보다는 현실을 가능하게 해 주는 논리를 내내 찾아온 셈이다. 그 논리 안에서 다양성은 찬란하게 꽃피며 일상은 있는 그대로 긍정된다. 사물을 긍정하기 위한 논리를 전개하는 데 니시다만큼 치열했던 학자를 만나기 힘들 것이다.

하지만 우리의 현실적 경험은 긴장과 모순 - 물론 상대적인 차원의 - 의 연속이다. 완벽주의적일 정도의 언어 구사에 담긴 니시다의 치열함에 비해 현실은 부조리 투성이다. 니시다는 부정과 긍정을 동일성 차원에서 거침없이 오가면서 궁극적 대긍정의 세계를 드러내려 하지만, 부정을 고스란히 긍정으로 삼으려는 그의 논리에 아쉬움이 없는 것은 아니다. 절대무와 자기 한정, 그리고 자기 한정과 역사적 세계 사이를 대번에 동일성으로 치환하는 근거나 이유가 다소 부족하게 느껴진다.

이런 문제의식은 그의 제자 타나베 하지메(田邊元, 1885-1962)가 적절히 드러
내준 바 있다. 타나베는 절대무를 보편적 장소로 보는 니시다의 사상에서
논리적 비약을 읽었다. 타나베는 절대무 자체보다는 일상적 행주좌와(行住坐
臥)의 행위 중에서 명백히 밝혀진 것을 중시한다. 그러면서 절대무와 역사의
사이, 그 '매개'에 관심을 기울인다.

타나베는 '절대무의 자기한정'으로서만이 아닌, 역사적인 노에마(그는 이
것을 種이라 부른다)로의 한정을 매개로 해서만 역사를 포함할 수 있게 된다고
본다. 정말 절대무라면 그것은 부정 원리로 남을 뿐, "역사와 행위를 포함
할 수 없으며", "행위의 매개로 충분히 볼 수 없기" 때문이라는 것이다.[35] 자
연스럽게 그는 순수경험 보다는 그 경험의 활동적 측면인 절대의지, 도적적
실천과 같은 측면을 중시한다.

타나베에게는 철학도 '도덕적 실천'이라는 근본 위에서 그것을 철저하게
반성하는 '실천의 자각'이다. "현실 전체의 실천 행위를 통한 자각"인 탓에
"절대무에 직접 들어가는 것은 불가능하다."[36]고 그는 본다. 반드시 '매개'가
필요하다는 것이다. 말하자면 도덕적 실천이 종교적 깨달음의 매개가 된다
는 것이다. 단순하게 말하자면, 종교적으로 자각을 했다고 해서 도덕적 실
천으로 바로 이어지는 것이라기보다는, 도덕적이고 의지적인 실천과 고민
이후에 그것을 넘어서는 종교적 자각으로 이어질 수 있다는 것이다. 이것은
"절대무의 자기 한정"이 자칫하면 그 은총적 측면만을 강조하고서 인간의
구체적 실천을 약화시키거나 무력하게 만들어 버릴 수도 있다는 문제의식
을 나타내 준다. 그래서 절대무가 구체적으로 스스로를 한정하려면, 그 구
체적인 것이나 그와 관련된 것을 매개로 해서만 가능하다는 주장을 펴는 것
이다. "절대무의 자각이 근본이고, 도덕적 실천은 그 근본에서 자기 한정으

로서 나온 행동의 하나"라고 본 니시다의 입장과는 그 방향상 반대이다.

그럼에도 불구하고 니시다와 타나베의 철학은 사실상 동전의 양면과 같다는 사실도 분명해 보인다. 이들의 주장은 결과적으로 다르지 않아 보인다. 사실 니시다도 개물(個物)과 환경 사이에서, 부분과 전체 사이에서 '종'(種)의 문제를 의식하고 곳곳에서 거론한다. 하지만 타나베에 비하면 개물-종-전체 사이에 상대적으로 긴장감이 없다. 니시다에게 '종'은 곧 '즉'(卽)이고 개체는 곧 전체인데 비해, 타나베는 상대적으로 '종'의 긴장감을 살리면서 그것을 절대무 속에 포섭하고자 한다. 절대무에 포섭되는 매개이기에 타나베의 매개도 결국은 절대매개가 된다. 이렇게 매개조차 다시 절대무 속에 포섭해 절대무를 부각시킨다는 점에서 니시다의 논리 안에 있다.

그럼에도 타나베의 매개 철학은 '절대모순적 자기동일'은 물론 대승불교적 긍정[卽]의 세계관이 더 풍요로워질 수 있도록 활력을 불어넣어 주는 역할을 한다. 타나베의 철학에 대해서는 길희성의 신학과 비교하는 다음 장에서 좀 더 구체적으로 알아보기로 하자.

05 창조적 만남과 궁극적 일치
- 길희성과 타나베의 신학과 철학

1. 연구의 목적

여기서는 한국과 일본에서 불교와 기독교가 만나는 논리를 탐구해보고 자 한다. 이를 위해 신학과 불교학을 창조적으로 소화하면서 궁극적으로 이들 간 일치의 가능성을 구체화시키는 한국의 대표적인 종교학자 길희성(吉熙星, 1943~)의 신학과 서양철학이 보지 못한 논리를 서양철학과 스승 니시다 기타로의 절대무(絶對無) 사상에서 찾으면서 역사적 현실을 긍정하는 논리를 추구했던 타나베 하지메(田辺元, 1885~1962)의 철학을 주로 비교하며 살펴보겠다. 학문적 맥락은 다소 다르지만, 동·서양 사상을 넘나들며 사상적 통일성 내지 논리적 보편성을 추구했던 이들의 입장을 특히 공통성을 중심으로 살펴보면서, 최종적으로는 한국에서 다양한 종교들이 공존하는 문화적 논리의 기초를 다져보려는 데 목적을 두고 있는 것이다.

길희성은 불교학자이자 신학자이며, 종교학자이자 철학자이기도 하다. 어느 분야를 통해서도 그의 사상 전체를 읽어낼 수 있을 만큼 그의 학문에는 일관성이 있다. 그 일관성은 학문의 내용 못지않게 어디서든 묻어나는 진리에 대한 진지한 실존적 자세에서 드러난다. 불교와 기독교, 철학과 신학에 통하는 보편 원리를 추구하되, 그의 학문에서는 신학을 통한 불교적 이해와 불교학을 통한 신학적 이해의 지평이 교차한다. 그 교차점 가운데 이 글에서는 그가 불교를 충분히 연구하고 소화한 뒤 내리는 신학적 측면을 중심으로 살펴보고자 한다. 신학을 통해서도 그의 학문 전반을 볼 수 있기도 하거니와, 그의 신학은 한국 내 종교 간 갈등의 한복판에 있는 기독교의 근본정신을 어떻게 이해해야 할지 보여주는 적절한 사례가 되기 때문이다. 학문 후반기로 갈수록 그는 자신의 기독교적 신앙을 고백하고 나누고 실천하는 쪽에 무게 중심을 두어 왔다는 점에서, 불교를 소화한 신학은 그의 학문적 내면을 가장 잘 반영해 주고 있기 때문이기도 하다.

물론 불교를 소화한 신학이라고 해서 그가 신학을 불교적으로 변용했다거나 새롭게 창작해 낸 것은 아니다. 그보다는 전통적 신학의 깊이를 종교적 다원 사회의 지평으로 끌어올려, 종교 간 만남과 일치는 새삼스러운 것이 아니라, 기독교의 근본정신에 속한 것임을 현대인에게 보여준다고 하는 편이 적절하다. 그런 식으로 불교와 만나도록 해 주는 신학적 깊이를 제시한다는 데에 그의 창조성이 있다. "진술할 뿐 창작하지 않는다."[述而不作]면서도 "옛 것을 바탕으로 새 것을 알아 가는"[溫故而知新], 공자의 전통적이면서 창조적인 자세와 상통한다고 할 수 있다.[1]

타나베 하지메도 서양철학과 과학, 불교학을 넘나들며 학문을 했던, 철학자이자 무엇보다 일본 사상가이다. 그의 사상 전반에 대해서는 이미 일본은 물론 구미에서도 본격 연구되어 왔지만,[2] 불행하게도 아직 한국에서는 제대로 소개된 적이 없다.[3] 그의 사상이 어렵기 때문이기도 하지만, 아직 한국 학계, 특히 종교학계가 종교적 통합의 논리를 요구하고 산출할 만한 '인프라'를 충분히 구축하고 있지 못하기 때문이기도 하다. 일본에 대한 한국인의 민족적 감정이 작용했기 때문일 수도 있다. 하지만 타나베의 사상은 기본적으로 동·서양철학을 통합하여 역사적 현실을 설명하는 대안적 논리를 제시한다는 점에서, 서양사상을 소화시켜야 하는 동양철학과 동양 사상을 소화시켜야 하는 기독교 신학의 형성에 적절한 귀감이 된다.

그의 학문의 근저에는 당면한 역사적 현실, 즉 일본적 상황을 통일적으로 설명하려는 의도가 놓여 있었지만, 장소를 바꾸면 이것은 종교적 다양성이 여전히 갈등의 원인으로 작용하는 한국의 종교문화적 상황을 종교적 조화와 일치의 차원에서 뒤집어 설명하게 해주는 적절한 근거가 된다. 이 글에서 그의 논리에 관심을 기울이는 이유 중 하나도 여기에 있다.

이런 식으로 길희성의 불교 포섭적 신학을 통해 한국에서 이루어지는 종교 간 일치 논리의 가능성을 모색해 보고, 타나베의 서양 포섭적 일본철학을 통해 일본에서 이루어지는 사상적 통합 논리를 비교하며 살펴보겠다. 물론 이들은 둘 다 동서양 사상의 만남을 추구했다는 점에서 새삼스럽게 비교의 대상으로 삼을 만큼의 대척점에 서 있지 않다. 서로 다른 상황 속에서 학문을 했음에도 이들은 상당 부분 상통하는 논리적 구조 위에 있기 때문이다. 그럼에도 이들 사상의 비슷함을 확인해 종교적·사상적 보편성의 근거로 삼을 수 있다면, 그것 또한 '비교학'의 공헌일 것이다. 이들에게서 이끌어낸 동서양 사상적 보편성을 근거로, 특히 한국 내 종교간 공존의 논리, 좀 더 구체적으로 불교와 기독교가 창조적으로 만날 수 있는 문화적 논리의 기초로 삼아 보고자 한다.

2. 길희성과 타나베의 차이와 일치

길희성과 타나베는 추구해 왔던 학문의 현장이 다르다. 20세기 후반에 주로 활동해 온 한국의 길희성과 20세기 전반 일본 제국주의적 분위기 속에서 활동한 일본 타나베의 시대적 차이가 크다. 그리고 한국과 일본의 역사적 · 문화적 시각 차이는 물론 정치적 상황도 다르다.

길희성의 경우는 기독교가 도입되면서 경험되기 시작한 한국의 종교적 비합리성의 실상이 학문의 출발점이었다고 할 수 있다. 그가 대학을 철학과로 입학한 것도 신앙적인 고민 때문이기도 했고, 그 이후도 "정신적 좌표를 찾아 철학 · 신학 · 종교학 · 그리고 동서양의 정신세계를 왔다갔다 하면서 방황했다."는 그의 고백이 이것을 잘 말해 준다.[4] 조금 구체적으로 말하면, 합리적이지도 못하고 한국 문화와 조화하지도 못하면서 세력을 확장해가는 한국 기독교의 시대착오적 현장이 그로 하여금 다양한 사상들에 통하는 신학과 종교학 내지 철학의 길로 이끌어 간 셈이다.

그 뒤 그는 내내 동서양의 고전 내지 정통 사상들의 내면으로 들어가 그 정수를 소화하고 종합한 뒤, 다시 속으로부터 뒤집어내어 현대인에게 적용되는 인문학적 보편성의 확립을 추구해왔다. "전통과의 지평융합(Horizontverschmelzung)을 통해 전통이 끊임없이 새롭게 이해되고 전수되는 과정"을 걸어오되,[5] 궁극적으로는 다양한 종교 사상들이 만나는 지점에 지속적으로 관심을 기울여 온 것이다.

그러면서도 인간이 역사 내 존재인 한, 역사적 현실 내에서의 인식론적 다원성 내지 상대성을 고백하지 않을 수 없다는, 진리 앞에서의 겸손함도 내내 견지한다. 그런 식으로 대립적인 듯 느껴지는 동서양 사상의 비교를 통해, 종교 사상의 상통성 내지 보편성을 확립하되, 역사 내 인식론적 제한성도 의식하면서 종교들의 궁극적 일치를 미래적 영역으로 남겨 두는, 다소 신학적 보편주의자의 길을 걸어온 것이다.

기독교가 거의 없던 일본에서는 메이지 시대, 신도(神道)를 국교로 하는 사실상의 천황제 중심 국가로 변모하면서, 다양한 종교들의 논리를 통합해 국가의 사상적 통일을 주요 과제로 삼는 분위기가 생겨났는데, 타나베 하지메도 그 속에서 학문을 했던 사람 중 하나이다. 물론 국수주의적 일본학을 하려는 것이 그의 학문의 일차적 목표는 아니었다. 하지만 절대무(空)와 역사(色)의 관계를 인간적 실천을 매개로 동일성 차원에서 규명하는 데 초점을 두어 온 그는 결과적으로 일본 역사와 현장을 긍정하는 제국주의적 논리의 유지에 공헌하게 되었던 것도 사실이다. 일종의 공(空)의 철학을 근간으로 하면서 서양 사상과 그리스도교를 포섭하는 가운데, 세계에 통하는 동양적, 일본적 논리의 보편성을 찾아보려고 시도했다는 점에서 타나베는 일본적 보편주의자라고 할 수 있겠다.

타나베는 스승 니시다 기타로(西田幾多郎, 1870-1945)에게 배운 순수경험 개념 및 현실 긍정적 '절대무(空)의 철학'을 확립하려는 학문적 전제 탓에, 인식의 상대성이니 다원성보다는 논리적 완결성을 더 강조했다는 차이도 있다. 칸트나 헤겔처럼 서양의 뛰어난 사상가들도 미처 보지 못했던 온전한 논리가 여기 있다는 식이다. 그러다 보니 똑같이 동·서양 사상의 통합을 모색하면서도 현실 인식의 상대성을 인정하는 길희성의 경우는 종교 사상의 통일이 역사 초월적 궁극성 차원으로 미루어졌지만, 타나베의 경우는 신란(親鸞)의 '왕상즉환상'(往相卽還相)마저도 현실 안에서의 사회적 커뮤니케이션의 원리로 해석할 정도로 현실 긍정적 논리를 추구했다는 차이도 있다.[6]

그럼에도 이미 말한 대로 다양한 종교들의 통일을 추구한다는 점에 이 두 사상가 사이에 공통점이 있다. 특히 불교와 그리스도교 내지 서양 사상들의 통합과 조화를 도모하면서 이른바 타력적 측면을 재해석하는 부분에서 이들은 상통하거나 일치한다. 둘 다 '나'를 일방적으로 내세우는 것이 아니라, '나'는 '너'에 의해 자기부정적으로 무화됨으로써 비로소 '나'가 된다는 입장을 견지한다. 내가 너에 의해 이루어진다는 점에서, 타력적 구조를 중시하는 것이다.

이 글과 관련하여 이들이 진리 체험을 타력적 혹은 은총적 구조 속에서 이해하는 부분은 적어도 한국이라는 구체적 토양에서 태어나 그 토양을 태생적 선물로 받고 살아가는 한국인이 한국 역사와 문화를 어떻게 보아야 할지 이론적 토대로 삼기에 적절해 보인다. 이들의 학문 방법론 및 목적을 적절히 조화시키면 한국 사회에 어울리는 종교 간 조화와 통합의 근거가 자연스럽게 도출될 수 있을 것이다. 특히 한국 내 문화적 뿌리가 얕은 기독교가 한국 종교들과 맺어야 하는 관계성의 구체적인 모습도 그려볼 수 있을것이다.

3. 길희성의 학문 여정

1) 종교적 다양성의 문제

길희성이 종교학과 불교학을 하면서도 끊임없이 제기했던 질문은 기독교적인 것이기도 했다. 그가 기독교 신앙을 놓지 않고 그 신앙의 의미를 끝없이 물은 이유는 한국의 종교적 상황과 관계가 있기도 하다. 한국의 종교적 다원성 및 그 다원성과 어울리지 못하는 기독교적 비합리성을 의식하면서, 그는 한국의 종교다원적 상황을 다음과 같이 생각했다:

> 우리나라가 본격적인 다종교사회임에도 불구하고 심각한 종교 갈등이 없는 이유는 우선, 신앙의 자유와 가치의 다원성을 인정하는 자유민주주의 체제를 갖고 있기 때문입니다. 그리고 유교라는 공통분모를 갖고 있기 때문입니다. 사실 한국인의 행동을 지배하는 것은 효심, 충성심, 예의 같은 유교적

심성과 관습입니다. 게다가 우리는 비교적 단일 언어, 단일 민족, 단일 역사를 공유해 왔습니다. 특정한 종교에 속하는 정체성 보다는 한국인으로서의 정체성이 더 강하다고 할 수 있습니다. 그런데 그리스도교 신자들만은 대체로 타종교에 대한 배타성이 강합니다. 배타적 신앙관을 갖는 그리스도인들은 한 가지 난처한 질문을 피할 수 없습니다. 오직 그리스도교 신앙만으로 구원받을 수 있다면 우리 조상들은 과연 어떻게 되었을까 하는 물음이지요. 또 내 사랑하는 식구나 친구 중 그리스도교 신앙을 갖지 않은 이들의 운명은 어떻게 될 것인가 하는 물음입니다.[7]

사실 단순하지만, 이러한 물음은 종교적 배타성이 버젓이 유통되는 상황에서 신앙을 지성적 양심 안에 소화시키려는 의식 있는 이들에게는 학문의 추동력이 되는 물음이기도 하다. 넓은 의미에서 길희성도 이러한 물음의 답을 종교학 · 불교학 · 철학 · 신학이라는 학문을 하며 추구했다고 할 수 있다. 한국의 종교적 현실과 문화 자체보다는, 한국적 상황이라는 창문 너머, 인류가 참으로 나아가야 할 종교적인 길을 제시해 보고자 했던 셈이다. 그는 21세기의 종교 상황을 이렇게 진단하고 전망한 바 있다.

탈근대 시기에서 종교의 자유는 단순히 근대적인 신앙 선택의 자유를 넘어서서 종교 간의 경계선을 자유로이 넘나드는 창조적 신앙으로 나타날 것이다. 21세기의 종교는 열린 종교가 될 것이며, 우리들의 신앙도 지금까지와는 달리 단 하나만의 전통에 의해 형성되고 유지되는 것이 아니라, 다전통적 신앙으로 나아가는 종교사의 유례없는 변화가 예고되고 있다.[8]

2) 불교와 기독교의 비교연구

그러면서 "종교 간의 경계선을 자유로이 넘나드는 창조적 신앙"의 근거를 특히 불교와 기독교의 구원론이 지닌 구조적 유사성 연구를 통해 확보하기 시작했다. 그에 의하면, "불교와 그리스도교는 교리와 사상의 현저한 차이에도 불구하고 근본적으로 코드가 맞는 종교이자 심층적 문법이 맞는 종교이다".[9] "그리스도교와 불교는 그 세계관과 인간관의 현격한 차이에도 불구하고 둘 다 구원의 소식을 전하며 구원의 길을 제시한 구원의 종교라는 점에서 근본적인 형식적 일치를 보이고 있다".[10] 이때 그가 두 종교에서 형식적인 일치에 먼저 주목한 것은 내용적 일치라는 표현이 주는 오해를 최소화하되, 궁극적으로는 내용적 일치의 가능성을 확보하기 위해서이다. 이러한 가능성의 모색은 2000년 이후 대학을 은퇴할 무렵 쓴 논문[11] 및 『보살예수』(2004)라는 단행본에서 구체화된다. 일단 위 논문의 한 구절을 인용해 본다.

나는 여기서 이러한 상호 이해와 변화의 가능성을 지향하는 불교와 그리스도교의 대화를 넘어서서, 그 전제이자 결론일지도 모를 두 종교의 만남, 그 궁극적 일치를 논하고자 한다. 심층적 일치란 보이지 않는 차원의 일치를 말한다. 두 종교는 가시적 차원에서는 명백하게 다른 종교이다. 교리와 사상, 언어와 개념이 다르고 제도와 체제가 달리 형성되었으며, 역사와 문화가 달리 전개되어 왔다. 그러나 종교에는 가시적 차원만 있는 것이 아니라 불가시적 차원도 있으며, 이 후자야말로 실로 종교의 핵이라는 것이 모든 위대한 세계 종교들의 공통적 증언이다.[12]

종교다원주의적 시각에서 그는 "불교와 그리스도교는 동일한 실재를 달리 이야기하고 있다."[13]거나, 불교의 공(空)과 하느님의 사랑은 근원적인 차원에서 상통하는 깊이를 지닌, 동일한 실재라고 본다.[14] 그러면서 목적론적 혹은 종말론적 시각을 견지하며, 이들 간 일치는 인식론적 상대성이 극복되는 궁극적 초월의 세계에서 완성될 것이라고 본다. 물론 이때 목적론이나 종말론, 궁극성 같은 표현은 단순히 기독교적 교리나 세계관의 반영이 아니라, 인간의 인식적 한계와 상대성, 실존적 유한성에 대한 그의 진솔한 고백의 표현이다. 아무리 종교들이 일치한다고 해도, 그러한 일치의 인식과 주장에는 한계가 있을 수밖에 없기에, 진리 자체의 초월성을 놓을 수 없다는 것이다. 이렇게 인생의 궁극적 완성을 현실보다는 종말에서 찾는다는 점에서 그에게는 신학자적 자의식이 분명하게 드러난다.

물론 이러한 신학자적 의식이라는 것 역시 다양한 종교들을 포섭한 이후의 의식이다. 종교적 다양성을 있는 그대로 존중하고 소화한 결과인 것이지, 그 출발점이나 전제가 아니다. 결국 그는 스스로를 종교다원주의자로 천명하기에 이른다:

> 저는 종교다원주의자입니다. … 제가 종교다원주의자가 된 것은, 외람된 말이지만, 하느님 자신이 종교다원주의자라고 생각하기 때문입니다. 제가 믿는 하느님은 모든 종교를 초월하는 분이므로, 그런 하느님을 믿는 저는 종교다원주의자가 될 수밖에 없지요. 하느님은 다양한 방법으로 인간과 관계 맺는 존재이며, 다양한 방식으로 인간을 사랑하고 구원하는 존재라는 의미에서 그분을 '종교다원주의자'라 부르는 것입니다.[15]

그에게 종교다원주의는 하나의 방법론이 아니다. 불교를 통합하는 신학적, 종교학적 논리이자, 그의 실존적 고백이다. 불교학자, 종교학자이지만, 결국 자신이 속한 기독교적 종교 전통을 존중하며, 자신의 언어로 내린 그의 결론인 것이다.

4. 타나베 학문의 배경과 핵심

1) 일본적 상황

길희성과 달리 타나베에게 종교다원적 현상 자체나 인식론적 상대성 내지 다원성은 관심 밖이다. 도리어 인식론적 절대성을 담보함으로써 현상세계를 긍정하는 논리를 확보하고, 이를 통해 무질서한 외래 사상을 통일시키는 일본 철학을 이루고자 했다.

그가 그런 시각을 갖게 된 데에는, 정치사상가 마루야마 마사오(丸山眞男, 1914-1996)가 분석하는 대로, 일본의 특수한 상황이 놓여 있었다. 메이지유신기 일본은 "자신을 바깥, 즉 국제사회에 여는 동시에 국제사회'에 대해서 자신을 국가=통일국가로 선을 긋는"[16] 개국이라는 적지 않은 사회 변화를 겪었다. 개국의 상황 앞에서 일본과 외래를 구분하는 일본적 힘이나 제도가 필요했는데, 그것이 천황을 정점으로 하는 집권적 국가였다는 것이다. 그 결과 천황제를 중심으로 하는 질서와 급격히 밀려온 외래적 무질서가 대비를 이루게 되었고, 그것은 천황 중심의 질서 잡힌 전근대와 외래의 무질서한 근대가 공존하는 모양을 이루게 되었다. 이때 역설적이게도 일본적 전근대가 서양적 근대를 통합하는 현상으로 나타났다는 것이다.[17] 전근대가 근대의 외래 사상을 하위개념으로 포섭하는 이러한 일본 중심적 흐름에서 자유로울 수 없는 시대적 분위기가 계속되는 가운데 타나베도 학문을 했던 것이다. 일본이 동양문화를 통해 세계에 공헌해야 한다는 니시다의 주장이나, 국가의 통제와 개인의 자발성이 직접 결합, 통일되어 있는 대표적인 나라가 일본이라는 타나베의 강연 내용은 그런 분위기를 잘 대변해 준다.[18] 길희성이 종교적 일치의 논리 자체에 초점을 두었다면, 타나베에게서는 의식했든 의식하지 못했든, 제국주의적 혹은 민족주의적 시각이 어느 정도 반영되어 있다는 차이가 있다.

2) 니시다의 영향과 타나베의 독창성

어찌 되었든 타나베는 자신의 철학을 위해 칸트, 헤겔 등을 비판적으로 수용하고 니시다에게서 순수경험 및 절대무의 논리를 배워 나갔다. 타나베는 특히 스승 니시다에게 절대적인 영향을 받았다. 앞에서 본대로 니시다는 일본의 철학을 비로소 근대적인 학문이 되도록 한 장본인이자, 일본 근대철학의 선구자로 평가받는 인물이다. 니시다의 철학을 한마디로 규정하기는 힘들지만, 다소 오해를 무릎 쓰고 단순화해 말하면,『반야심경』의 "공즉시색"(空卽是色)의 논리를 근대 서양 학문의 언어로 확립해 보려고 했다고 해도 과언이 아니다. '공'을 절대무로 표현하면서, 이것과 현상세계의 관계를 상즉적(相卽的) 차원에서 구명하려는 것이었다고 해도 틀리지 않는다. 니시다는 이것을 "절대모순적 자기동일", "절대무의 자기 한정" 등의 독창적 표현을 통해, 절대무가 스스로를 한정해 역사화한다는 식으로 해석함으로써, 현상세계를 있는 그대로 긍정하는 논리를 전개해 왔다. 그리고 그 기초에는 사물을 있는 그대로[性] 보는[見] 경험, 즉 보는 주체와 보이는 객체가 분별되지 않는 '순수경험' 개념이 놓여 있다.

하지만 타나베는 한편에서 이런 니시다의 순수경험 내지 절대무의 자기 한정 개념에서 큰 영향을 받으면서도 그것만으로는 공이 색이 되는 논리가 불충분하다고 보았다. 그러면서 절대무, 즉 공(空)을 색(色)과 즉(卽)이 되게 해 주는 매개에 관심을 기울였다. 공이라는 보편이 색이라는 개체가 되는 데는 논리적으로 매개가 요청되며, 이 매개를 중시하지 않고서는 절대무가 자기를 한정해서 사물의 세계로 나타나는 과정을 충분히 설명할 수 없다는 것이었다.

그는 칸트의 반성적 판단력보다 더 근저에 '인식하려는 의지'(Wille zur Erkenntnis)를 설정하고서, 그 인식하려는 의지가 도덕적 실천을 통해 인간적 오성과 신적 직관을 연결하는 매개로 작용한다는 식으로 해설하기도 했다. 어떤 사물이 있는 그대로 긍정되되, 그 긍정이 긍정하는 주체 안에서 이루어지는 것이려면, 적어도 논리적으로 인간적 매개가 있지 않고서는 안 된다는 식이다.

큰 틀에서 보면 이 매개는 신란(親鸞, 1173-1262)의 정토사상이 "아미타불, 그 본원, 중생의 신심(信心)"이라는 세 가지가 중요한 요소로 요약된다고 할 때,[19] 구조적인 차원에서는 그 신심에 해당하는 것이라고도 할 수 있다. 신란의 정토불교에서 중생의 신심은 아미타불의 서원을 실현하게 해 주는 인간적인 것이되, 아미타불의 은총과 별개의 것도 아니기 때문이다. 인간적 매개라지만, 아미타불의 본원력과 구분되는 다른 실재가 아니다. 그것이 아미타불의 본원력에 애당초 흡수되어 있던 것인지, 신심이 발해지는 순간 완전 흡수되어지는 것인지는 좀 더 연구가 필요하지만, 신심이 아미타불의 본원을 구체화시켜 주는 매개인 것은 분명하다. 타나베는 신란의 사상에서 니시다가 보지 못했던 매개의 구조를 발견하고는, 이것을 점차 진리 체험의 타력적 차원에서 재해석하기 시작했고, 자신만의 독창적인 철학을 추구해 나갔다.

5. 불교를 포섭하는 길희성의 신학

1) 성령, 힘으로서의 신

신란의 사상은 길희성의 신학 안에도 중요한 부분을 차지한다. 가령 그는 이렇게 말한다: "신란의 정토사상을 대하는 나의 태도는 단순한 불교학적 혹은 종교학적 관심 이상이다. 특히 신란같이 철저한 타력 신앙을 내세움으로써 여러 면에서 놀라우리만큼 그리스도교 신앙에 근접하고 있는 경우, 단순한 학문적인 비교 연구의 차원을 넘어서서 진리의 문제가 피할 수 없이 제기된다".[20] 기독교가 불교와 진리의 차원에서 만날 수 있다는 가능성을 신란에게서 보았다는 뜻이다. 이것은 다음 고백에서도 좀 더 일반화된 표현으로 드러난다: "평생 종교를 공부하다 보니 종교 간에 비슷한 점이 아주 많다는 것을 발견합니다. 결국 같은 것을 달리 이야기했으리라는 잠정적 결론을 내리는 거지요."[21] 그 '비슷한 점'의 신학적 근거를 그는 다음과 같은 신론으로 설명한다. 이하의 신론은 그의 사상을 풀어 가는 열쇠이자 결론이며, 그의 학문적 추동력의 근거이다. 신앙고백 하듯 일필휘지로 써내려 간 듯한 글은 그가 평생 추구했던 학문의 이유이자 종합처럼 느껴진다.

하나님은 세계와 인간에 작용하고 있는 어떤 거대한 힘, 무한한 에너지 혹은 생명의 영(Spirit)으로서, 동양의 기(氣) 개념에 더 가까운 실재라고 나는 믿는다. 이 에너지 혹은 생명의 영은 신의 속성이나 소유가 아니라, 신 자체이다. 신은 영을 소유한 주체나 실체라기보다는 영 그 자체가 신이라는 말이다. 물질계와 생명계와 정신계는 이 무한한 에너지의 다층적 변현(transformative manifestation)으로서, 신은 모든 유한한 사물과 생명체들의 존재와 생명의 근원이다. 신에게는 또한 지혜의 성격도 있어서 우주의 질서와 아름다움으로 표출된다. 다시 말해서 신은 만물의 기(氣)뿐 아니라, 이(理)이기도 하다. 신은 이가 내재된 기 혹은 이를 내포하고 있는 기라고 할 수 있다.[22]

이후로도 계속되는 그의 선언적 신론은 처음부터 이 이야기를 하고 싶어 했다 할 만큼 고백적이기도 하다. 이러한 그의 신론은 불교를 위시한 여러 종교 사상을 포섭하는 신학적 근거이며, 동시에 여러 종교를 소화했기에 내릴 수 있었던 결론이기도 하다.

> 이 무한한 힘은 우주 만물을 산출하는 궁극적 원천으로서, 만물 위에 군림하는 초월적 하나님이 아니라, 만물을 품고 있는 우주의 모태(womb, matrix) 같은 어머니 신이며, 만물은 신의 자식과도 같다. 힌두교에서는 그것을 브라흐만(Brahman)이라 부르며, 도가 사상에서 도(道) 혹은 무(無)와도 같은 실재이다. 신은 우주 만물의 알파와 오메가이다. "만물이 그에게서 나오고 그로 말미암아 있고 그를 위하여 있다"(로마서 11,36).[23]

이때 위 인용문뿐만 아니라 길희성이 신을 설명할 때 가장 많이 사용하는 수식어는 '힘'이라는 표현이다. 그는 때로는 의식하고서 때로는 무의식 중에 "신은 힘"이라는 표현을 자주 사용한다. '힘'은 신이라는 주어에 대한 가장 빈도수가 높은 보어이다. 가령 위 인용문에서만 하더라도, "신은 세계와 인간에 작용하고 있는 어떤 거대한 힘"으로서, "만물에 질서와 조화를 부여하는 원리 혹은 정보가 이 근원적 힘에 내장되어 있다."거나, 계속 이어 "존재와 생명의 무한한 힘인 신", "우주와 역사의 전개 과정을 일정한 방향으로 추동하는 내재적 힘", "우주 만물의 궁극적 힘", "다양한 사물에 질서와 조화를 부여하며 사물들이 차이에도 불구하고 유기적 통일체를 형성하게끔 하는 통일적 힘", "물질, 생명, 정신을 관통하는 일원적(monistic) 힘", "어느 하나만으로 규정될 수 없는 포괄적 힘", "정신적 존재인 인간을 산출한 우주의 진화 과정을 추동하는 궁극적 힘" 등의 표현을 유감없이 사용한다.

이것은 다른 글에서도 마찬가지인데, 그가 '힘'이라는 수식어를 자주 다는 이유는, 그 자신이 명시하고 있지는 않지만, 분명해 보인다. 즉, 신을 인간적 체험의 영역 '안'에 두기 위해서이고, 신의 인격성 - 물론 비인격성에 대립하는 상대적인 인격성이 아니라 상대성을 넘어서는 절대적 인격성이다 - 을 살리기 위해서이며, 생동하는 세계와의 관계를 설명하기 위해서이다. 힘이라는 표현 자체가 신학적이거나 신앙적이기보다는 객관적이고 인간적이라는 것도 이유일 것이다.

동시에 '힘'은 기독교 삼위일체론에서 성령의 속성과 같다는 점에서, 길희성은 신을 성령 중심적으로 이해하고 또 적극 해설하고 있음을 의미한다. 실제로 길희성의 신관은 "삼위일체 신관과 달리 생명의 영으로 재해석된 성령 하나만으로 신과 세계를 파악하는 일종의 일원론적 형이상학"으로서, 그는 스스로 이것을 "성령 중심의 새로운 유니테리언(unitarian) 신관이라고도 부를 수 있다."고 말한다. 그러면서 "하나님과 예수 그리스도의 특별한 관계도, 그리고 그리스도인들의 영적 삶도 성령 하나로 충분히 설득력 있게 설명된다고 믿는다."[24]고 입장을 정리한다.

2) 인식의 상대성과 궁극적 구원

이미 '힘으로서의 신' 속에 충분히 드러난 것이기도 하지만, 길희성이 보건대, "신과 세계는 별개의 실재가 아니다. 신은 존재하는 모든 것에서 항시 만날 수 있으며, 모든 것은 신적 생명에 참여하는 신의 자식 혹은 무한한 힘의 유한한 형태나 양태이다". 이들은 "궁극적으로 신의 성격 자체를 반영"하며, "따라서 모든 존재는 성스럽다".[25] 이런 맥락에서 세계의 다양한 종교들이 하느님의 매개체가 되는 것은 당연하다.

> 세계의 다양한 종교들은 모두 시간과 영원, 상대와 절대, 유한과 무한, 인간과 하느님을 매개해 주는 미디어, 즉 매개체입니다. 예수 그리스도를 비롯한 세계의 성인과 성자는 모두 인간으로 하여금 하느님께로 나아가도록 인도해 주는 안내자, 매개자, 혹은 그리스도교 용어로 중보자입니다. … 저는 세계의 성인 · 성자뿐만 아니라 모든 인간이 하느님의 계시자라고 봅니다. 모든 인간은 하느님의 형상으로 지음 받은 존재이기에, 그 안에 신성을 갖고 있다고 저는 믿습니다.[26]

위 문장 중 세계의 다양한 종교들이 인간과 하느님을 매개해 주는 매개체라는 말은 종교들의 상통성 내지 그 자체의 성성(聖性)을 의미하면서, 동시에 하느님에 대한 인식의 다양성 내지 상대성을 함축하는 말이기도 하다. 특히 후자는 어느 특정한 인식의 절대성에 대한 부정을 뜻한다. 그가 보건대 "신혹은 실재 그 자체를 접하는 순수한 경험은 지상의 인간에게는 결코 주어지지 않으며, 인간은 언제나 특정한 문화적 틀을 통해서 실재를 접하기 마련"이다. 당연히 "모든 종교는 역사적 상대성을 띨 수밖에 없다". 상대성을 띤다지만, 그 상대적 경험은 모두 궁극적 실재로서의 신을 향한 것이며, 그 힘의 반영이기도 하다:

> 이 (궁극적) 실재가 무엇인지는 어느 종교도 독점적으로 말할 수 없습니다.

다만 불교와 그리스도교가 있고, 각기 자기 방식으로 궁극적 실재를 경험하고 이해해 왔다는 거지요.[27]

이것은 종교철학자 존 힉(John Hick)의 종교다원주의적 입장이기도 한데,[28] 길희성은 기본적으로 힉에 동의하면서, 불교와 기독교가 동일한 실재를 달리 이야기하고 있으며, 그만큼 현실에서 사물을 인식하는 시각에도 다양성이 있을 수밖에 없다고 본다. 그럼에도 그 다양한 인식이 지향하는 바는 궁극적으로 일치할 수밖에 없다는 것이다. 이때의 궁극적 일치란 종교의 현실적 통합과 같은 것을 의미하지 않는다. 신은 상대적 선을 넘어서는 절대선, 개체 생명을 넘어서는 절대 생명의 세계이기에, 그 세계에서는 결국 모든 유한한 것들이 이 절대적 실재와 하나가 될 것이며, 당연히 현상적 종교 간 차이도 무의미해지리라는 기독교적 구원론 내지 종말론적 입장을 반영해 주는 표현이다.[29]

3) 불교와 기독교의 차이와 일치

물론 현상적으로 보건대, 불교와 기독교 사이에는 차이가 있다. 길희성은 이렇게 정리한다.

불교는 유이면서 무이며 무이면서 유인 사물의 연기적 진리에 초점을 맞추는 데 비하여, 그리스도교는 사물이 무임에도 불구하고 무이게끔 하는 존재의 궁극적 기반을 묻습니다. 하나는 사물의 수평적 관계의 파악으로 만족하는 반면, 다른 하나는 존재의 수직적 혹은 심층적 관계를 물어야 한다고 생각합니다. 불교적 관점에서는 절대유에 대한 관심이 유에 대한 또 하나의 변형된 집착이며 유와 무를 아직도 대립적 관계로 파악하는 데서 기인한다고 볼 것입니다. 그리스도교 관점에서는, 불교의 연기론적 공관이 사물의 존재의 신비에 대한 불충분한 해명이라고 볼 것입니다.[30]

어쩌면 이러한 차이는 인식적 상대성과 제한성에 처한 인간적 현실 안에서 당연한 것일지도 모른다. 그럼에도 양 종교가 궁극적으로 지향하는 세계에서마저 차이가 있다고 보기는 힘들다는 것이 길희성의 입장이다. 그는 계속 이어 말한다: "하지만 둘 다 절대적 실재를 유도 아니고 무도 아닌, 그래서 유이면서 무이고 무이면서 유로 보는 데서는 일치합니다. 둘 다 덧없는 사물에 대해 부정과 긍정을 아우르는 초월적 시각과 자유를 준다는 데서도 일치합니다". 이것은 신을 '힘'으로 파악하고 성령 중심적으로 이해한 그의 입장을 잘 나타내 준다. 적어도 불교와 기독교는 세속 그 이상을 볼 줄 아는 안목과 자유를 제공하고 그 초월과 자유의 실현을 목표로 한다는, 구원론의 차원에서 일치한다는 것이다.

그럼에도 이러한 주장 역시 그가 기독교적 언어를 통해서 불교를 실존적으로 이해한 결과이다. 현실의 모든 이에게 동일하게 요구하기는 힘든 일인 것이다. 앞에서 말한 대로 인식에는 어느 정도 다양성이나 상대성이 있기 때문이다. 그러기에 그는 이러한 궁극적 일치란 일종의 '가설'(hypothesis)일 수밖에 없음도 인정한다. 그러한 가설이 요청되는 이유는 그래야만 세계의 종교 전통들의 수천 년간의 가르침이 긍정될 수 있기 때문이다.

특히 인류의 위대한 종교 전통들이 지닌 대등한 도덕적·영적 힘은 그러한 가설 없이 설명할 길이 없다는 것이다. 그뿐만 아니라, 위대한 종교 전통들은 모두 궁극적 실재를 '하나'로 간주한다. 모든 종교들이 일원론 내지 유일신론적인 입장을 취한다는 사실을 감안할 때, 종교들이 비록 하나의 실재에 대하여 상이한 이름(道, 브라흐만, 太極, 하느님, 法身)과 관념들을 가지고 있다 하여도 결국 그 모든 이름들의 차이가 유한한 인간들이 동일한 실재를 달리 보는 데서 기인한다는 가설은 그 반대의 가설, 즉 그것들이 여타 다른 실재들을 가리키고 있으리라는 가설보다 더 설득력이 있다.[31]

특히 길희성으로 하여금 동서양 사상의 궁극적 일치를 말하게 해 주는 적극적인 사례는 중세 독일의 그리스도교 신비 사상가 에크하르트(Eckhart)이다. 그는 중세 한국 · 일본 · 독일의 사상가, 즉 지눌, 신란, 그리고 최후에 에크하르트에 관한 단행본을 각각 내면서, 에크하르트 사상과 관련한 소감을 이렇게 이야기한다.

> 동서양 사상의 대화, 그 가운데서도 불교와 그리스도교라는 두 위대한 종교 전통의 창조적 만남에 특별한 관심을 가지고 있던 나에게, 에크하르트와의 만남은 실로 하느님의 "계시"라고 느껴질 정도로 감격적 경험이었다. 에크하르트의 그리스도교 영성에서 나는 참된 인간성의 실현을 근본으로 삼고 있는 동양 사상과의 완벽한 일치를 발견했기 때문이다.[32]

평생 동 · 서양 사상들의 관계를 일치 차원에서 모색해 오던 그에게 에크하르트의 기독교 영성은 동양 사상과 완벽하게 일치하는 것이었다. 비록 에크하르트의 사상이 기독교 사상사에서 주류는 아니었지만, 충분히 정수는 될 수 있다는 것이 그의 입장이었다. 그런 점에서 그에게 이러한 발견은 일종의 계시의 경험이었다는 고백이 나오게 되는 것이다.

그럼에도 스스로를 종교다원주의자로 규정한 그는 세상의 어떤 종교 안에도 독점되지 않는 진리의 궁극성이나 초월성을 늘 의식하면서, 당연히 자신의 신론 내지 신학이 최종적인 입장이 되리라고 생각하지는 않는다며 학문적 겸손함과 솔직함, 그리고 개방성을 견지한다. 어떤 주장의 논리적 완결성을 꿈꾸면서도, 그보다는 현실에서의 인식론적 한계를 더 잘 알고 있었던 것이다.

6. 서양사상을 포섭하는 타나베의 철학

1) 절대매개와 종의 논리

길희성은 비교적 종교 현상 자체에 초점을 두고서, 불교와 기독교의 궁극적 일치의 가능성을 두고두고 탐구했다. 여기에 가령 국적이나 민족은 문제되지 않았다. 그가 한국인이라고 해서 특별히 한국인을 위한 학문을 했던 것도 아니다. 한국 기독교의 비합리적 배타성으로 비롯된 종교 간 갈등 상황에 안타까움을 내내 가졌지만, 그가 기본적으로 확인해 보고 싶었던 것은 불교와 기독교의 궁극적 일치 내지 기독교적, 더 나아가 인간학적 보편성 같은 것이다.

이에 비해 타나베는 일본이라는 현장에 좀 더 관심을 두고 일본을 통일적으로 설명할 수 있는 논리를 천착했다. 앞에서 본 타나베의 매개론은 "종의 논리"로 좀 더 구체화되었는데, 여기에도 전쟁 중 다양한 이념들 간 충돌을 경험했던 일본적 상황이 놓여 있었다.

나는 소화 9년부터 15년에 이르기까지 스스로 '종(種)의 논리'라고 부른 변증법의 논리를 연구했는데, 이를 가지고 국가 사회의 구체적 구조를 논리적으로 규명하려는 의도에서였다. 그 동기는 당시 대두되던 민족주의를 철학의 문제로 다루면서 종래 우리를 지배해 온 자유주의 사상을 비판하는 동시에, 단순한 민족주의에 입각한 이른바 전체주의를 부정하고, 전자의 주체인 개인과 후자의 기체(基體)가 되는 민족을 상호 부정적으로 매개시켜, 기체가 곧 주체이고 주체가 곧 기체인 절대매개의 입장에서, 현실과 이상의 실천적 통일로서의 국가의 이성적 근거를 발견하기 위해서였던 것이다.[33]

개인과 집단, 개인주의와 전체주의를 상호 부정적으로 매개시키는 변증법을 통해 "현실과 이상의 실천적 통일로서의 국가"의 이성적 근거, 즉 일본이 현실과 이상의 실천적 통일체라는 사실을 밝혀 보고자 했다는 것이다. 이것은 그의 다음과 같은 말에서도 드러난다: "우리가 태어난 이 일본이라는 국가를 생각해 보면 … 국가의 통제와 개인의 자발성이 직접 결합·통일되어 있다. 이것이 내가 자랑해야 할 국가의 특색이다."[34]

이때 이기적 개인주의와 민족적 전체주의가 창조적으로 합일되어 진정한 통일체, 즉 개인이 전체 앞에서 자기 무화하고 전체가 개인 앞에서 자기 무화하되, 그 자기 무화 속에서 개인과 전체가 창조적으로 만난 통일체(국가)가 되려면, 그 사이에 서로를 부정시키면서 통일시키는 '매개'가 필요하다는 것이다. 그 매개를 타나베는 사회[種]로 설정했다. 이때 사회는 "종족적 공동체에서 발전한 현존하는 민족 공동체"로서, 개인과 국가 사이의 매개이다. 물론 그 사회 역시 "두 가지 대립된 세력 내지 계기를 각자 자기 자신 안에 대표적으로 짊어지고 있는" 인간으로 구성된다. 그런 점에서 인간은 사회적, 타나베의 표현에 따르건대 종적(種的) 존재이다. 이 종적 인간이 일본인 하나하나와 민족 전체를 상호 부정적으로 매개시켜, 다시 말해 개인적 주체(主體)와 민족이라는 기체(基體)를 상즉적으로 매개시켜 일본이라는 국가 전체의 구조를 공고하게 해 준다는 것이다.

타나베를 이를 위해 종종 헤겔의 변증법을 비판적으로 이용하곤 했다. 객관적 정신으로 현현한다는 헤겔식의 절대정신을 주관적 정신으로도 현현시키되, 객관적 정신과 주관적 정신 사이에 '개인의 자각'이라는 매개를 두어야 한다는 것이다. 즉, 사회적 존재인 개인의 자각이 개인주의와 전체주의를 상호 부정적으로 매개시켜 국가라는 통일을 이룬다는 논리인 것이다. 절대무와 역사, 영원과 시간이 만나기 위한 논리를 추구하되, 절대무이기만 하면 역사를 포함할 수 없기에, 절대무가 스스로를 한정해 역사의 세계로 나타나는 데에는 사회성을 지닌 개인의 자각이 필요하다는 것이 그의 기본 입장이었던 것이다.

타케우치가 해석하고 있듯이, 이것은 "절대가 개인의 자각과 함께, 현실 세계의 사회 존재에 응현(應現)한다고 하는 사상"이라고도 할 수 있다. "불교에서 절대자(佛)의 현현인 보살이 현실의 여러 중생계에 그 기근(機根)에 맞게 나타난다고 하는 것처럼, 절대가 종(種)이라는 사회적 현실 속에 응현한다고 하는 사고방식"이라는 것이다.[35] 타나베는 이러한 국가를 "보살국가"라고 불렀으며, 일본을 현실과 이상의 실천적 통일체로서 보려는 입장을 견지했다.

2) 참회도 철학과 그 타력적 측면

예상되는 이야기이지만, 그 매개가 보편과 개체 사이에 독자적 실체를 지니며 부유하는 제3의 것이 되지 않으려면, 그 매개조차도 그 전체로부터 오는 것이어야 한다. 타나베의 종의 논리가 결국 보편적 전체를 생생하게 살리기 위한 것이라면, 매개, 즉 그 종 역시 보편(類)에서 오는 것이어야 한다는 것이다. 이렇게 절대무의 자각조차도 바로 절대무에서 오는 것이라는 사실을 타나베는 자신의 특별한 체험에서 확인하게 된다. 이차대전 말기 철학자로 살던 타나베는 전쟁과 관련하여 아무런 답도 내놓지 못한 채 철학의 의미를 고뇌하며 되묻다가 의미 있는 체험을 하게 된다.

> 고뇌의 한복판에서 나는 나의 무능력에 대해 겸손하게 내 스스로를 내어주고 굴복하게 되었다. 나에게 갑자기 새로운 통찰이 생겨났다. … 그 상황에서 내가 해야 할 유일한 일은 나약함 앞에서 내 자신을 정직하게 포기하고 내 자신의 내적 자아를 겸손하게 검토하고, 나의 무력함과 부자유의 깊이를 탐구하는 일이었다.[36]

그것을 참회(懺悔)라고 표현한다. 자신의 무력감 통감인데, 역설적이게도 자신의 무능력에 대한 자각조차 자신이 만들어낸 것이 아니었다는 사실을 깨달으면서 그의 철학은 새로운 방향으로 나아가게 된다.

> 참회란 내 죄를 속죄하지 못하는 앎의 고통을 수반하는 가운데 내가 행한 잘못들을 회개(메타노에시스)하는 것을 뜻한다. 그것은 또한 나를 절망과 자기굴복으로 몰아간 무력함과 무능력에 대한 부끄러움을 나타낸다. 자기부정의 행위를 불러일으키는 만큼 그것은 하나의 역설을 가리킨다. 그것은 내 자신의 행위임에도 불구하고 내 자신의 행위일 수 없다는 것이다. 그것은 내 자신의 밖에 있는 힘에 의해 자극된 것이다. 이 타력은 내 안에 회개를 불러일으키고, 그 회개는 지금까지 나도 알지 못하던 길을 따라 새로운 방향으로 나를 이끌어 간다. 따라서 참회는 나에게 참회 안에서, 그리고 참회를 통해서 철학의 새로운 진보를 이루도록 작용하는 타력의 체험을 나타내 준다.[37]

그는 이제 더 이상 "내가 철학을 추구하는 것이 아니라 참회가 나를 통해 사유한다"고 말한다. 자신을 포기하게 한 그 힘의 체험이 자신의 주체로서 작용하고 사유한다는 것이다. 이러한 방식은 그가 이전에 하던 방식과는 다른 의미의 철학, 그의 표현대로 하면 관상과 사변[노에시스]을 넘어서는[메타], "철학 아닌 철학"이었다.[38] 이것은 그 자신의 힘[自力]으로 이루어진 일이 아니었다. 그 자신의 힘이라는 것은 절망 속에서 포기되었으니, "타력(他力)으로 이루어진 철학"일 수밖에 없었다. 그는 말한다: "타력은 참회를 통해 나를 완전히 새로운 방향으로 전환시켰고, 내 무능력을 깨달음으로써 새롭게 출발할 수 있게 도와주었다."[39] '나'를 살리는 것이 내 힘이 아닌 '네 힘'(타력)이라는 것이다.

이때 내 밖의 힘이 나를 참회로 몰아가려면, 그 내 밖의 힘이 자기를 부정해 내 안으로 들어오는 사건이 논리적으로 선행되어야 한다. 논리적으로 너의 자기부정이 나를 나되게 해 준다는 것이다.

> 나와 너라고 하는 것은 내 쪽에서 자기부정을 하는 것이 아니라 네 쪽에서 자기를 부정하는 것이다. 그 네 자기부정에 의해 자기 자신이 자기부정을 완수하게 된다고 하는, 네 죽음에 의해 자기 자신이 현재 태어나게 된다고 하는 식으로, 인간들 사이의 '나'와 '너'의 진정한 관계가 포착되는 것이다.[40]

내가 아니라 네가 나를 나되게 해 주는 데 주체성, 주도성을 둔다. 네가 내 속에서 나와 하나되는 방식으로 나를 살리는 것이다. 이렇게 나와 너의 커뮤니케이션이 곧 커뮤니온(communion)이 된다. 네 죽음을 통해 내가 사는 것이다. 물론 나도 너에게는 '너'일 수밖에 없는 까닭에, 나 역시 죽음으로써 너를 살리는 삶을 살아야 하는 것은 당연하다. 그런 점에서 내 '죽음'이 내

'삶'인 것이다.[41] 그렇다면 그런 의미의 내 삶에 있어서 내 역할을 포기할 수도 없다. 그래서 타나베는 나를 나 되게 해주는 '나'의 역할을 놓지 않는다. 네 자기부정이 전제되되, 결국 내 행위 속에서 그 자기부정이 이루어지는 것이기 때문이다:

> 신의 쪽이, 혹은 절대자 쪽이 자기부정적으로 인간에 나타난다고 하는 것도 그 자기부정의 근본이 되는 것은 역시 내가 행하는 행위이다. 그것이 중심이 된다.[42]

절대자의 자기부정의 근본이 되는 것 역시 내 행위라고 할 때, 그 '나'는 절대자의 자기부정적 행위와 이분법적이지 않다. 그 '나'가 없다면, 절대자의 자기부정 자체가 불가능하다는 점에서 '나'는 자기부정적 행위의 절대매개가 된다. 이렇게 타나베는 내 행위를 살리면서, 자각·참회·절대무의 자기 한정이 '값싼 은총'에 떨어지지 않고, 인간의 책임 '안'에서 이루어지는 것이라는 논리를 끝까지 견지하려고 했다. 그는 기독교 사도신경의 일부인 '코뮤니오 상토룸'(성인의 통공/성도의 교제, communio sanctorum)이라는 이념도 이런 식으로 이해하면서, 절대무가 나의 실천적 매개를 통해 나와 하나 되며, 즉 내 무성(無性)이 확보되며, 니시다의 "절대모순적 자기동일"도 그럴 때 가능하다는 입장을 견지했다.

7. 타나베와 길희성의 만남

1) 매개론에서의 만남

타나베는 절대무와의 관계성 속에서 매개의 논리를 강조하면서 개인 차원에서는 매개를 도덕적 실천이나 의지 등으로 푼다. 그렇게 하려는 실천적 의지가 일종의 매개가 되는 것이다. 그런데 그것이 절대무의 매개가 될 수 있으려면, 그 매개조차도 절대무에서 오는 것일 수밖에 없다. '온다'는 표현을 썼지만, 그것은 공간적인 의미라기보다는, 논리적인 문제이다. 매개 역시 애당초 절대무라는 장소 안에 있었기에 절대무가 매개에 논리적으로 선행하는 것일 수밖에 없다는 뜻이다. 그럴 때 그 매개가 절대무와 하나된 매개, 즉 절대매개가 되는 것이다.

이러한 문제의식은 사실 불교 철학은 물론 신학의 근본에 해당하는 것이기도 하다. 나의 실천적 선택이 어떻게 해서 깨달음으로 들어가며, 어떻게 해서 신을 만나는 계기가 되는가. 길희성 신학의 근간이 되기도 하는 이 부분은, 한마디로 그것이 가능하려면 내 선택마저 그렇게 되도록 되어 있는 존재론적 바탕 위에서 이루어지는 것이라는 입장을 보여준다.

'나'라는 존재를 분석하고 해체하는 자는 누구이고, 나라는 것이 단지 오온의 다발뿐이라고 자각하는 자는 또 누구입니까? … '나'라는 과정적 존재를 거리를 두고 지켜보면서 그것이 결코 나가 아니라고 거부하고 초월하려는 자는 도대체 누구란 말입니까? … 무상하고 괴로운 오온의 흐름을 정화하려 애쓰는 자는 누구이며, 도대체 왜 우리에게는 그런 마음이 생기는 것일까요? … 저는 그것이 오온과는 다른 인간 존재의 또 하나의 측면이라고 믿습니다.

인간 안에 있는 어떤 신적(divine) 요소라고 생각하는 거지요. … 대승불교, 선 불교에서는 그것을 여래장, 불성, 즉 우리 중생의 마음속 깊이 있는 여래 혹 은 부처님의 마음, 부처님의 심성이며 모든 중생이 갖추고 있는 본래적 깨달 음의 참다운 성품(本覺眞性)이라고 부릅니다.[43]

어떻게 의지적 실천이 절대무의 자각을 이루어 주는가. 그것이 가능하려 면 그렇게 하려는 실천의 주체 역시 그 절대무로부터 이미 와 있고 또 오는 것이라고 볼 수밖에 없게 된다. 나의 개별적 자아(아트만)가 우주적 진리(브 라흐만) 자체이기에, 범아일여(梵我一如)라는 진리가 내 안에서 비로소 확증될 수 있다는 것이다. "은총의 하느님에 대한 자각과 신뢰"도 은총이며, "생사 와 열반, 번뇌와 보리, 부처와 중생이 둘이 아님을 아는 지혜" 역시 열반과 보리와 부처의 행위인 것이다. 그렇기에 인간적 행위인 듯한 그 "자각과 신 뢰", "아는 지혜"야말로 절대로부터 와서 절대무와 통일시켜 주는 절대매개 인 것이다. 이런 식의 이해는 불교와 기독교를 상호 이해하게 해 줄 뿐만 아 니라, 창조적으로 만나게 해 주는 근거가 된다.

길희성의 신학이 잘 담겨 있는 『보살예수』 역시 이러한 이해를 바탕으로 강연되고 쓰여진 책이라고 할 수 있다. 매개는 특정 개인이나 전통 안에서 만이 아니라, 전통과 전통 사이에서도 적용된다. 한 전통의 언어나 개념은 그 전통을 보여줄 뿐만 아니라, 사실상 그 전통을 넘어 우주를 보여주고자 한다는 점에서 그렇다. 기독교의 언어는 사실상 기독교의 언어이기 이전에 인간의 언어이자 우주의 언어이다. 이것은 불교 언어도 마찬가지이다. 그 사례로 길희성은 특별히 보살 개념에 주목한다. 보살의 이념이 예수에게서 구체적으로 드러났으며, 그런 점에서 보살은 예수를 아시아적으로 토착시 켜 주는 아시아적 매개이자, 예수는 보살을 유대-기독교적으로 이해하게 해 주는 유대적 매개가 된다는 것이다.

　저는 예수님이 불교 문화권에서 탄생했다면 틀림없이 자비로운 보살의
모습으로 나타나셨으리라 상상해 봅니다. 그래서 사람들은 그에게서 중생
의 고통에 참여하는 보살의 전형적인 모습을 보았을 것이고, 그를 통해서 보
살상은 더 심화되었을 것이라고 생각합니다. 반대로 만약 보살이 2,000년 전
척박한 유대 땅에 출현했다면, 필경 예수님의 모습으로 출현했을 것이며, 그
를 통해서 이스라엘이 고대하던 메시아상이 도전받고 심화되었을 것이라 믿
습니다.[44]

　즉, 불교 문화권에서의 보살이 예수를 가장 예수답게 이해하게 해 주는
불교적 매개가 되며, 기독교 문화권에서의 예수는 보살을 가장 보살답게 이
해하게 해 주는 기독교적 매개가 될 수 있다는 것이다. 이때의 보살은 특정
역사적 인물이나 형상보다는 대승불교의 이상적 이념을 주로 가리킨다. 대
승불교에서 이상으로 생각하는 보살의 이념이 기독교에서는 예수라는 인
물로 육화한 것으로 볼 수 있다는 것이다.[45] 이를 통해 기독교에서는 예수라
는 매개를 통해서, 불교에서는 보살이라는 매개를 통해서 양 종교의 궁극적
일치의 가능성을 볼 수 있다는 것이다. 이 매개는 기독교 안에서 불교를 충
실히 보고, 불교 안에서 기독교를 제대로 보게 해 준다는 점에서 상즉적(相
卽的)이다. 타나베가 절대매개라고 한 것과 사실상 구조적으로 다르지 않다.
절대무가 스스로를 한정해 현상세계로 드러나도록 해 주는 것이 절대매개
라고 한다면, 길희성의 보살예수론은 이 매개론의 논리에 구체적으로 부합
하는 아시아적 실증인 것이다.

2) 타력관에서의 만남

타나베와 길희성은 타력의 개념에서도 만난다. 타나베 철학의 고유성에 타력의 체험이 깊게 들어 있는 것은 길희성의 입장과 상통한다. 길희성에게 인간 안에서 이미 그 인간을 완성시켜 주고 있는, 혹은 그 인간을 성립시켜 주는 신성 내지 절대무가 적어도 논리적인 차원에서는 인간적인 체험에 선행하는 것일 수밖에 없다. 그런 의미에서 인간의 체험은 그 '너'에 의해 주어지는 것이다.

> 우리가 진리 앞에 겸손할 때 종교에서 자력이란 없다고 저는 생각합니다. 우리는 어디까지나 진리의 힘에 의해 구원받는 것이지, 나 자신의 힘에 의해 구원받는 것이 아니기 때문입니다.[46]

> 자아로써 무아를 얻으려는 것 자체가 모순이지요. 깨달음이란 아무리 노력한다 해도 결국은 주어지는 것이지 나의 성취는 아니지요. … 그리스도교의 용어로 말하면, 일종의 선물이고 '은총'이지요.[47]

길희성은 이렇게 타력에 대해 말하고자 한다. 물론 이때의 타력은 자력의 단순한 상대(相對) 개념이 아니다. 그것은 자력이라고 할 때 그 '자'의 본성, 즉 무성(無性) 안에서 나오는 것이기에, 자타의 이분법을 넘어서는, 그런 의미의 절대(絕對)의 체험이다. 내 안에서 이루어진 것이되, 내 창작이 아니라 나에게 주어진 것이라는 점에서 타력적이다. 이것은 타력이 참회의 모습으로 나타났다고 하는 타나베의 시각과 근본적으로 다르지 않다. 타나베에게 타력은 자신의 무력감을 꿰뚫고 나온 것이면서, 결국 자신을 다시 살려 주는 것이었다.

> 나는 내 전 존재를 타력에 맡기고, 참회를 실천하고 타력에 대한 신앙을
> 유지함으로써 나는 내 자신의 회개-부활 체험의 진리를 확인한다. 이런 식으
> 로 내 참회의 행위-신앙-증언(行-信-證)은 새롭게 태어난 내 실존의 철학이 된
> 다. 이것이 내가 '메타-노에틱', 타력의 철학이라고 부르는 것이다. 나는 철학
> 에 대해 죽고 참회에 의해 부활했다.[48]

이런 종교적 동기와 배경 속에서 그의 대표작 『참회도로서의 철학(懺悔道
としての哲學』(1946)도 탄생하게 된 것이다.[49] 타나베의 사상을 크게 세 단계로
구분한다면, 이때가 타나베 사상의 제3단계의 시작에 해당한다고 타케우치
(武內義範)는 규정한다.[50] 타나베 안에서 무르익어 나온 사상이라는 뜻이다.

3) 절대무와 사랑

일본 타력 신앙의 확립자인 신란의 사유구조는 물론 그리스도교와도 통
하는 체험 이후 자신만의 사유 체계를 확립시켜 가던 타나베는, 만년의 작
품 『그리스도교의 변증』(1948)에 이르면 그리스도교의 신을 절대무로 해석
하면서 그리스도교와의 만남을 모색하기도 했다. 신의 본질이야말로 절대
무라는 것이다.

> 대저 변증법의 근저는 절대무이다. 무는 직접 일하지 않는다. 반드시 유를
> 부정매개로 해서 일한다. 신을 절대로 하고, 그 절대성이 성립하는 근거를
> 절대무로 규정한다면, 신이 신되는 본질은 절대무에 있다. 그 이상 혹은 그

이외의 규정은 절대무의 상징 혹은 매개로 풀 도리 외에는 없다는 것이 종교의 논리적 이해라고 할 수밖에 없을 것이다.[51]

신은 절대무이며, 무매개적으로 매개하는 절대무로 신이 인간이 되는 방식을 설명할 수 있다는 것이다. 그것은 신의 자기부정이며, 무의 자기 내어 줌이다. 그리고 자기 내어 줌이 사랑이다. 길희성이 "공과 사랑의 하느님은 궁극적으로 동일한 실재를 가리킨다."고 말하는 것도 같은 맥락이다.[52] 타나베에 의하면 "신은 의지의 유아적(有我的) 주체가 아니라, 사랑의 무아적(無我的) 주체이다".[53] 무를 주체로 하지 않고서는 신이 유가 되는 논리를 설명할 수 없다는 것이다. 타나베의 언어를 따르건대, 절대무를 본질로 하는 신이야말로 절대유이다. 그 절대유야말로 사랑이며, 절대무의 존재 방식은 사랑의 논리를 따른다. 이에 타나베는 절대무의 논리를 사랑의 논리로 규정한다:

> 변증법은 무의 논리이지만, 무가 곧 사랑(無即愛)인 이상 필연적으로 그것은 사랑의 논리여야 한다. 이와 함께 사랑은 그 자기희생적 공화·무화의 구조상, 오로지 실존변증법에서만 증명되고 자각되는 것이다. 그것을 영성의 논리라고 해도 좋다.[54]

위 인용문에서 말하는 사랑의 논리는 길희성이 불교와 그리스도교를 포섭하는 논리와 일치한다. 가령 길희성은 가톨릭 신학자 발터 카스퍼의 입을 빌려, 예수에게 나타난 사랑의 원리("밀알 하나가 땅에 떨어져 죽지 않으면 한 알 그대로 있고, 죽으면 열매를 많이 맺는다", 요한 12,24)를 "사랑의 존재론적 의의" 내지 "존재의 사랑적 구조와 원리" 차원에서 이렇게 해설한다.

사랑은 단순히 인간의 감정이나 도덕적 성품이 아니라, 모든 존재의 근본적 존재 원리라는 것입니다. 어떤 개체이든 자기 폐쇄적으로 존재할 수 있는 것은 하나도 없으며, 항시 타자와의 관계성과 개방성에서만 존재할 수 있기 때문입니다. 'A'라는 개체가 존재하기 위해서는 B, C, D 등의 타자를 필요로 하며, B, C, D 등도 'A' 없이는 존재하지 못합니다 … 공의 세계에서는 'A'라는 개체는 A가 아님으로써 비로소 A입니다(色卽是空 空卽是色). 다시 말해 모든 존재자는 자기부정과 자기소외를 통해 긍정된다는 것입니다. 부정을 통한 긍정, 자기 상실을 통한 자기 확보, 이것이 공이 뜻하는 모든 존재의 실상이지요. 그리고 이것은 곧 만물에 내재하는 사랑의 원리입니다. 화엄 철학에서는 이러한 공의 세계를 사물과 사물 사이에 막힘이 없다는 사사무애(事事無礙)의 진리로 표현합니다. 카스퍼가 말하는 사랑의 존재론적 구조 혹은 존재의 사랑적 원리이지요. 공은 사랑이며 사랑이 공입니다. 이 둘은 사물의 실상이며 존재의 원리인 것입니다. … 하느님의 사랑이란 인격적 개념이지만, 동시에 만물의 보편적인 존재 원리입니다. 공은 사랑의 존재론적 개념이며, 사랑은 공의 인격적 언어입니다.[55]

길희성이 공을 '사랑의 존재론적 개념'으로, 사랑을 '공의 인격적 언어'로 해석하고 정리한 것은 탁월하다. 공이라는 비인격적 바탕과 사랑이라는 인격적 힘을 상호 융통시키고 있기 때문이다. 이것은 타나베가 신을 "사랑의 무아적 주체" 또는 "무가 곧 사랑"이라 규정한 것과 상통하면서, 더 명쾌하다. 하느님의 사랑은 길희성의 신학 전체를 관통하는 키워드인 셈이다.

제가 오랜 종교 생활과 종교 연구를 통해 지금까지 얻은 결론은, 인간을 구원하는 것은 그 사람의 신학이나 사상이 아니라, 사랑이라는 것입니다.[56]

이것은 앞에서 타나베가 '영성의 논리'라는 말을 쓴 이유와도 상통한다. 타나베가 영성이라는 말을 쓴 것도 이성이나 정신 같은 관념이 아닌, 실천적이고 실존적인 행위의 주체를 강조하기 위해서이다. "즉비(卽非)의 논리"나 "절대모순적 자기동일"과 같은 추상의 언어가 아니라, 구체적인 체험의 논리를 말하고 싶어서인 것이다. 그는 헤겔의 변증법에서 말하는 절대부정도 "절대자 자신이 자기 자신을 역사 사회의 현실 안에 자기부정적이고 자기희생적으로 나타내는 무즉애(無卽愛)로서 규정한다. 그 절대자가 자기희생적으로 자기를 나타내 준다고 하는 사랑의 행위에 매개되어 '나'도 역시 자기부정의 행위를 행하게 된다는 것이다".[57] 타나베는 사랑 혹은 영성이라는 실천적 차원 내지 '죽고 부활한다.'는 식의 체험적 변증법을 내내 강조했다. 그럴 때 일본을 설명하는 철학도 살아 있는 것이 되며, 그런 맥락에서 타나베의 만년작 『그리스도교의 변증』도 일본의 실존을 반영하는 영성의 논리가 되는 것이다.

> 『그리스도교의 변증』은 전형적인 일본적 영성의 철학으로서, 니시다 철학의 '장소적 논리'를 철저하게 극복한 '절대매개의 논리'로 그리스도교적 세계관을 재해석 혹은 재표현했으며, 복음의 근원적인 진리를 제대로 드러내는 종교철학적이고, 실존론적으로 가장 진지한 시도라고 할 수 있다.[58]

실제로 타나베는 후기로 가면서 "고난받는 하느님의 종"(이사야)이라든가, 예수와 바울로의 종교적 정신을 통한 사회적 종교 변혁의 운동, 종교성과 사회성이 일체가 되는 혁신적인 종교성에 깊은 관심을 기울이면서, 그것을 통해 일본적 영성의 확립을 도모하려는 시도를 종종 했다. 영향력 있는 일본의 신학자 기타모리 가조(北森嘉藏)의 『하느님의 아픔의 신학(神の痛みの神

学)』에 대해서도, 하느님의 아픔이야말로 하느님의 사랑의 성격을 잘 보여준다며, 이것을 "절대와 상대의 연대"로 해석하기도 했다.[59] 대립하는 상대자를 그저 넘어서기만 하는 것이 아니라, 인간의 죄마저도 자신 안에 온전히 받아들여 자신의 것으로 통일해 내는 행위에서 절대자의 본질, 절대성의 핵심을 읽고, 또 온전한 절대무의 자기 한정을 읽었기 때문이다. 그리고 절대자의 자기부정은 절대자의 무성(無性)을 나타내 주며, 그렇게 자기부정적으로 현실화한 것이 절대애(絶對愛)로서, "절대무가 곧 절대애"라는 것이 타나베의 간결한 규정이었던 것이다.

그런데 이것이야말로 길희성의 신학과 다르지 않다. "절대무가 곧 절대애", "공이 곧 사랑"이라는 타나베의 해석은 공을 "사랑의 존재론적 개념"으로, 사랑을 "공의 인격적 언어"로 푸는 길희성의 신학과 만난다. 이들에게 불교와 기독교의 '사이'는 '차이'이기도 하지만, 그 차이가 장벽이 아니라, 서로를 온전히 보여주는 절대매개가 되는 것이다.

8. 한국 종교문화론에 적용

지금까지 본 대로 이들의 사상은 불교와 그리스도교는 물론, 종교들의 구원론 전반이 상통하는 논리 위에 있다는 보편적 사실의 적절한 실례가 된다. 무엇보다 이들의 사상은 한국 종교문화론의 입장에서, 특히 한국 내 문화적 뿌리가 약한 기독교가 어떻게 한국 종교일 수 있는지 보여주는 이론적 근거가 된다. 근거의 핵심인즉, 한국의 전통적 종교문화 내지 사상이야말로 기독교적 뿌리일 뿐만 아니라, 기독교를 한국에서 한국의 종교로 살아가게 해 주는 존재론적 바탕이 된다고 하는 것이다. 신학적 언어를 구사하자면, 다양한 한국 종교 안에 이미 하느님이 스스로를 모자람 없이 계시해 오셨기 때문에, 한국 종교는 기독교의 근본 정신을 제대로 보여주는 매개가 될 수 있으며, 기독교 역시 한국 종교의 정신을 고스란히 보여줄 수 있는 매개가 되어야 한다는 것이다. 타나베의 시각을 반영해 실천적인 언어를 좀 더 쓰면, 한국의 기독교인은 자신의 내면에서 한국의 종교들을 기독교에게 생명을 주는 '절대매개'로 선포하고 수용할 수 있어야 한다. 한국인은 기독교인이기 이전에 다양한 종교 사상들을 녹여 내고 있는 한국 안에서 한국인으로 살아왔고, 여전히 한국인이기 때문이다. 사실상 그 종교 사상들을 매개로 해서 기독교를 이해하고 수용할 수 있었기 때문이다.

그런 점에서 한국인 안에 녹아들어 가 있는 한국의 종교가 한국의 기독교를 기독교되게 해 준다는 것은 너무도 당연하다. 한국 종교가 이미 온전히 담아 왔던 그리스도성이 기독교 안에서 자기부정적으로 고스란히 살아나는 것이기 때문이다. 한국의 종교는 그저 기독교를 토착시켜 주는 단순한 매체나 고리가 아니라, 기독교가 말하려고 했던 것을 이미 충분히 말해 주는 한국적 매개가 된다. 물론 기독교 역시 한국 종교가 말하려고 했던 것을 이미 충분히 말해 주는 또 다른 매개가 된다. 이들 간의 차이는 도리어 서로에게 생명력을 부여해 주는 '절대매개'로 작용하는 것이다.

이런 맥락에서 타나베가 개체[個]와 전체[類] 사이에서 종(種)이라는 매개를 설정해 개체와 전체의 관계를 상즉적 차원에서 온전히 확보하고자 했던 '종의 논리'는, 개체로서의 기독교가 한국 종교 전체와 어떤 상관성 속에 있어야 하는지 잘 보여준다. 타나베는 다음과 같이 말한 바 있다.

> 부정적으로 대립하는 종적 기체(種的基體)와 개체(個)의 갈등이 양자의 상호 부정의 극, 절대부정적 주체의 긍정으로 전환한 것이 주체적 전체로서의 국가와 개인의 상즉(相卽)이다. 이로써 기체가 곧 주체인 전환이 성립되고, 전체

가 곧 개체인 조직이 생겨난다.[60]

기독교와 한국 종교문화의 관계를 논리적 차원에서 정립하고자 하는 본 논문에서는 위 인용문을 다음처럼 바꾸어 쓸 수 있을 것이다.

> 부정적으로 대립하던 한국 문화와 기독교의 갈등이 상호 부정을 통해 상호 긍정으로 전환하면서, 기독교는 자신의 주체적 전체로서의 한국 종교와 진정한 의미에서 상통하고 상즉하는 관계 속에 놓이게 된다. 그럼으로써 기독교가 한국 종교가 되고 한국 종교가 기독교 안으로 온전히 들어오는, 진정한 의미에서의 한국 종교문화가 형성되는 것이다.

필자가 언젠가 쓴 글 한국 종교문화론 관련 글도 근본적으로 이와 동일한 시각에서 작성된 것이었는데, 그 일부를 인용하며 이번 장을 마치고자 한다.

> 불교 · 유교 · 그리스도교 등은 한국 문화라는 전체집합에 대한 부분집합의 관계가 아니기에, 불교문화 · 유교문화 · 그리스도교문화 · 무교문화를 양적으로 합한다고 해서 한국 종교문화가 되는 것이 아니다. 이들은 도리어 상즉적(相卽的)이다. 저마다 부분이면서 동시에 한국적 '문'(한국 문화의 근저이자 지향점)의 전체를 대변할 수 있을 깊이를 지닌다고도 말할 수 있다. 스스로 전체적이면서 스스로 부분이 되고, 그 부분 속에 그 부분의 모습으로 한국 종교문화의 전체를 담는 것이다. 그만큼 한국의 종교문화는 중층적 단일성을 이룬다. 부분과 전체의, 종교와 문화의 상즉적 관계 속에서 한국 종교문화가 이루어져간다는 것이다.[61]

06 두 종교를 동시에 살아가다
- 불교적 그리스도인 니터의 고백

1. 이해를 돕기 위하여

앞 장에서 본 길희성에 비하면 좀 더 신학적이기는 하지만, 미국의 신학자 폴 니터(Paul F. Knitter, 1939-)도 불교를 창조적으로 소화해낸 대표적 신학자 중 한 사람이다. 한 때 신언회(Society of the Divine Word) 소속 사제였던 니터는 후에 수도회를 떠났고, 특히 불교를 동반자로 여기면서 종교간 대화 관련 학문에 전념해왔다. 다양한 작품과 강연을 통해 종교다원주의 신학을 대중화시키는 데 공헌했으며, 이를 위해 한국에도 여러 차례 방문해 학자들과 토론하고 여러 종교 현장을 경험한 바 있다. 이번 장에서는 종교다원주의 신학자 니터의 불교관에 대해 알아보고자 한다.

1) 불교로 인해 존재할 수 있었던 신학자

폴 니터의 신학을 한마디로 요약하면 종교해방신학(Liberation Theology of Religion)이라 할 수 있다. 가난·억압·소외로부터의 해방을 중심 주제로 탐구해온 남미의 '해방신학'과 다양한 종교적 세계관을 신학적으로 소화해 내려는 '종교신학'이 그의 신학 안에는 일관되게 녹아 있다.

그는 오랫동안 사회적 속박과 경제적 소외로부터의 해방에서 구원의 사회적 측면이 드러나며, 그 해방적 실천에서 다양한 종교들이 만난다는 사실을 강조해 왔다. 그렇지만 좀 더 근본적인 신학적 틀은 종교다원주의적 관점과 자세에서 더 잘 찾아진다. 궁극적 실재는 특정한 역사적 표현 속에 다 담기지 않으며, 따라서 특정 종교적 표현이 그 자체로 절대적일 수 없다는 종교다원주의적 사유 체계가 그의 신학의 주요 축이자 실질적인 근간을 이룬다. 인간 해방을 향한 실천적 관심을 다원주의적 신학의 깊이 안에 균형감 있게 소화해 온 대표적인 신학자라고 정리해 볼 수 있다.

2) 두 전통에 속하기(Double-religious-belonging)

그는 그동안 많은 책을 냈지만, 비교적 최근작이면서 우리말로도 소개된 『붓다 없이 나는 그리스도인일 수 없었다(Without Buddha I Could not be a Christian)』[1]가 그의 실존적 학문의 여정을 가장 잘 반영해 준다. 여타의 책과 논설들에도 다양한 종교적 세계관 등이 두루 녹아 있지만, 이 책에서는 특별히 불교에서 받은 영향과 충격을 집중적으로 반영하고 있다. 불교가 자신의 신학 형성에 끼쳐 온 영향을 실존적이고 고백적으로, 차분하고 진지하게 진술한다. 불교를 녹여내며 신학을 한다는 것이 무엇인지, 그렇게 정립된 신학의 모습은 어떤 것인지, 학자연하지 않으면서도 진지한 언어로 정리하고 있다.

다음의 고백적 문장들이 학문적 인생 말년에 접어든 그의 입장을 잘 나타내 준다고 할 수 있다: "나는 지난 수십 년 동안 할 수 있는 한 주의 깊게 불교를 공부해 왔고, 선 명상을 매일 수행해 왔다"(위의 책, 30쪽). 그의 아내 "캐시 코넬도 이십오 년 전에 나와 결혼했을 때는 가톨릭 그리스도인이었지만 그 후로는 불자의 길을 더 분명하고 편안하게 느끼고 있다."고 말한다.(32쪽) 부부가 모두 두 전통에 속해 있으면서, 불교를 책상 위 이론만이 아니라 삶 안에 녹여내려는 진지한 증거들인 것이다. 이 글은 위 책을 중심으로 두 전통에 동시에 속하는 니터의 삶과 사상을 소개하는 글이다.

2. 두 전통에 동시에 속한다는 것

1) 불교로 건너갔다 그리스도교로 돌아오기

니터는 1970년대 이래 존 듄(John Dunn)이 말한 "우리 시대의 영적 모험"을 스스로 계속해 왔다고 자평한다.

> (존 듄의 신학적 방법이란) 가능한 한 개방적이고 신중하고 인격적인 방식으로 다른 종교전통으로 건너갔다가 자기 종교전통으로 돌아오는 것이다. 그것은 다른 이의 '종교적 구두'를 신고 걷는 것이 자기 종교 전통을 이해하고 그것과 조화롭게 지내는 데 어떤 도움이 되는지를 알아보는 모험이다(39쪽).

니터 자신의 삶이 불교라는 구두를 신고 불교적 세계를 여행한 뒤 이전과는 달라진 모습으로 기독교로 되돌아오는 영적 여정에 있다는 뜻이다. 그는 기존 신학적 세계관에서 불교적 세계관으로 건너갔다가 다시 신학의 세계로 되돌아오는 과정에 신학적 의미와 언술이 불교로 인해 얼마나 달라질 수 있는지를 적절히 보여주되, 그렇게 달라진 신학이 신학의 변질이나 타락이 아니라, 온전한 신학으로의 전환이라는 사실을 진지하고도 열정적으로 제시한다. 니터 스스로 자신의 최근작을 이렇게 요약한다.

> 이 책이 시종일관 다루고 있는 주제는 … 무한자와 유한자 사이, 불교적으
> 로 말하면 공과 색의 상징 사이, 그리스도교 용어로는 영과 세계 사이의 근본
> 적이고 역동적인 관계는 양자가 서로 안에 있고 서로로 인해 존재하는 관계
> 라는 것이다. 그들은 비록 전혀 다르지만 서로 안에 있고 함께 존재한다. 이
> 것이 우리가 1장부터 4장까지 탐구한 것이다. 그리고 '구원'과 '영성'은 이런
> 합일, 일치, 둘 안에 하나인 상태를 깨닫고, 그것을 영적으로 깊이 느끼며 일
> 상생활에서 살아 내는 것이다. 5장과 6장이 이에 대한 것이었다. 불교는 그
> 런 신비적, 합일적 체험이 하느님의 공동체의 이상에 이 세계가 좀 더 가까워
> 지도록 하려는 운동가로서의 내 노력의 원천이 되고 방향을 제시하게 해야
> 한다는 것을 분명히 하도록 도와주었다(362쪽).

불교를 신학적 활동의 원천으로 삼는다는 것은 무엇일까. 불교로 건너갔
다가 다시 돌아온 신학의 언어는 이전과 어떻게 달라지는 것일까. 그가 제
시하고 있는 다양한 사례들을 간단하게나마 하나씩 살펴보자.

2) 상대방의 눈으로 자기를 다시 보기

흔히 일반 기독교인은 신을 인간의 확대판처럼 생각하는 경향(신인동형론)
이 있다. 이 점은 분명히 극복의 대상이다. 하지만 니터는 신의 인격성을 단
순히 폐기하지는 않는다. 인격성과 관련된 표현을 반대하거나 절제하는 불
교적 시각을 수용하면서, 그는 신에 대한 인격적 표현들은 인간의 내면을
평화롭게 하는 근거이자 타자를 돌보는 능력을 나타내 주는 일종의 상징 언

어라고 해석한다. 그는 불교의 지혜와 자비도 인격적 신관 안에 녹여낸다 (104-105쪽). 신의 인격성은 사람을 살게 해 주는 근원적 능력의 차원에 대한 상징 언어와 관련되어 있다는 것이다.

그는 신과 창조 세계를 둘도 하나도 아닌, 불이(不二)의 관계로 묘사하고 (70-71쪽), 신을 명사·존재·철학으로서보다는 동사·활동성·윤리로 이해하며(110쪽), 보리심(bodhi citta)을 모든 생명 안에서 고동치는 자애심의 정수 내지 감동을 주는 영의 인격적 능력으로 해석한다: "보리심은 우리 모두 안에서 고동치고 있는 자애심의 정수이다. 그리스도인으로서 나는 이것을 타인들이 내게 감동을 주는 것처럼 내게 감동을 주는 영의 인격적 능력이라고 부르고자 한다"(109쪽). 하느님은 하나의 인격체는 아니지만 사람을 감동시키고 살리는 영의 인격적 임재라는 것이다. 다른 곳에서는 이렇게 말한다.

> 깨달음은 지혜뿐 아니라 자비도 일으킨다는 불자들의 주장을 통해 나는 내 삶 속의 영이 나를 내적 평화에 근거하게 할 뿐 아니라(지혜) 타인을 보살피고 사랑하는 관계로 연관시켜 준다는 것을 알고 느끼게 되었다. 그것은 특히 내가 느끼는 영의 임재가 인격적인 것으로 나타나는 체험에서 그랬다. 불자들의 체험과는 다르지만 그렇다고 완전히 다르지도 않은 나의 그리스도교적 체험에서, 영의 임재는 먼저 그 임재를 느끼고 난 후 나와 타인의 연관을 느끼는 게 아니라 타인과의 연관이 더 깊은 영의 임재와 능력을 드러내는 것임을 느끼게 되었다.(108쪽)

예수가 하느님의 아들이라는 신조는 신성이 하늘로부터 내려와 예수에게 임했기 때문에 형성된 것이 아니다. 그에 의하면 하느님의 아들은 인간 예수가 내면에 있는 영의 존재와 활동을 깨닫고 자각하고 반응하면서 제자들에 의해 그렇게 불리게 된 결과이다. 이런 해석은 대체로 현대 신학자들도 동의하는 내용이지만, 니터에게서는 무언가 다른 독특성이 더 보인다. 그에 의하면, 고타마가 깨달아 붓다로 불리게 되었듯이, 예수도 어떤 스승을 통해 신성을 깨달았기에 결국 하느님의 아들로 불리게 되었다고 한다. 깨달음을 강조하는 것(226-228쪽)은 확실히 다른 신학자들과 차별적이다. 그에게 하느님의 아들은 '깨달은 이'와 비슷한 맥락에 있다.

구원도 깨달음의 차원을 지닌다. 그는 이렇게 말한다: "불교는 내게 예수의 신성을 깨달음의 결과로 이해할 수 있게 해 주었다. 그리고 그리스도인들이 말하는 구원이란 우리 자신의 깨달음, 곧 하느님의 자녀인 우리의 신성을 발견하는 것임을 이해하게 해 주었다"(230쪽). 그렇게 볼 때 "이제는 내가 사는 것이 아니라 그리스도가 내 안에서 사는 것"(갈라디아서 2,20)이라는 바오로의 구원관이 더 잘 이해된다고 그는 본다. 그에게 "구원받음은 그리스도 안에 있는 것이다"(231쪽).

그리스도인이 입에 달고 살다시피 하는 그리스도의 유일성도 수량적 의미의 '하나'가 아니라, 자신의 배우자나 연인에 대해 "그이 같은 사람은 없어", "당신이 세상에서 가장 아름다워"라고 말하는 것과 같은 고백의 언어, 사랑의 언어라고 해석한다(240-242쪽). 부활도 "그리스도가 내 안에 나의 모습으로 살아있음을 느끼고 긍정하는 것"이 된다(248-249쪽). 부활이 단순히 미래적 희망이기만 하지 않고, 지금 여기 내 안에서 벌어지고 있는 사건이 되는 것이다.

어떤 때는 해석학적 양심에 비추어 불교의 입장을 보완하려 애쓰기도 한다. 가령 언어를 지월(指月), 즉 달을 가리키는 손가락으로 받아들이는 불교적 입장을 한편에서는 동의하면서 다른 한편에서는 하느님의 본질에 '말씀'(Logos)이라는 상징을 사용하는 기독교적 전통을 반영하며 이렇게 보완한다.

언어와 손가락에 대한 불교의 가르침으로부터 배운 것을 설명하려 애쓴 후, 나는 그리스도교가 상기시켜 주는 것도 이야기해야 한다는 것을 깨달았다. 말과 손가락은 그 부적절함에도 불구하고 불자들과 그리스도인들이 이해하고 있는 것보다 더 중요할 수도 있는 것이다…'손가락은 달이 아니다'라는 말이 진실이라면 우리는 그 말도 너무 절대적인 것이 되지 않도록 조심해야 하는 것이 아닐까? 손가락은 달 이다라고 말하는 데도 이유가 있다. 손가락은 전적으로 달은 아니지만 정말로 달인 것이다. 말, 상징, 신화, 교리라는 손가락들은 단지 가리키기만 하는 것이 아니라. 가리키는 손가락은 연관시키는 영을 진정으로 존재하게 한다. 손가락들은 그 결과 완전하게는 아니지만 정말로 영이다. 상징은 그것이 상징하는 대상과 완전히 동일시될 수는 없지만 그 대상에 참여한다는 것을 강조하면서 틸리히가 말하려던 핵심이 바로 이것이었다. 그러므로 불자들은 말은 단지 목적을 위한 수단일 뿐이라는 그들의 주장에 대해 신중해야만 할 것이다. 말은 부분적일지라도 진정으로 목적을 구현하는 것일 수도 있기 때문이다. 공즉시색 색즉시공이라 할 때, 색은 공이 바로 여기에서 구현되는 것이다. 그러므로 예수는 하느님의 말씀이다. 무함마드는 하느님의 예언자이다(153-154쪽).

이런 식으로 니터는 "불교의 손가락이 없다면 그리스도인들은 달의 어떤 부분을 결코 보지 못할 것이다. 마찬가지로 기독교의 손가락이 없다면 불자들은 달의 어떤 부분을 보지 못할 것이다"(154쪽)라면서 자신의 신학적 양심을 불교에 적용하는 용기도 낸다. 이미 본대로, "말은 전적으로 달은 아니지만 정말로 달"이라며, 불교의 언어론을 적극적으로 해석하고 있는 것이다(153쪽). 이것은, 언어는 수단이지만, 수단 없이 대상이 지시되지는 않는다는 점에서, 언어의 기능을 상징적 차원에서 심화시켜 수용해 내려는 것이다.

상징이기에 집착의 대상이 되어서는 안 되는 것은 물론이다.

3) 불교적 두레박으로 그리스도교적 진리 길어 올리기

죽음 및 영생론과 관련해 불교적 무아론에서 받은 통찰도 무엇보다 크다고 그는 고백한다. 그에 의하면, 무아(無我)란 "진정한 정체성이 개체적 자아를 넘어 더 큰 실재인 상호 의존의 일부가 되고, 자비롭게 그것에 기여하게 된다는 의미"이다(167쪽). 따라서 죽음 이후에 무언가 개체성이 지속되리라는 흔한 상상보다는, 순간순간 집착 없이 충실하게 사는 삶이 죽음 내지 영생의 본질을 잘 이해하게 해 준다. 그것이 더 큰 실재(하느님) 안에 사는 삶이고, 틸리히가 말하는 "영원한 현재"(Eternal Now)이기도 할 것이다. 이런 식으로 니터는 신학에 대한 불교적 조명을 통해 신학과 기독교를 훨씬 더 잘 보게 되었다고 내내 고백한다.

물론 이러한 고백의 목적은 기독교적 진리 자체의 한계를 확인했기 때문은 아니다. 불교적 도전을 수용하고서 기독교적 언어가 지시하는 세계 속으로 깊게 들어가면 그동안 잘 보지 못했던 본연의 진리가 더 잘 보인다는 생생한 경험을 나누는 데 있다. 그는 기독교적 진리의 우물도 깊지만, 길어 올리는 두레박에 구멍이 나 있어서 그동안 진리의 생수를 충분히 길어 올리지 못했다고 말한다(270쪽).

이런 비유적 표현에 담겨 있는 것은, 두레박의 구멍을 메움으로써, 달리 말해 기독교적 우물에서 불교적 두레박을 사용함으로써(291쪽), 기독교적 진리의 생수를 더 잘 길을 수 있게 된다는 것이다. 그렇게 길어진 기독교적 진리는 불교적 진리와 다른 것만은 아니라는 것이 이 책이 표현하려는 깊은 의중이기도 하다. 두 종교를 단순히 섞으려는 것이 아니다. 모든 것은 결국 기독교적 진리를 더 깊게 보려는 데 그 목적이 있는 것이다.

4) 대화에서 평화로 나아가기

그의 진솔한 주장들은 단순한 이론적 연구의 결과가 아닌, 위파사나나 선(276-278쪽) 같은 불교적 수행을 오래 체험해 온 결과이기도 하다. 그에 의하면 그리스도인도 불교적 수행을 신앙적 실천의 근간이자 모델로 삼아야 한다. 분별지를 넘어선 '마음 챙김'으로 실천적 자비를 드러내려는 불교적 수행은 기독교적 성사(聖事)로 삼기에 충분하다. 그리스도인에게 세례, 성찬 등이 신의 거룩한 일[聖事]이라면, 침묵이야말로 영적 수행의 핵심이 되어야 한다. 침묵의 성사가 요청된다는 것이다(289-290쪽). 침묵의 영성체 안에서 그리스도를 받아들이고,(293쪽) 무집착적 말 없음을 통해 '하느님 너머의 하느님'을 찾을 수 있다는 것이다(297쪽).

그럴 때 개인적 평화가 이루어지고 사회적 평화로 이어진다. 틱낫한이 말하는 '평화롭기'(Being peace)를 그리스도교적 언어로 번역하면 '그리스도 되기'(Being Christ)가 된다. 그리스도는 단순히 하늘에 모셔 둔 초월적 믿음의 대상이 아니다. 사실상 그리스도인의 내적 주체이다. 그것을 깨닫는 것이 신앙의 목표이며, 그렇게 그리스도인이 그리스도가 될 때, 깊은 평화가 성취된다(341쪽). 언어의 외형은 다른 듯 하지만, 그가 보건대 기독교적 언어가 지시하는 세계 속에는 불교적 세계와도 통하는 깊은 진리가 담겨 있다. 그런 식으로 불교로부터 받은 통찰을 진지하고 평이하면서도 깊이 있게 신학의 언어로 기록해 낸 책이 바로 『붓다 없이 나는 그리스도인일 수 없었다』인 것이다. "불교는 그리스도교의 우물의 깊고 신비로운 물을 퍼 올릴 수 있는 두레박을 그리스도인들에게 제공한다"(291쪽).

5) 불교는 기독교의 먼지를 닦아 준다

불교의 눈으로 본다고 해서, 불교적 수단을 사용한다고 해서 기독교적 정체성이 사라지는 것은 아니다. 불교의 무아적 세계관을 수용한다고 해서, 가령 죽음 이후의 세계를 쉽게 외면하거나 부정하는 것은 아니다. 니터는 죽음 이후를 긍정하며 나아가 기대하기까지 한다. 긍정하고 기대하되, 구체적이고 제한적인 말로 다 담아낼 수 없는 신비의 영역 차원에서 그렇게 한다. 자신의 장례미사의 주제를 "신비를 고이 간직하라."로 삼고 싶다며 다음과 같이 말할 때 그런 마음이 잘 드러난다.

> 신비를 존중하고 그것을 범하지 마라. 그것을 그대로 놓아두어라. 너무 많은 말은 신비를 희석시킨다. 오직 내가 말하고 싶은 것은 신비는 풍부한 어둠이며 보잘 것 없고 늙은 나보다 훨씬 더 큰 존재일 거라는 점이다. 신비는 내가 지금 상상할 수 있는 것보다 더 실제적이고 더 큰 것이리라. 그러므로 죽는 것은 좋은 것이다. … 이 마지막 순간에도 어떤 것이 계속될 것이다. 이 계속되고 있는 것은 사랑스러운 신비의 일부이고, 불교 용어로는 사랑스러운 다르마의 일부이다(186-187쪽).

불교 철학 내지 세계관을 외면하지 않고 도리어 다 담아내려는 의도로 사용된 언어가 신비인 셈이다. 이런 식으로 니터에게 불교는 두터운 먼지에 쌓여 드러나지 않았던 기독교적 진리가 충실히 드러나도록 깨끗이 닦아 주는 수건과 같다. 불교에서 받는 도움이 무엇보다 크니, 기독교적 진리의 발견을 위해서라도 불교라는 수단을 사용할 필요가 있다고 그는 진지하게 제안한다(227, 291쪽). 수단이되, 진리로서의 수단이다. 이 책은 그러한 사실을 진솔하게 엮어 나가고 있다.

3. 불교적 그리스도인, 니터라는 사람

이쯤 되면, 그의 정체성이 좀 더 궁금해진다. 그는 한때는 가톨릭 사제였던 기독교 신앙인이고, 여전히 명망 있는 신학자이다. 그러나 불교를 체화해 자신의 삶과 신학 안에 녹여낸, 스스로의 표현대로 하면 "불교적 그리스도인"이다. 그는 자신의 종교적 정체성을 이렇게 정리하며 규정한다.

> 나는 스승인 라마 매크란스키(그는 보스턴 대학의 불교학과 비교신학 교수이기도 하다)와 진지하게 대화한 후 불교에 귀의하고 미국 족첸 공동체의 일원으로서 '보살서원'을 하기로 결정했다. 나는 '연꽃치유자'라는 법명도 받았다. 그것은 공식적인 것이다. 이제 나는 불교 신분증도 가지고 있다. 나는 1939년에 가톨릭 영세를 받았고, 2008년에 불교에 귀의했다. 나는 지난 수 십 년 동안의 나를 이렇게 부를 수 있다. 나는 불교적 그리스도인이다(392쪽).

물론 그로 하여금 불교에 매력을 느끼게 하고 진지하게 소화하도록 요청하는 문화적이고 정신적인 지평은 기독교이다. 그는 어린 시절부터 기독교 안에서 살아왔다. 기독교는 그에게 기쁨과 위로와 보람, 그리고 갈등과 고민을 동시에 안겨 주었다. 이 기독교가 깊은 곳에서 불교를 삶 안에 받아들이도록 해 주는 원천인 것이다. 그리고 그렇게 받아들인 불교는 동시에 신학을 신학답게 해 주는 근간으로 작용한다. 그래서 그에게 기독교와 불교는 이원론적이거나 이분법적이지 않다. 그는 이렇게 말한다.

나는 두 전통에 속하기(Double-religious-belonging)가 그리스도교 공동체 안의 최첨단임을 굳게 믿고 희망한다. 나는 이 최첨단이 교회가 되는 새로운 길로 이끌 거라고 믿고 희망한다(393쪽).

태생 기독교인이고 일급 신학자이지만, 두 종교를 단순 병렬식으로가 아니라, 하나로 녹여내 살아가는 것이 가능하다는 것을 니터는 웅변적이고 체험적으로 보여준다. 자신의 신앙적 혹은 신학적 경험들을 학문적 작업 적재적소에 반영하며 삶을 신학화하는 모습에서는 구도적 생생함도 잘 담아낸다. 이런 방식으로 니터는 불교를 기독교 안에 창조적으로 소화해낸 신학자의 전형을 보여준다.

4. 니터 불교관의 아쉬운 점

니터가 불교를 체화해 온 자신의 삶을 담아 저술한 만년의 책 『붓다 없이 나는 그리스도인일 수 없었다』에는 아쉬움도 있다. 니터의 불교 이해는 대단히 진지하고 실존적이지만, 적어도 이 책에 나타나는 그의 본격적인 불교 이해의 폭은 기대만큼 넓지 않다. 수십 년 불교를 공부하고 체화해 왔다는 저간의 경험치에 비해 이 책에서 사용하는 불교 언어 혹은 세계관은 다소 제한적이다. 무아·열반·붓다 등의 용어와 개념을 반복해 사용하는 모습에 담긴 불교는 분명히 진지하지만, 불교학자의 눈에는 성에 차지 않을 것 같다는 느낌이 들기도 한다. 중관(空)·유식·밀교·선(禪) 등의 언어 및 세계관도 자연스럽게 체화해 신학을 설명했더라면, 그렇게 해서 이론에서도 좀 더 치밀했더라면, 신학적 깊이와 다양성이 훨씬 더 잘 표현되지 않았겠나 하는 아쉬움도 든다. 물론 정교한 이론과 진지한 실천을 모두 보고 싶어

하는, 한국의 후배 독자로서 느끼는 아쉬움일 것이다.

긍정적으로 생각해 보면, 불교에 친숙하지 못한 미국 혹은 영어권 독자들에 대한 배려일 수도 있고, 더 긍정적으로 생각하면, 그의 학문 및 신앙과 인격이 일정한 경지에 이르렀다는 증거로 볼 수 있을 것이다. 세계적으로 종교 간 대화 분야를 이론과 실천 양면에서 선도해 온 그의 삶의 족적을 상상해 보면, 삶과는 별 상관없이 현란한 언어 및 이론에 머물고 마는 상당수 이론서들에 비할 바 아니라는 생각이 든다. 특히 삶은 결국 단순한 것이라는 사실을 생각하면 원로 신학자의 구도적 회심작답게, 분명하면서도 쉽고 깊으며, 실존적이고 객관적이다. 단순한 삶을 종교적이고 지성적인 차원에서 치열하게 살아 내려는 구도적 여정기, 영적 모험기가 현란하거나 복잡할 이유는 없을 것이다. 그런 현란함은 도리어 사치이자 위선일 수도 있겠기 때문이다.

불자든 그리스도인이든 니터만큼 다른 문화권의 언어를 치열하게 소화해, 신학적 양심에 솔직하게 녹여내는 일을 깊이 있게 보여주는 일은 어렵다. 니터는 구도적이고 종교적인 양심을 가지고 인생의 마무리를 진솔하게 해 나가는 탁월한 학자의 모범을 잘 보여주는 종교다원주의 신학자, 불교학자라고 할 수 있다. 스님 가운데 신학을 자신의 일부로 소화해 신학자보다 더 신학자같은 삶을 사는 스님을 볼 수 있을까. 니터를 보며 그런 생각이 드는 것은 니터의 삶이 그만큼 진지하고 사유가 그 만큼 깊기 때문이라는 증거일 것이다.

07 신학을 불교화하다
- 야기의 불교적 신학

1. 야기 세이이치의 종교적 전환

앞 장에서 보았던 폴 니터가 그랬듯이, 야기 세이이치(八木誠一)도 불교를 학문의 주제로 삼아온 대표적인 신학자이다. 신학자이되, 니터에 비하면 그의 신학 자체가 불교적 세계관에 어울리게 재구성되어 있다고 할 수 있을 정도로 그가 불교로부터 받은 영향은 지대하다. 변선환으로 인해 한국에 처음 소개되었던 야기의 사상은 불교와 기독교의 창조적 상호침투의 과정을 잘 보여준다. 이번 장에서는 야기의 불교적 신학에 대해 알아보겠다.

1) 회심과 신생의 체험

야기 세이이치는 1932년 일본 요코하마의 기독교인 집안에서 태어나, 도쿄대학, 괴팅엔대학, 규슈대학에서 신약성서학을 공부했다. 도쿄 대학에서 서양고전과 철학을 공부하던 대학 2학년생 때(1953년) 야기는 로마서 3장 28절의 "사람은 율법의 행업과는 상관없이 신앙으로 의롭게 된다."는 구절과 일본 무교회주의의 창시자인 우치무라 간조(內村鑑三)의 로마서 연구 가운데 "도덕적 노력을 버리고 십자가를 우러르라."는 구절을 읽다가 회심하고 거듭나는 체험을 했다.[1] 인간의 노력이 아닌, 역사적 십자가 사건에 대한 믿음으로 구원된다고 하는 확신의 체험이었다. 이 체험을 통해 야기는 스스로 정통 그리스도인이 되었다고 말한다. 여기서 정통 그리스도인이란 "그리스도가 세상에 와서 죽었다가 부활해서 죄와 죽음의 힘을 이긴 역사적 사건이 인간 구원의 근거임을 믿는 자"를 말한다. 야기는 그때의 체험을 이렇게 적었다.

> 나는 그 십자가를 우러르고 십자가의 속죄를 믿겠노라 결심하고서 기도했다. 그때 내게 전혀 뜻밖의 일이 벌어졌다. 사막이 오아시스로 바뀐 듯 했다. 얼었던 겨울의 황야에 갑자기 봄이 찾아온 것 같았다. 온몸이 형언할 수 없는 행복으로 흠뻑 젖었고 눈에서는 눈물이 오랫동안 흘러내렸다. 자유로웠다. 나는 완전히 자유로웠다. 도덕주의의 무거운 짐을 벗어 놓고서 나는 봄의 들판에서 높이 날며 춤추는 종달새처럼 기쁘고 자유로웠다. '성령을 받는다'는 것이 바로 이런 것을 말한다고 나는 생각했다. 그것은 1953년 2월의 일이었다. 그래서 나는 그리스도인이 되었다. 전통적이고 정통적인 그리스도인이 된 것이었다. 도덕주의적 자아는 신앙의 결단 속에서 죽었다. 그때 나는 도리어 새롭게 살게 되었다. 나는 내 자신이 살아 있다는 것을 알았다.[2]

야기에게는 죄에 싸여 있던 인간이 도덕적 율법주의가 아닌, 역사적인 십자가 사건에 의해 구원된다고 하는 것이야말로 복음이었고 그의 체험의 정수였다. 이때의 체험으로 야기는 도덕주의에서 벗어날 수 있었다. 인간의 행업으로 구원된다고 하는 율법적인 도덕주의는 인간을 진정으로 살리는 길이 아님을 깨닫고 거기에서 해방될 수 있었던 것이다.

그런데 그것만으로 끝나지는 않았다. 그 후에도 야기에게는 그와 연결된 또 다른 궁금증이 생겨났다. 그것은 인간의 구원이 예수의 십자가 죽음 자체로 인해 가능한 것인가 아니면 도덕주의를 벗어 버림으로써 그 도덕주의에서 비롯된 자아가 죽었기 때문에 가능한 것인가 하는 문제였다. 이 둘은 불가분의 것인가? 한마디로 구원의 본질은 과연 무엇인가 하는 물음이었다. 이 물음에 대한 답은 그로부터 5년쯤 후 독일 카셀(Kassel)에서 있었던 선 체험에서 종합적으로 얻어진다.

2) 불교와의 만남

야기는 1957년 독일 유학을 떠나 괴팅엔대학의 케제만(Ernst Käsemann), 예레미야스(J. Jeremias) 교수 등에게서 역사 비판적 성서학을 배웠다. 특히 불트만의 제자 케제만에게서 복음서에 나타난 예수의 언행이 역사적 기록이라기보다는 예수에 대한 신앙의 표현임을 배우며 그에 영향을 받던 차에, 야기는 아버지의 옛 친구인 빌헬름 군데르트(Wilhelm Gundert) 박사를 만나게 되었다. 그는 선불교의 고전인 벽암록(碧巖錄)을 독일어로 번역했던 사람이다. 그와 헤어진 뒤 괴팅엔 행 열차 안에서 야기는 군데르트의 번역본(漢獨 대조본)을 반복해서 읽었다. 거기에는 양 무제(梁 武帝)와 달마(達磨)의 다음과 같은 대화 내용이 들어 있었다.

무제가 달마에게 물었다.
"존재가 유(有)이기도 하고 무(無)이기도 하다면, 유와 무를 넘어서는 진리란 무엇입니까?"
달마는 대답했다.
"확연무성"(廓然無聖)

무제는 그 뜻을 이해할 수 없었다. 그래서 그가 물었다.

"내 앞에 있는 당신은 누구입니까?"

달마가 대답했다.

"모르겠습니다."

야기는 이 대화를 곱씹다가 기차 안에서 불현듯 일방적 관념에서 벗어나는, 이른바 선 체험을 한다. 이때의 체험을 야기는 이렇게 적고 있다.

마침 기차는 비어 있었다. 나는 조용히 독서에 전념하고자 한 구석 자리를 찾아갔다. 열심히 집중해서 책을 읽다 보니 피로해졌다. 지치고 풀어져서 나는 차창 밖으로 카셀의 풍경을 내다보았다. 내리던 비가 그치고 구름이 걷혔다. 구름 사이로 파란 하늘이 넓게 열렸다. 그러다 갑자기 확연무성(廓然無聖, 탁 트여 성인이 따로 없다는 뜻)이라는 말이 내 앞에서 번득였다. 나는 벌떡 일어나 주위를 둘러보았다. 즉시 파악할 수는 없던 어떤 일이 내게 벌어졌다. 하나하나가 전에 보던 것과는 완전히 다르게 보였다. 그 자체는 똑같이 남아 있었지만. 첫 번째로 이런 생각을 하게 되었다: "지금까지 나무는 그저 나무로만 이해했었다. 이것이 얼마나 큰 잘못인가!" 나무는 사실상 일반적으로 갖고 있는 개념의 나무일뿐이었다고 나는 생각했었다. 아무런 의식도 없이 나는 일반적인 개념을 대상으로 투사했으며, 그것을 볼 때는 전에 투사했던 개념만을 떠올렸다. 그러면서 그것을 두고 대상을 인식한다고 표현했다. 나는 이미 오랫동안 알아 왔던 것만을 인식했을 뿐이었다. 그렇지만 그것은 그 존재와의 만남도 그것을 보는(Sehen) 것도 아니었다. 하지만 이제는 일체의 개념형성 이전에 원초적으로 지시하는 바로서의 나무를 보게 되었다.[3]

이와 관련하여 야기는 다음과 같이 해설한다:

우리가 무언가를 나무라고 부를 때는, 뿌리, 줄기, 가지, 잎을 가진 어떤 대상을 그렇게 언급한다. 즉, 다른 어떤 것들과 분리시키면서 나무에 대해 생각하게 되는 것이다. 이것은 근본적으로 우리 언어 습관 때문에 생겨난다. 우리가 무언가를 말할 때, 그 문장은 주부와 술부로 이루어져 있다. 주어를 언급할 때는 다른 목적어들과 분리시키면서 언급한다. 나무라는 말을 쓸 때 우리는 다름 아닌 나무라는 그 어떤 대상에 대해 생각한다. 그 결과 우리는 불가피하게 나무는 그 자체로서 나무라고, 그것은 다름 아닌 바로 그 나무일 뿐이라고, 즉 그 안에는 전적으로 그 나무에만 배타적으로 속한 것들뿐이라고 생각하게 된다. 그렇지만 조금만 더 자세히 들여다보면, 나무라는 실존에는 이와 동시에 햇빛, 공기, 물, 흙, 그리고 모든 생명체의 전 역사까지 들어 있다는 사실을 포함하고 있음이 분명해진다. 태양과 지구의 실존은 문자적으로는 전체 우주의 실존을 의미한다. 따라서 나무 하나의 실존에는 전 우주의 실존이 담겨 있는 것이다.[4]

한 마디로 이것은 나무라는 배타적이고 독점적인 실체가 있다고 하는 생각으로부터 한 그루의 나무 속에서 온 우주를 보는, 세계관 전환의 체험이었다. 야기는 이러한 체험 이래로 완전히 새로운 사유를 할 수 있게 되었다. 그에게 불교와의 만남이란 대상적인 사고와 언어에서 해방되는 체험, '일'에서 '다'를 보는[一即多] 체험이었다. 언어의 한계를 깨닫지 못한 채, 사회적 통념, 관념에 따라 현실(現實)을 규정하던 데서 벗어나 "주관적 관념과는 질적으로 다른 존재", "언어 속에 해소될 수 없는 실재에 직면하는 체험이었던 것이다."[5] 이를 통해 그는 진작부터 의문을 품었던 구원의 본질에 관해서도 답을 얻을 수 있었다. 그가 전에 구원이라고 생각했던 도덕적 율법주의로부터 해방이 구체적으로 무엇을 의미하는지 알게 된 것이다. 그의 표현대로 하면, 그것은 "현실(現實)에 기초를 두지 않은 관념적인 것의 일방적 지배로부터의 해방"이었다.[6] 율법이 아닌 예수의 십자가 죽음이 인간을 구원한다고 하는 전통적 견해도 그에게는 일종의 관념론이었다. 그러면서 기독교의 본질도 예수의 대속, "죄인들의 의화(義化)라는 전통적 언어에서보다 개념적인 언어에서 해방"이라는, 다분히 불교적인 모습에서 찾으면서 재해석할 수 있게 된 것이다. 그에게 불교와 기독교는 모두 인간 실존을 같은 방식으로 이해하고 있는 형제 종교였다. 그러면서 자연스럽게 기독교의 근본에 놓여 있는 것에 대한 탐구를 하게 되었다.

2. 야기 신학의 기초

1) 통합에의 규정의 장

야기에 의하면, 기독교 신앙의 근거는 예수의 존재, 삶, 죽음, 부활이라는 역사적 사실에 있지 않고, 예수를 예수로 실존하게 했던 초월적 근저, 즉 부활의 그리스도에 있다. 이 부활의 그리스도는 역사의 예수와 구분된다. 그것은 예수가 선포한 '하느님의 다스림'과도 같은 차원의 것이며, '로고스'와도 같다. 기독교 신앙의 근거, 구원의 근거는 역사의 어느 일점이 아닌, 보편적이고 초월적인 이 근저에 있다는 것이다. 그리고 이것을 다시 불교와 기독교에 모두 통할 수 있는 '장'(場)이라는 용어를 써서 설명한다. 더 정확히 얘기하면, '통합에의 규정의 장'(統合への規定の場)[7] 혹은 '힘의 장'(field of force)[8]이다. 이 중에서 '장'이라는 말은 교토학파의 태두 니시타 기타로(西田幾多郎,

1870-1945)의 장소(場所, topos) 개념에서 빌려 온 말이다.[9] 장이란 무엇인가? 야기는 자장(磁場)의 예를 들어 설명한다.

> 장이란 특정한 성질을 가지는 공간이라는 뜻이다. 즉, 그 속에서 그에 친화적 요소가 일정한 방식으로 서로 관계하게 되는 그런 공간이다. 예를 들면, 작은 못들(연철)을 자석의 극 사이에 두면, 제각기 작은 자석이 되어 서로 관계하고, 끌어당기고, 반발하고, 연합하면서 하나의 구조를 형성한다. 그러나 작은 못들(연철)을 자장에서 내놓으면 다시금 흩어지고 만다. 장이란 개개의 것을 서로 관계시켜 주는 근거이며, 구조의 근거이다.[10]

작은 못들이 자석 근처에 놓이면 일정한 관계의 구조를 이룬다. 그런데 이러한 구조는 못 자체가 아닌 자장(磁場) 때문에 가능한 것이다. 개개 못을 서로 관계 지어 주면서 하나의 전체적인 구조를 이루어 주는 것은 자장이다. 개체들로 머물고 있던 작은 못들이 자장 안에 놓이면서 서로 간에 자기 부정적 관계를 맺게 되고, 하나의 통합된 전체, 즉 통합체를 이루게 되는 것이다. 야기는 인간의 본래적인 종교적 실존을 이 통합체에 비유하면서, 이 통합체를 결정지어 주는 것은 다른 것이 아닌 '통합에의 규정의 장' 혹은 '힘의 장'이라고 말한다.[11]

야기는 원시 교회에서 부활의 그리스도라고 선포했던 것은 바로 통합체를 통합체되게 해 주는 규정, 즉 통합에의 규정이라고 말한다. 다른 것이 아닌 이 규정이 기독교 신앙의 근거가 된다는 것이다. 인간의 본래적 실존에 그리스도가 근저로서 선행하고 있으면서 이 실존을 실현시켜 준다. 자장이 철가루에 일정한 관계성, 본래성을 부여해 주듯이, 이 그리스도가 장 속에 있는 모든 개체에 일정한 관계성을 부여해 준다. 그리스도는 모든 개체를 넘어, 그 개체가 진정한 모습을 지닐 수 있도록 해 주는 규정으로서의 장이다. 그런 의미에서 장은 또 초월자이다.

> 인간을 본래적 인격, 종교적 실존으로 성립시켜 주는 장이 바로 그리스도이다. 이 장이 초월자이며, 실존에 선행한다. 그러고 보면 그것은 사실 불교의 공(空)에 가깝다.[12]

이 초월은 기독교에는 물론 불교에도 적용된다. 불교, 기독교 모두에서 초월자를 보는 것이다. 초월자는 "개별적 존재로 하여금 실존하고 행동하게 하는 힘의 장(field of Force)이며, 모든 실재에 관계적이고 과정적인 성격을 부여하면서 거기에 스며드는 보편적인 생명력이다."[13] 이러한 초월자가 애당초부터 불교 안에, 불교의 모든 역사적 형태들 안에 현존한다는 것이다. 이 초월자의 불교적 표현은 '공'(空)이다. 이 공은 현상세계(色)를 현상세계이게끔 해 주는 원리이자 힘이며, 동시에 현상세계 자체이다. 모든 사물은 자체의 본성을 갖고 있지 않아 궁극적으로 공하지만(色卽是空), 바로 그렇기 때문에 사물의 차별적 다양성이 그대로 인정된다는 것이다(空卽是色). 이 공이 개개 존재로 하여금 살게 해 주고 움직이게 해주고 존재하게 해준다. 그런 점에서 이 공은 정적(靜的)이지 않다. 공은 "존재의 부재(不在)라는 단순한 부정이 아니라 잠재성의 충만"이며, 아베 마사오(阿部正雄)의 표현을 빌리면, "모든 것을 그 자체를 포함하여 끊임없이 비게 만드는 역동적인 행위이다. 자신의 무상(無相)을 부정함으로써 깊은 여러 상들을 취하는 무상의 상이며, 자체를 역동적으로 드러내는 궁극적 근저"인 것이다.[14] 틸리히(P. Tillich)의 '존재의 근거'(Ground of Being)와도 같은 어떤 것이라고 할 수 있다.

인간의 실존은 이 '장' 안에 놓여 있다. 그러면서도 또한 그 실존의 실현,

즉 장의 실현은 그 실존의 주체성을 매개로 해서만 가능하다. 인간의 주체적인 결단(신앙 혹은 깨침)을 통할 때에야 장의 실현이 가능하다는 것이다. 이 주체적 실존은 원천적으로 장 안에 놓여 있으되, 장의 중심과 실존의 중심은 서로 별개의 것이 아니다. 두 점은 근원적으로 일치한다. 이 두 점을 야기는 참자아(Self)와 자아(ego)라는 심리학적 용어를 써서 나타낸다.[15] 자아는 인간의 본래적 인격을 실현할 수 있게 해 주는 근저로서의 장이며, 이 장이 인간 행위, 의식의 주체로서의 자아를 통해서 비로소 드러난다는 것이다. 참자아가 드러나는 한, 참자아와 자아는 동일한 것이다. 이와 같은 참자아와 자아의 구도는 야기가 전적으로 수용한 타키자와 카츠미(瀧澤克己, 1909-1984)의 견해와도 일치한다.

2) 제일의 접촉과 제이의 접촉

타키자와는 하느님과 인간의 관계를 제일의 접촉(第一義の接觸)과 제이의 접촉(第二義の接觸)의 두 가지로 설명한다. 그중 "제일의 접촉은 하느님이 우리와 함께 하신다(Immanuel)는, 그리스도인이든 아니든 인간 실존의 근저에 무조건적으로 놓여 있는 근원적인 사실이다. 어떤 사람이든 또 무엇을 했든, 심지어는 자아의 근저에 놓여 있는 하느님과의 통일성을 우리가 인식하든 못하든, 하느님은 우리 각 사람과 더불어 계신다고 하는 무제약적 사실을 의미"하는 것이다.[16] 이른바 '임마누엘의 원사실'(the primordial fact of Immanuel)이다. 이것은 뉴튼(Newton)이 중력의 법칙을 발견하기 전부터 그 법칙은 작용하고 있었다는 사실, 또 사람이 깨치든 그렇지 못하든 '중생이 부처'라는 사실은 엄연히 존재하는 객관적 사실이라고 선포하는 선불교의 주장과도 같다.

그러나 야기에 의하면, 이 접촉이 모든 사람에게 언제나 알려지고 실현되는 것은 아니다. 제일의 접촉을 토대로 인간이 그런 사실을 주체적으로 깨달을 때 비로소 그 사실이 그에게 실제(real)가 된다. 깨닫기 전의 제일의 접촉이란 현실에 대한 단순한 관념 내지는 표상일 뿐이다.[17] 이것이 현실적으로 현전하는 것은 깨침을 통해서이다. 경험적 자아가 아닌 깨친 자에게 원사실이 살아있는 현실이 되는 것이다. 이 깨침이 바로 하느님과 인간의 제이의 접촉이다. 이 깨침은 단순한 지적 만족이나 이성의 자기 해명(self-clarification)이 아니다. 그것은 인간 실존 전체가 초월에 의해 다시 태어나는 것이다. 불교식으로 말하면 불성(佛性)에의 눈뜸이며, 아미타불의 본원(本願)에 대한 전폭적인 신뢰이다. 야기의 표현대로 하면, 자아의 통합이다. 이러한 눈뜸과 신앙 속에서 대상적 분별지, 이기적 단순자아가 극복되고, 일체 중생을 정토왕생시키겠다는 아미타불의 서원이 자기의 서원이 되는 것이다. 타키자와에 따르면, 예수는 이 근원적인 사실을 온전하게 깨친 사람이다. 물론 고타마 붓다도 마찬가지이다.

여기서 우리는 야기의 신학적 관심사를 발견한다. 그것은 예수를 제이의 접촉의 성취자, 참자아의 실현자로 봄으로써, 타종교, 특히 불교와 대화할 수 있는 신학을 세우려는 것이다. 야기가 볼 때 불교와 기독교는 둘 다 그 추종자들로 하여금 자아 중심적 실존(ego-centered existence)에서 존 힉(John Hick)의 표현마따나 실재 중심적 실존(Reality-centered existence)으로 인도해준다. 자신의 이기적 단순자아를 포기함으로써 그것을 더 높은 차원에서 새롭게 얻은 예수 및 기독교의 언어와 고타마 및 불교의 언어는 사실상 같다는 말이다.

인간 실존은 근원적으로 "인격적 공간으로서의 장" 안에 놓여 있음을(제일의 접촉) 주체적으로 깨쳐야 한다(제이의 접촉). 야기에 의하면, 역사상 이 깨침

은 예수, 고타마와 같은 역사적인 인물들에 의해 실현되었다. 『불교와 그리스도교의 접점(佛教とキリスト教の接點)』을 비롯하여 야기가 펴낸 책들은 대부분 이러한 시각으로 쓰여졌다.

3. 예수의 자기 이해

이처럼 야기에게 예수는 하느님과 인간의 원천적인 관계를 완전하게 실현한 참 사람이었다. 그런 시각에서 야기는 다음의 성서 구절, 즉 "나를 본 사람은 이미 아버지를 보았습니다. 내가 아버지 안에 있고 아버지께서 내 안에 계시다는 것을 당신은 믿지 않습니까?"(요한 14,9-10)는 제일의 접촉을 실현한, 즉 제이의 접촉을 완성한 예수의 자의식을 보여준다고 말한다. 아버지와 아들이 본질적으로 일치한다는 것이다.

아버지와 아들은 중심이 일치하는 두 개의 동심원이다. 이것은 바울로가 "나는 그리스도와 함께 십자가에 처형되었습니다. 나는 살아 있지만 이미 내가 아니라 그리스도께서 내 안에 살고 계십니다."(갈라 2,19b-20a)라고 말했을 때의 관계와 동일하다. 예수 안에 아버지가 계시듯이 바울로 안에는 그리스도가 산다. 이렇게 바울로-그리스도는 예수-아버지와 동일 구조를 이루고 있다. 바울로에게 그리스도, 예수에게 아버지는 모두 실존의 근거인 통합에의 규정의 장인 것이다. 바울로가 "그리스도와 함께 십자가에 못박혔을 때", 주체의 변화가 일어나(제이의 접촉) 그리스도가 바울로의 궁극적인 주체가 되었듯이, "아버지와 내가 하나"(요한 10,30)임을 깨친 순간부터 아버지는 예수의 궁극적인 주체가 되었다. 그렇다고 해서 바울로/예수의 자아가 사라졌음을 의미하는 것은 아니다. 오히려 그리스도의 실재를 깨달으면서 하느님의 아들을 신앙의 대상으로 삼았던 것(갈라 2,20b), "아버지와 나의 동일성"을 깨쳤던 것은 바울로/예수의 '자아'였다. 이 자아가 죽으면서 오히려 새롭게 창조되었던 것이다.

이런 맥락에서 바울로/예수의 궁극적 주체와 자아는 동일하면서도 동시에 둘이라고 야기는 말한다. 주체와 자아의 역설적 동일성이 장의 구조 속에서 이루어진다는 것이다. 그렇기 때문에 "나를 본 사람은 이미 아버지를 보았습니다"라는 말이 가능하다고 야기는 말한다. 이것은 신적인 것과 인간적인 것의 역설적인 일치이다. 신인(divine human)적인 어떤 것이 이 예수를 통해서(이때 신인과 예수는 구분), 예수로서(이때는 하나) 드러났다는 것이다(이 일치가 예수가 우리 같은 인간적 존재였다는 사실과 모순되는 것은 아니다. 모든 인간들은 본성상 그렇게 구성되어 있으나, 대부분의 사람들이 이런 실재를 아직 깨닫지 못했을 뿐인 것이다.). 그러기에 예수는 "안식일이 사람을 위해 생겼지, 사람이 안식일을 위해 생기지는 않았습니다. 그러므로 인자는 또한 안식일의 주인입니다."(마르 2,27b-28)라 말할 수 있었고, "산상수훈에서는 옛사람들에게 말씀하신 것을 여러분은 들었습니다. 그러나 나는 여러분에게 말합니다."(마태 5,21-44)라는 대립 구조를 써서 말을 할 수 있었다고 야기는 본다. 전자는 예수-인자 관계를 예수-아버지 관계와 같이 볼 수 있게 해 주며, 후자는 예수의 자의식을 보여준다고 야기는 말한다. 예수는 자신이 신적 존재로부터, 또 신적 존재로서 직접 말한다는 자의식을 가졌으리라는 것이다. 유대인들에게 옛사람, 즉 모세의 권위를 능가하는 사람은 신적인 존재임에 틀림없다. 그렇다면 예수는 자신이 모세의 권위를 넘어선 존재임을 이런 말들을 통해서 발설한 셈이다.

그런데 예수 안에 있던 신적 현실을 알아보지 못한 사람들에게는 경험적 예수가 스스로를 신적 존재로 여기고 죄 용서의 권한이 있다(마르 2,10)고 주장한 것으로 비치기도 했다. 그래서 그들은 예수를 율법을 깨뜨리는 사람, 하느님을 거스리는 불경한 자(마르 2,7), 귀신에 사로잡힌 자(마르 3,22)로 인식하기도 했고, 어떤 이들은 예수가 마치 하늘에서 온 존재인 양, 무언가 신비하고, 표현하기 곤란하며, 놀라운 존재로 받아들이기도 했다. 반면에 어떤 이들은 예수의 언행에서 사람들은 율법과 전통에 매이지 않는 권위를 보기도 했다(마르 1,22). 물론 경험적 예수 자신이 스스로를 신격화한 것은 아니었다. 경험적 인간으로서 예수는 자신을 신적인 존재로 간주하지 않았다(마르 10,18). 다만 그는 자신의 행동들이 자신 안에 있는 인자 혹은 신적 존재의 행동이라는 것을 깨달았을 뿐이다.

4. 초기 신학의 세 유형

이런 깨달음은 예수에게 새로운 삶을 가져다주었다. 무엇보다 권위적인 유대교의 율법주의에서 해방되었다. 율법이란 무엇인가? 율법은 늘 사회적 언어 습관을 전제하며, 그것 없이는 적용될 수도 없고 성립될 수도 없다. 그 언어가 지칭하는 것은 뚜렷하고 분명해야 한다. 율법의 언어는 일의적(一義的)이어야 한다. 따라서 율법주의라는 것도 일의적인 언어로 표현된 지배적인 관점에 의존했다.

늘 언어의 한계에 매이고 사회적 통념 내지는 관념을 우선시한다. 예수에 적대적이던 바리새파는 이런 율법에 의존했다. 그러나 예수는 이런 율법에서 벗어났다. 예수는 오히려 인간을 억압하고 구속하는 유대교의 고압적 율법주의에서 완전히 자유로웠으며, 율법으로 인해 소외된 사람들을 보호하고 그들의 본래적 존엄성을 천명했다. 예수 안의 이기적 자아는 죽었다. 그 결과 그는 자기 자신을 위한 이기적 염려에서뿐 아니라(마태 6,25), 분별적인 계산에서도 자유로웠다. 한 마리의 양에서 아흔 아홉 마리의 양 이상의 가치를 볼 수 있었고, 개체에서 전체를 볼 수 있었던 것이다. 숫자의 양적 대비는 율법주의에서나 있을 수 있는 일이었다. 예수는 자신의 참자아를 있는 그대로 내어 보일 수 있는 사람이었다.

그리고 이런 참자아 사랑은 또 이웃 사랑으로 이어졌다. 예수는 세리를 제자로 삼고 죄인들과 어울려 식사를 했다(마르 2,13-17). 선한 사마리아인의 비유를 통해 진정한 이웃, 진정한 사랑을 가르쳤다(루가 10,29-37). 사랑이란 그저 한 개체로 머물러 있는 것이 아니라 남에게서 자기를 보고 모든 것을 포용하는 것이라고…. 예수에게 참자아 사랑과 이웃 사랑은 서로 뗄 수 없는 것이었다.

야기에 의하면, 이와 같은 예수의 언행은 그의 사후 원시 기독 교단 내에 세 갈래의 신학을 형성시켰다. 예수와 원시 교단 사이에는 기본적으로 연속성이 있다는 것이다. 어찌 되었든 성서는 모두 예수에 대한 실존적 반응의 표현인 까닭에, 야기가 볼 때 성서에서 예수의 말과 초대교회의 말을 구분해 내는 작업보다는 성서의 언어를 반응의 유형별로 구분해 내는 작업이 급선무이다. 야기는 그 연속성을 세 가지의 유형으로 구분하고 각각을 유형 A, B, C의 신학이라 명명한다. 이러한 유형 구분은 야기가 그의 책 대부분에서 중요하게 다루는, 그의 신약성서 연구의 결정체이다.

이 중 유형 A의 신학은 예수의 십자가 죽음을 속죄사로 이해하고서 그 대속의 믿음으로 율법주의를 극복한, 이스라엘 공동체적 성격을 띤 신학이다. 이 신학에서 사용하는 언어는 모두 공동체적이다. 가령 하느님의 백성, 계명, 율법, 율법의 불이행으로서의 죄, 백성들의 운명에 대한 예언, 속죄, 새로운 하느님 백성의 건설(즉, 교회), 인류와 세상의 종말, 산 자와 죽은 자에 대한 그리스도의 심판, 하느님의 왕국 이 모든 개념들은 하느님과 그의 백성과의 관계에 근원을 두는, 보수적인 유대인들에게서 나온 신학이다.

유형 B의 신학에는 예수의 속죄사, 종말론 같은 개념이 없다. 그와는 달리 '부활의 그리스도'를 믿는 신앙을 통해 죄와 사망에서의 승리, 영적인 자유, 영생, 세상적인 삶의 염려에서의 해방 등을 주로 보여주는, 인간 개개 실존, 영적 평화 등에 관심을 기울이는 개인적 성향의 신학이다.

마지막으로 유형 C의 신학은 "하느님은 사랑이고 사랑은 그분에게서 오므로 사랑하는 자는 하느님을 안다."(1요한 4,7-8)고 하는 구절에서 잘 드러나는 사랑의 신학이다. 이 신학을 산출한 자들은 그리스도의 구원 사건을 하느님의 사랑의 표현으로 이해한다. 신학의 중심축도 나와 너의 인격적 상호 관계에서 찾는다. 선한 사마리아인의 비유가 이에 대한 적절한 예이다. 강도 만나 다 죽어 가던 한 유대인을 구해 준 사마리아인의 행위는 율법에서 비롯된 것이 아니었다. 그것은 '너'에게서 '나'를 보는 사마리아인의 참자아에서 비롯된 것이었다. 이런 맥락에서라면 속죄론(유형 A의 신학)이나 형이상학적 그리스도론(유형 B의 신학) 등은 사랑의 징조 정도에 지나지 않는다.

이와 같은 신학의 세 갈래 구분은 어떤 신학이 옳고 그르냐는 차원이나, 또 어떤 신학이 예수에까지 소급되느냐는 분석에 있다기보다는, 그중 무엇이 예수를 가장 잘 표현하느냐에 관심을 기울인다고 할 수 있다. 야기는 유형 C의 신학이 예수의 사상에 가장 가까운 것이라고 본다. 여기서는 예수의 삶이 그랬듯이, 나와 너, 개체와 전체가 상호 융통하고 있기 때문이다.

5. 로고스와 십자가

예수의 추종자들, 특히 유형 A의 신학을 성립시킨 사람들은 예수의 궁극적 주체와 경험적 자아를 구분하지 않고서, 나자렛 예수를 선재의 로고스, 하느님 자체라고 이해하기도 했다. 예수의 십자가 죽음도 죄없는 의인이 인간의 죄를 속량하기 위한 대속사(代贖死)라며 이스라엘 공동체적 맥락에서 이해했다. 그 결과 한편에서는 유대 공동체에 기반한 인간 실존을 회복할 수도 있었지만, 다른 한편 진리는 오직 나자렛 예수에 의해 비로소 육화했고, 그의 죽음과 부활에 의해서만 인식된다는 그릇된 배타적 절대성 주장도 생겨났다. 그러나 야기는 예수와 로고스의 관계를 이전처럼 예수-아버지의 관계와 같이 품으로써, 예수 강생의 의미를 다음과 같이 재해석한다.

> 로고스와 예수의 관계는 불교에서의 법신(法身, 진리 자체)과 응신(應身, 진리를 구현한 석가와 같은 인간)의 관계와 같다. 물론 예수의 존재를 로고스와 분리시켜 생각할 수는 도무지 없다. 예수는 로고스의 구현(오해하지 않는다면 물론 로고스의 육화)이었다.[18]

한마디로 예수와 선재의 로고스(요한 1,1)는 구분된다는 것이다. 역사적 인물인 나자렛 예수는 '로고스가 지상에서 취한 전형적 형상, 로고스의 원만한 구현, 로고스의 얼굴일 뿐'이다. 고타마 붓다가 불성(법신)의 원만한 구현이듯이, 로고스와 예수의 관계는 장과 그 장의 구체적 구현의 관계이다. 예수는 로고스의 육화이지 로고스 자체, 로고스의 전부는 아니다. 로고스는 인간을 구원하는 영원하고 보편적인 실재(골로 1,15), 야기의 표현대로 인간의 본래적 실존을 성립시켜 주는 규정(통합에의 규정)이며, '원시교단에서 그리스도와 동일시되기 이전부터, 예수 이전부터, 태초부터' 있었던 생명과 자유와 구원의 근거이다. 따라서 로고스의 구현은 원칙적으로 그 어디에서든 다양하게 있을 수 있다. 근원적이고 보편적인 실재는 역사의 어느 일점에 제한될 수 없는 것이다.

예수의 십자가 죽음도 이와 같은 육화한 로고스의 빛에서만 의미를 갖는다. 예수는 자신이 아버지 안에, 아버지가 자신 안에 살고 있음을 깨달았다.

진리와 자유의 원천 안에서 살았던 것이다. 예수는 율법에서, 염려의 삶에서 자유로웠을 뿐더러 이웃의 필요에 자신을 내어 주는 적극적 사랑의 삶을 살았다. 그러나 이와 같은 신적 현실을 오해한 사람들, 예수에게서 신성모독죄를 읽은 사람들로 인해 그는 결국 죽임을 당했다. 끝까지 규정에 따라 장에 복종하며 하느님의 다스림을 선포한 결과였다.

원시 기독 교단에서는 이러한 예수의 죽음을 무죄한 의인이 인류의 죄를 속량하기 위한 대속사로 이해했다. 그렇게 해석함으로써 율법을 지키면 의롭게 된다는 구약 율법주의를 극복하고, 새로운 하느님의 백성으로 거듭날 수 있었다. 그런 점에서 보면 십자가는 본래적 실존으로 이끄는 매개로서의 역할을 하며, 종교적 실존과 인식의 출발점이 된다. 왜곡되었던 신과 인간의 본래적인 관계(죄)를 회복(속죄)시켜 주는 방편이 십자가가 지닌 근본 의미라는 것이다.

젊은 시절 야기가 했던 속죄의 체험은 바로 이런 것이었고, 그 체험이란 십자가 자체를 구원의 근거로 보는 것이 아닌, 일방적 관념·일의적 분별지에서 해방됨으로써 너에게서 나를 보고, 개체에서 전체를 보는 불교적 깨달음과 다를 바 없는 것이었다. 깨치고 보면 십자가도 하나의 방편이었을 뿐, 그 자체로 절대적 보편성을 지닐 수 없는 것임을 알게 된다는 것이다. 이처럼 야기는 역사가 아니라 영원의 로고스에서 신앙의 근거를 찾으면서 예수의 십자가에서 속죄의 구세주를 읽지 않고, 그 근저에 있는 것, 즉 죽기까지 '장'(하느님의 다스림)에 복종한 평범한 인간 예수, 로고스의 얼굴을 본다. 야기는 이렇게 역사의 예수와 신앙의 그리스도를 구분하고 있는 것이다.[19]

6. 하느님의 다스림과 부활의 그리스도

이런 시각은 부활 신앙에도 그대로 적용된다. 예수는 하느님의 다스림이 가까이 왔다고 선포했다(마르 1,14-15).[20] 여기서 하느님의 다스림이란 인간의 '깊이'를 실현시켜 주는 인격적 공간이다. 진정한 인간의 자아를 실현하고 서로를 받아들임으로써 인간의 공존(co-existence)을 이루기 위한 하느님의 일하심인 것이다. 이 예수의 선포는 하느님 친히 역사 속에서 일하시므로, 무언가 새로운 일이 일어나고 있다는 가르침이었다.

앞에서 살펴본 인자(人子)로서의 예수는 일하시는 하느님의 인격화였다. 무조건적이고 무제한적인 용서(마태 6,12; 18,21-22)를 가르치고 실천한 예수에게서 하느님 다스림의 결과인 사랑이 구체적으로 드러나고 있는 것이다. 야기에 의하면, 이것이 서로 사랑하고 함께 살아가야 하는 인간됨(being human)의 기본 구조이다.[21] 인간은 이 하느님의 다스림에 자각적으로 복종해야 한다. 예수는 바로 그것을 가르쳤고, 그 앞에 복종했다. 그런데 제자들은 '눈이 열리기' 전까지 이 하느님의 다스림이 무엇인지 이해하지 못했다. 눈이 열리고서야 비로소 예수가 가르쳤던 하느님의 다스림을 부활한 그리스도와 동일시할 수 있었다. 야기의 말을 들어 보자.

내 생각에는 예수가 하느님의 다스림이라고 부른 실재(reality)와 원시교단이 부활의 그리스도라고 해석한 실재는 동일하다. 양자는 요한복음의 선재의 로고스와도 같다. 예수는 하느님의 다스림에 자각적으로 복종하고, 하느님의 다스림을 스스로를 통해 실현한 인간이다. 제자들은 예수의 사후 그가 하느님의 다스림이라고 부른 진리의 계시에 접한 뒤에야 자기들이 예수처럼 살기 시작하게 되었음을 자각한 까닭에, 계시된 실재를 예수의 부활체라고

해석하였다.[22]

제자들은 예수 생존시에는 하느님의 다스림이 무엇인지 이해하지 못하다가, 예수 사후 바울로에게 계시되었던 것과 동일한 방식으로 '하느님의 다스림'의 계시를 받았다: "은총으로 나를 부르신 분께서 당신의 아드님을 계시하셨습니다"(갈라 1,16). 야기에 의하면, "이것은 신적인 존재가 자신을 계시하는 종교적 깨침의 사건", 장의 계시 사건이다. 경험적인 자아 저변의 더 깊은 차원에서 솟아오르는 하느님의 직접적인 선물(은총)이며, 자아를 잃어버림으로써 다시 자아를 찾는 초월자와의 합일 경험이다.

그런데 제자들은 이 경험에서 예수의 부활을 보았다. 그 까닭은 "그들을 자각시키고 그들 자신의 깊이에서, 그리고 그 깊이로 현실화했던 것 안에서 제자들은 예수와 함께 있을 때 예수로서 말하고 행동했던 것과 동일한 실재를 인식했기 때문"이다(그때 제자들은 예수의 깊이의 차원과 경험적 자아를 구분하지 못했다. 그래서 역사적 인격으로서의 예수가 부활했다는 주장도 나오게 되었다.).

그러나 야기가 위 인용문에서 주장하듯이, 제자들이 '부활의 그리스도'라고 이름 붙였던 것은 예수가 선포한 하느님의 다스림과 사실상 같은 것이다. 부활의 그리스도에 대한 고백과 하느님의 다스림에 대한 눈뜸은 모두 인간의 근저에서의 신과 인간의 하나됨(oneness of the divine and the human)의 경험인 것이다. 모두 다 종교적 실존 속에 나타난 '장'의 계시 사건, 진리의 계시 사건이라는 말이다.

이처럼 야기는 부활 신앙을 종교적 실존의 근저인 그리스도에 대한 인식으로 본다. 그래서 특정한 역사적 사건들이 아니라, 통합에의 규정(하느님의 다스림, 부활의 그리스도)의 장이 기독교 신앙의 근거가 된다고 야기는 단언하는 것이다.

7. 비판적 평가

불교, 특히 선불교적 이상은 본래적인 자기의 모습을 구명하는 것[己事究明], 세계의 모습 있는 그대로를 홀로 깨치는 것[無師獨悟]이다. 거기에는 누군가의 도움이 필요 없다. 굳이 필요하다면 그것은 그저 간접적인 도움일 뿐이다. 모든 것은 자신에게 달려 있다. 자기가 서 있는 자리, 매일의 생활과 경험이 이루어지는 그 자리, 그곳이 자기의 궁극적 근저이면서 본래적인 자기 자체임을, 니시타니 케이지(西谷啓治)의 말대로, 자기의 궁극적 근저란 '자기가 스스로의 근저로부터 자기를 보는 그때의 자기'임을 홀로 깨치는 것이다.

야기는 이러한 불교와의 만남에서 인간은 성서와 십자가의 직접적 도움 없이도 본래성을 획득할 수 있는 존재임을 깨달았다. 아무리 죄 없는 사람이라 해도 한 인간이 타인의 죄를 짊어진다는 것은 불가능하다. 내가 남의 삶을 대신 살 수 없고, 내가 누군가에 의해 대신 살아질 수 없는 것과 같다. 인간은 대체 가능한 물건이 아니기 때문이다. 십자가는 본래적 실존으로 이끄는 매개이고, 성서는 실존의 근저의 표현이다. 따라서 인간은 "선교의 말씀 안에서만 그리스도와 만나는 것이 아니라, 자기의 근저에서도 그분을 만난다"[23]고 야기는 말한다. 그러한 신념으로 야기는 실존의 근저, 통합에의 규정의 장을 제시하면서, 장의 신학을 세웠다. 모든 개체는 별도로 존재하지 않고 서로 관계하고 조화한다는 불교적 가르침을 야기는 장이라는 개념을 빌려 신학적으로 전개했다.[24] 이런 토대 위에 설 때에만 기독교 신앙은 현대인, 특히 현대 동양인에게 의미 있을 것이라고 야기는 보았다. 노로 요시오(野呂芳男)가 "인격적인 신과 인간이 만난다는 신화"조차 남겨 놓지 않고 철저하게 탈신화화했다고 야기의 신학을 비판했을 때에도, 야기는 "기독교의 상징이 탈신화화되지 않는다면 현대인에게 그것은 무의미해질 수밖에 없을 것"이라는 논지로 대답했다.[25] 불트만의 탈신화론에서 배우면서 신화적 사고의 근원인 '신'(神)마저 철저하게 탈신화해 버린 셈이다.

그러나 그럼에도 노로 요시오의 지적에 타당성이 없는 것은 아니다. 야기는 장을 초월자라고 말하면서 사실상 근저로서의 장의 작용·결과를 신과 동일시해 버리는 경향을 보이는데, 이에 대해 노로 요시오는 이렇게 비판한다: "야기는 신을 나의 근저이고 실제로 나의 근저에 존재하는, 존재와 비존재의 근거라고 보았다. 그러나 이러한 것으로 기독교의 신을 완전히 설명할 수 있는가? 우리는 물론 신의 작용의 결과를 인식한다. 그러나 내가 생각하기로 신은 이러한 작용(결과)과 동일시되어서는 안 되며, 신은 이 작용(결과)이라는 것을 자신 안에 포괄하는 초월자이다."[26] 하느님, 그리스도라는 그리스도인들의 표현 안에 담긴 언어의 해석학적 기능을 중시하면서 내린 경고의 일침이라고 하겠다. 장이라는 보편적 언어와 하느님, 그리스도라는 특수한 언어 사이에 균형과 조화가 이루어져야 한다는 주장인 것이다.

야기는 '실존론적 신학'을 세우려다 실존에 선행하는 '근저'를 지나치게 앞세워 보편화시키는 바람에 배타주의라는 오류의 정반대에 있는 보편주의라는 또 하나의 객관적 오류에 빠져 버렸는 비판들도 제기되곤 한다.[27] 좀 지나치게 표현하면, 야기의 그리스도는 불성(佛性), 공(空) 개념에 짜 맞춰진 것 같은 인상을 준다고나 할까. 그러다 보니 그의 그리스도는 그이/그분(him) 보다는 그것(it)에 가까워져 버렸다.[28] 부정을 대번에 긍정과 동일시했던 니시다의 철학에 대해 타나베가 매개의 논리를 내세워 비판적 보완을 시도했던 것처럼(제4장 참조), 초월적 그리스도가 어떻게 개인의 인격에까지 가닿는지의 문제까지 살리기 위한 좀 더 치밀한 전략이 야기에게서도 상대적으로 부족해 보인다. 도대체 특수를 도외시한 보편이 있을 수 있겠는가. 야기 자신이 강조하듯이, 자아(특수)를 통해 드러나지 않는 참자아(보편)란 하나의 관념에 지나지 않는 것이 아니겠는가. 부활의 그리스도를 알려 주는 근거는 역사의 예수일 수밖에 없으며, 따라서 역사의 예수를 끝없이 구원의 근거로 되새겨 온 그리스도인들의 전승도 일단 존중될 필요가 있는 것이다. 근저라는 보편을 강조하는 그만큼 역사라는 특수가 발붙일 공간이 상대적으로 부족하게 여겨진다는 점, 이것이 가장 아쉽다.

하지만 비판의 여지가 많다는 것은 역으로 그만큼 도전적이고 창조적이기도 하다는 뜻일 것이다. 글을 맺으면서, 갖은 비판들 속에서도 퇴색되지 않는 그의 창조성을 본다. 그는 니시타 기타로, 타나베 하지메, 그리고 니시타니 케이지 등에게서 얻을 수 있었던 일본적, 나아가서는 아시아적 기독교의 토착화 가능성을 성서학의 입장에서 불교와 연결시킴으로써 보여주었다. 기독교 신앙의 원천인 성서 안에서도 불교를 볼 수 있는 가능성을 제시했던 것이다. 전혀 상반되는 듯한 불교와 기독교를 이어서 보려는 그의 노력은 이렇게 해서 양 종교를 다원 사회의 정다운 이웃으로 인정할 수 있게 해 주는 또 하나의 토대를 마련해 놓고 있는 것이다.

08 불교를 수용하며 신학을 변호하다
- 발덴펠스의 자기 비움의 신학

이 글에서는 교토학파의 철학을 위시하여 동양의 대승불교를 기독교 신학의 주요 주제로 보고서 불교와 신학의 대화를 시도해온 독일 출신 예수회 신학자 한스 발덴펠스(Hans Waldenfels, 1931-)의 입장을 간명하게 정리해보고자 한다. 발덴펠스는 1963년 신학 연구를 위해 일본에 갔다가 일본의 탁월한 현대 철학자인 니시타니 케이지(西谷啓治)의 대표적 저서『종교란 무엇인가(宗教とは何か)』에 관심을 갖게 되었고, 아예 그 문하에 들어가 일본의 대표적 현대철학인 교토학파(京都學派)[1]를 집중적으로 연구하였다. 그의 신학의 기조는 대부분 불교철학과의 관계 속에서 이루어진다. 이 분야에 관계된 발덴펠스의 역작『절대무: 불교와 기독교의 대화의 기초』[2]는 니시타니의 저서에 대한 기독교적인 응답으로서, 절반 이상을 대승불교 기초 이론과 니시타니의 사상 소개에 할애한다. 이 글에서도 이 책을 중심으로 불교와 대화하는 그의 신학에 대해 살펴보고자 한다. 이해를 돕기 위해 니시타니의 종교론을 먼저 소개하겠다.

1. 니시타니 케이지의 종교론

니시타니 케이지의 『종교란 무엇인가』는 기독교와의 공유점을 중시하며 다룬 현대의 불교 철학적 종교론이다. 물론 불교 호교론적 작품은 아니다. 여기서는 동양철학의 근간을 이루고 있는 대승불교와 기독교를 근간으로 하는 서양철학을 자유롭게 넘나들며 동·서양 모두에 통하는 종교론을 모색한다. 서양철학, 특히 독일의 관념론 및 니체·하이데거 등의 허무주의를 주로 끌고 오지만, 이 책의 도달점은 결국 대승불교 철학과 통한다. 이 책이 출판되자 아베 마사오(阿部正雄), 프란시스 쿡(Francis Cook) 등은 불교와 기독교의 문제를 다룬 것 중 가장 뛰어난 작품이라고 극찬했으며, 이른바 교토학파를 공고히 하는 데 견인차 역할을 했다.

이 책의 과제는 주어진 제도적 종교의 객관적 이해 추구가 아니다. 자신의 존재 의미에 대한 근원적인 물음에서 자신의 삶의 토대가 무(無)에 근거하고 있음을 자각하고, 그 자각을 통해 그 허무를 극복하도록 해 주는 것이야말로 종교의 존재 이유이며 그 의미라고 이 책에서는 말한다. 종교적 교리를 제시해 주는 데 머무는 것이 아닌, 자신의 허무 위에서 자신의 허무를 극복하도록 해 주는 것이야말로 종교의 핵심이자 과제라는 것이다. 허무주의를 통한 허무주의의 극복인 셈이다.

여기서 니시타니가 말한 허무주의는 현상적 자기 존재에 대한 근원적 의심인 불교적 큰 의심[大疑] 같은 것이다. 이 큰 의심은 현상세계의 부정, 자신의 존재 근거의 부정이다. 그러나 이 부정은 세계의 근원적인 존재 양식, 즉 공(空)의 자각 속에서 극복된다. 공 속에서 부정과 긍정이 일치하는 것이다.

니시타니는 이 공을 '절대무'라 부른다. '절대무'란 멀게는 공관(空觀)의 확립자인 용수(龍樹)와 가깝게는 교토학파의 창시자이자 니시타니의 스승인 니시다 기타로에게서 비롯된 개념이다. 여기서 절대(絕對)란 말 그대로 모든 '대'(對)가 끊어졌다(絕)는 뜻이다. 대(對)와 마주 보고 있는(相) 것이 아니라, 대로부터 떨어져 나갔음을 뜻한다. 그렇기 때문에 '절대'는 일체로부터 자유롭다. 절대무 가운데 무(無)는 유(有)의 상대 개념으로서의 무(無)가 아니라, 그 유와 무의 대립을 초월하고 포괄하는 근원적인 무를 일컫는 말이다. 일체로부터 자유로워서 일체에 걸림이 없는 무, 이것이 절대무이다. 물론 단순한 허무적, 부정적 무가 아니다. 이것은 일체의 부정이면서 바로 그렇기 때문에 동시에 일체의 긍정이다.

절대무를 설명하기 위해 사용하는 논리는 이른바 '즉비(卽非)의 논리'이다. 이 논리를 써서 유와 무라는 모순된 양극의 실재(reality) 전부를 드러내어 그 양극을 구성하는 선행된 존재 양식인 통일성으로 집어넣는다. 색(色)과 공(空)이라는 양 극단의 본래적인 통일성(色卽空, 空卽色)을 이루어 주는 논리인 것이다. 색은 공에 근거하기 때문에 공이고, 공이 자기를 한정한 것이 색이라는 말이다. 이런 점에서 여기서 통일성은 헤겔식의 정·반·합(正反合)이 아닌, 절대모순의 자기통일이다.

니시타니는 역사·시간도 이런 시각에서 논한다. 역사는 영원의 자기 한정이며, 일체 시간의 상대성·상관성·상투성(相透性) 속에서 지금 있는 그대로가 호기(好機)요, 결정적 순간(kairos)이다. 이런 주장 앞에 서면, 전형적인 서양의 역사관, 즉 시작과 목적을 지닌 직선적 시간관, 역사의 주체로서의 인간, 차별적 과거·현재·미래의 개념 등은 그 구조를 해체당하는 듯하다. 발덴펠스는 니시타니의 이와 같은 창조적 공격을 받아들이면서, 그리스도교적으로 충실히 재건해 놓는다. 그 과정을 살펴보자.

2. 발덴펠스의 절대무와 하느님

발덴펠스는 동아시아 불교에 근거한 니시타니의 절대무 혹은 공(空)이 무엇인지 먼저 탐구해 보고, 서양의 그리스도교적 지평 안에서는 이에 대해 어떻게 응답할 수 있을 것인가 하는 문제에 관심을 기울인다. 니시타니도 주로 그랬지만, 발덴펠스도 절대무를 이해할 수 있도록 해 주는 기독교적 배경으로 마이스터 에크하르트·십자가의 성 요한·마르틴 하이데거·베른하르트 벨테 등을 자주 거론한다. 이들이 서양철학 안에 처한 위치와 정통 그리스도교 신학에 끼친 영향은 무시할 수 없다.

그러나 아무래도 철학과 신학의 주류를 형성해 온 사람들은 아니라는 점을 의식해서인지, 발덴펠스는 칼 라너(Karl Rahner), 발터 카스퍼(Walter Kasper) 등 본격적인 신학자들을 거론하면서 니시타니가 제기한 불교의 중심 주제, 즉 절대무를 기독교 신학 안에서 찾아본다. 그가 주로 드는 주제는 세 부분으로 나뉜다. 그것은 각각 경험과 언어, 하느님, 예수 그리스도의 문제이다.[4] 이러한 주제를 불교와 기독교 간 대화에서 제기되는 주요 신학적 고찰 대상으로 삼으면서, 신비주의, 절대무와 하느님의 관계, 공의 형상으로서의 예수 그리스도의 문제를 진지하게 탐구한다.

1) 경험과 언어

앞에서도 보았듯이, 니시타니의 스승인 니시다 기타로는 『선의 연구』 서문에서 "순수경험을 유일한 실재로 삼아서 모든 것을 설명해 보고자 한다."[5]고 한다. 여기서 순수경험이란 보는 것, 듣는 것 자체, 느낌에 대한 판단을 내리기 이전의 상태이다. 주객이 없고 지식과 대상이 완전히 합일되어 있는 상태이다.[6] 순수경험에서 순수경험의 자각이 일어나고, 그것을 설명하는 데서 철학이 생겨난다. 전통적으로 선(禪)은 이 세 차원을 거쳐 왔다. 이 세 차원은 두 방향을 지니는데, 첫째 차원에서 셋째 차원으로, 즉 순수경험에서 세계에 대한 해명(철학 혹은 신학 체계)으로 가는 방향이 그 첫째 차원이고, 둘째는 그 역방향이다. 발덴펠스는 기독교에서도 이 두 방향의 운동을 본다. 가령 「요한일서」 1장에는 보거나 듣는 일에서 복음을 알리는 증언을 통해 철학적 개념이나 정식을 사용하는 교리 체계로 가는 모습이 들어 있다고 한다. 이것이 첫째 방향이라면, 역방향은 설교나 신학 체계를 통해 사람들을 근본 경험으로 이끌고 가는 것을 말한다. 그런데 발덴펠스에 의하면 이 역방향이야말로 오늘날 신학의 중심 과제이다.[7] 신학 자체가 근본 경험과 괴리되어서는 안 되며, 바로 그것을 표현해야 한다는 것이다. 이것은 결국 경험과 언어의 문제이다. 그렇다면 경험이란 무엇인가? 여기에서 발덴펠스는 가다머(Gadamer, 1900-2002)의 말을 빌려 온다:

> 진정한 경험이란 인간이 자기의 유한성을 의식하는 경험이다. 이러한 경험에서 인간의 계획적 이성의 자기-인식과 자부심은 그 한계를 발견한다. 역사 가운데서 살며 행위하는 자는 오히려 반복되는 것은 아무 것도 없다고 하는 사실을 언제나 경험한다. 존재에 대한 인식은 현재 그곳에 무엇이 존재하는가에 대한 인식이 아니라, 기대와 계획에 의해서도 해결되지 않는 미래라는 한계에 대한 통찰을 의미한다. 혹은 보다 근본적으로 말하자면, 유한한 것의 모든 기대와 계획은 유한하면서도 한정된 것임을 의미한다. 따라서 진정한 경험은 자신의 역사성(유한성)(과 분별적 인식의 한계)에 대한 경험이다.[8]

달리 말하자면, 경험이란 유한성을 의식하면서 열리는, 예기치 않던 것에 의한 새로운 지평의 획득이다. 이 지평은 언제나 열려 있다. 경험은 복사되듯이 재생될 수 없는 것이다. 언제나 새로운 지평 속에서 새롭게 경험된다. 그런 점에서 경험이란 역사성과 유한성의 경험, 인간 존재에 대한 한계의 통찰이며, 종교적으로 말하자면 신적인 것과 자신 사이에 놓여 있는 장벽을 제거할 수 없다는 사실에 대한 통찰이다. 가다머는 이 경험을 종교적인 지(知) 라고 말한다.[9]

  발텐펠스는 니시타니의 '무지의 지'에서도 같은 것을 본다. 근본 경험은 사물을 대상적으로 판단하는 것이 아니라는 점에서는 '무지'이지만, 사물 자체가 스스로를 실현하고 드러내는 곳으로 돌아가는 것이라는 점에서는 '지'라는 것이다. 일상적인 의미에서의 지는 아니지만 사물의 근원으로 복귀한다는 점에서는 '지'라는 말이다.

  사물 차체가 스스로를 실현하는 것, 이것은 자기가 자신의 근본으로 돌아가는 것이다. 근본의 실현, 이것은 세계를 대상화하지 않을 때 일어난다. 인간은 세계 안에 던져지는 순간, 이미 세계에 의해 조건 지어지고 규정됨으로써 세계를 더 이상 대상적으로 파악할 수 없는 세계-내-존재(In-der-Welt-Sein)이며, 이 '내존재성'(In-Sein)의 드러남을 '이해'로 해석했던 하이데거의 입장도 이것과 통한다고 할 수 있다. 발텐펠스는 또 라너의 신비주의론에서 이들에 관한 기독교적 설명을 빌려 온다. 라너는 이렇게 말한다:

  정신의 첫 번째 근원적인 경험은 신비주의라고 불리는 것 안에 있는 가장 내적인 핵심이다. 또 내가 생각하는 이 정신의 경험은 본래적이고 근원적인 의미에서의 신앙 경험이기 때문에, (언어의 일반적 의미에서) 신비주의는 통상의 신앙보다도 한층 높은 단계가 아니라 동일한 신앙 체험의 특정한 방식일 뿐이라고 나는 생각한다. 만일 신이 자기를 버리고 어느 가난한 사람에게 자신의 빵을 주고 신 자신은 배가 고프다고 한다면, 이 가장 직접적인 자기 전달 안에서 신 자신을 볼 수 있는 것이다. 이러한 종류의 이웃에 대한 도움은 그 자체로 자연적일 수 있고, 구체적인 범례일 수 있다. 이러한 범례 안에, 또 이러한 범례를 매개로 해서, 구원과 영원을 의미하는 정신의 전달과 정신의 경험이 가장 철저하게 받아들여진다. 그래서 침잠(沈潛), 무방법성, 정적(靜寂), 침묵, 공(空), 절대적인 자기 무화(無化) 등의 현상은 신의 침묵에 대한 체험과 말할 수 없는 신의 자기 전달이 보다 철저하고 한층 순수하게 받아들여지는 방법이 될 수 있다. 다시 말해서 그것들은 인간을 집중시키는 철저한 자유 안에서 경험되고 받아들여지는 방법이다.[10]

다시 말하자면, 근원적인 경험이란 정신의 경험이자 신앙 경험으로서, 신비주의의 핵심이 된다는 말이다. 라너에 의하면 신비주의란 높은 단계의 신앙 경험이 아니라 같은 경험의 특정한 방식에 지나지 않는다. 여기서는 자연적 신비주의와 초자연적 신비주의가 구분되지 않는다. 구원의 경험, 영원한 정신의 자기 전달은 구체적인 범례를 매개로 해서 이루어지기 때문이다. 이것은 본래적인 경험으로서의 신비주의(Mystik)와 그 경험의 체계적 언어화인 신비론(Mystologie)의 관계에 대한 물음으로 이어진다. 한마디로 본래적 경험과 그것의 언어적 표현의 긴장에 관한 물음이다.

전통적으로 불교는 언어에 부정적이었다. 언어는 참된 실재를 표현하지 못한다고 보았기 때문이다. 그러나 발덴펠스는 여기에 만족하지 않는다. 어찌되었든 언어는 인간 사이에서 불가피한 것이므로, 진정한 대화가 가능하려면 언어의 문제를 해결해야 한다는 것이다. 깨달은 자와 깨닫지 못한 자 사이의 연결도 언어를 매개로 해서 일어나고, 무언(無言) 속에서 신성을 경험할 수 있기 위해서는 거듭 말하지 않으면 안 된다는 것이다. 하즈(A.M.Hass)

의 말처럼 만일 신이 인간의 언어 안에서 비로소 태어나고 이로부터 소멸하는 것이 불가능하다면, 신성의 경험도 불가능하다는 것이다.[11] 언어적 표현이 해야 할 중심 역할은 그 경험 자체를 드러내 보여주는 것이다.

이와 관련하여 필연적으로 제기되는 것이 부정신학(apophatic theology)인데, 발덴펠스는 선(禪)도 기독교 신비주의와 마찬가지로 부정신학의 언어를 사용하는 신비주의의 일종이라고 말한다. 그렇지만 부정신학의 부정적 언어는 세계에 대해 부정적 자세를 갖게 해 주는 것이 아니라 궁극적으로는 긍정적인 무엇을 드러내 준다.[12] 라너의 말마따나 참된 부정은 구체적인 긍정 안에서 태어난다. 라너에 의하면, 순수한 부정만을 수행할 수 있다는 것은 잘못된 개념이다. 부정은 무언가를 단정하지 않을 수 없다. 단정하는 자만이 부정할 수 있는 것이다.[13] 벨테가 무(無)를 무한하고 무조건적인 하나의 힘이라고 보았던 것도 이것과 통한다고 할 수 있다.[14]

물론 언어에는 한계도 있다. 말할 수 없는 것에 대해서는 침묵하지 않으면 안 된다는 비트겐슈타인(Wittgenstein, 1889-1951)의 유명한 말을 늘 참조할 필요가 있다고 발덴펠스는 말한다.[15] 그러나 그럼에도 불구하고 '공'을 말할 수밖에 없고, '침묵'을 말할 수밖에 없는 것이 현실이다. 언어는 경험을 적극적으로 드러내 준다는 전제를 발덴펠스는 확보하려는 것이다.

2) 절대무와 하느님

발덴펠스는 절대무와 하느님의 문제도 비슷하게 푼다. 공 안에서, 공으로서 긍정적으로 알려지는 하느님을 찾아보려는 것이다. 일단 하느님과 공을 동일시하는 니시다 기타로의 다음과 같은 말을 인용한다:

참된 신은 신이라는 보통의 이념에 대응하는 것이 아니라 서양 신비주의 자들이 말하는 신성이다. 참된 신은 반야경에서 말하는 '공'이다.[16]

발덴펠스에 의하면, 이때의 동일시는 서양에서 흔히 그래 왔던 것과 같은 신이라는 말과 공의 개념적 동일시가 아니라, 개념을 넘어서는 영역에서 이루어지는 실존적 동일시이다. 심원하고 근원적인 것이 내적으로 현존하면서 현상적인 것 안에서 인식되듯이, 신은 자유롭게 자신과 타자를 설정하며, 육화라는 방식으로 자유 자체 안에서 스스로 타자가 된다. 이것은 사물의 있는 그대로라는 차원에서 절대무와 하느님을 이해하려는 경향을 보여준다.

그러나 한편 신과 공은 또 동일하지 않다. 그 결정적인 차이는 기독교 신비주의자들은 일체의 긍정과 부정의 피안에 있는 것을 그(Er) 혹은 너(Du)라고 부른다는 것이다. 이것을 두고 아베 마사오는 궁극적 실재를 그렇게 부르는 것에 문제를 제기하며, 히사마츠 신이치(久松眞一)는 신에 대한 기독교의 부정적 표현은 아직 불충분하다고 여긴다. 하지만 발덴펠스에 의하면 하느님에 대한 인격적 표현은 부정적 표현에 즉(卽)한 적극적 표현이다. 일상적인 차원에서의 인격성을 포함하면서도 그것을 넘어서는 긍정적인 그 무엇에 대한 적극적인 표현이라는 말이다.

마찬가지로 공이 지닌 본래의 모습도 소극적이든 적극적이든 일체의 집착에서 인간을 해방시키는 근본 태도에로 인간을 이끌었을 때 비로소 가시화된다. 이러한 근본 태도가 실현되는 경우에야 비로소 일체의 것은 있는 그대로 나타나고, 진여(Tathata), 있는 그대로의 모습(Soheit), 진리(Wahrheit)가 드러난다고 그는 본다.[17] 말하자면 부정 속에 있는 긍정, 모든 삶 속에 있는 그 무엇을 중시하지 않을 수 없다는 것이다. 발덴펠스는 이것을 뒷받침할

수 있는 신학을 라너에게서 찾는다:

> 모든 삶 속에는 말할 수 없는 것이 지배하고 있다. 즉, 신비가 존재한다. 이 신비는 아직 그 속을 다 꿰뚫어 보지 못했거나 아직 행해지거나 실현되지 않은 것의 나머지가 아니라, 오히려 이러한 것의 전제이며 또 이것을 운반하고 있는 근거이다. 왜냐하면 그것은 구체적으로 사유할 수 있고 실현할 수 있는 일체의 것을 뛰어넘는 이해 이전의 것이고 무제한적인 것으로서, 인간 현 존재의 완성의 가능성과 특색의 조건이기 때문이다. 우리들은 철저하게 제한되어 있지만, 만일 우리가 스스로를 이러한 제한된 것으로서 이해하는 순간 우리들은 분명히 공(空, das Leere) 안으로 이 한계를 이미 뛰어넘을 준비가 되어 있는 것이다. 즉, 근본적으로는 바로 신비 자체로서 무한이라고 불리지 않으면 안 되는 파악할 수 없는 것을 기대하면서, 우리들은 스스로를 끊임없이 자기 자신을 초월하는 자로서 경험하는 것이다. 근원적인 체험은 영속적이며 언제나 주어져 있다. 바로 그렇기 때문에 그 체험은 파악할 수 없는 것이며, 단지 그것만으로도 자명한, 그러한 신비의 체험이다. 이 무제한적인 움직임의 원동력과 이 움직임의 기초이며 목적인 것(Woraufhin)은 물론 개인에게 체험되며, 따라서 개인에 따라서 차이가 있다. 그러나 이 운동의 기초이며, 목적인 것은 정의상 다른 수준의 인식과 자유 안에서 지향하는 종류의 대상이 아니며, 또 그러한 대상이 될 수도 없다. 이것은 정신의 무한한 운동 안에서, 또 그 움직임에 대해서 체험되는 것이다. 그 운동이 어떤 한계나 끝이 없이 열려 있는 무한한 영역에서 전개된다면, 그 영역은 모든 것의 존재를 가능하게 해 주는 근거로서 무한한 충만을 지시하는 공 이라고 말할 수 있다.[18]

이 인용문을 바탕으로 발덴펠스는 라너가 보는 하느님에 대한 신앙을 이

렇게 요약한다: "하느님에 대한 신앙이란 다름 아니라 인간이 신뢰 안에서 스스로를 해방하고, 하느님이라 불리는 이해하기 어렵고 말로 다할 수 없는 신비 안으로 스스로를 던짐으로써 하느님 체험을 실존적으로 동화하는 것이다."[19] "이해하기 어렵고 말로 다할 수 없는 신비"야말로 공 안에서 공으로서 알려지는 하느님이며, 니시타니의 말대로 하면 절대무이다. 이 절대무를 탐구한다는 것은 라너의 말대로 "신비에로의 귀환"(reductio in mysterium), 즉 "반성의 영역에 서 있는 인간의 현실과 경험을 하느님이라고 불리는 말로 다할 수 없는 숨어 있는 신비 안으로 돌리는 인간의 행위"이다. 이것이 신학이다.

여기서 언어의 중요성은 다시 한 번 부각된다. 언제나 이름 붙이기 어려운 신비의 체험으로 돌아가야만 하는 것인 만큼 이러한 과제는 참으로 다루기 힘든 일이지만, 침묵으로만 일관할 수도 없다. 진정한 침묵에 도달하기 위해서라도 분명히 말해지지 않으면 안 된다. "다시 말해서 신학적 명제는 이것이 말로 다 할 수 없는 것을 말로 표현하려고 시도하는 필연성과 마찬가지로 그 부적당함에서도 인내와 희망을 가지고 견디지 않으면 안 된다. 사람들이 이러한 언어의 특색을 직접 명백하게 인식할 수 있을 정도로 신학이 말할 수 있을 때까지 오늘날의 신학은 많은 것을 배우지 않으면 안 된다"[21]는 것이다. 바로 여기서 니시타니가 지향하고자 하는 것과 라너가 말하는 신비의 접촉점을 인식할 수 있으리라고 발덴펠스는 본다.

이렇게만 보면 특별히 기독교적인 것은 없는 듯 보일 것을 염려하여, 발덴펠스는 예수 그리스도에게서 이 신비 체험의 철저한 역사화를 보는 것이야말로 바로 기독교라고 말함으로써, 기독교의 독특성을 확보한다.

3) 공의 형상으로서의 예수 그리스도

발덴펠스는 열반과 생사의 동일성을 말하는 불교적 가르침을 공의 형상인 예수 그리스도로 푼다. 그리고 흔히 그렇듯이, 하느님의 자기 비움과 이 자기 비움의 구체화를 말하는 대표적인 성서 구절로 다음을 든다:

> 여러분은 그리스도 예수 안에서 (품어야 할) 생각을 서로 품으시오. 그분은 하느님의 모습을 지니셨지만 하느님과 같음을 노획물인 양 (중히) 여기지 않으시고 도리어 자신을 비우시어 종의 모습을 취하셨으니 사람과 비슷하게 되시어 여느 사람 모양으로 드러나셨도다. 자신을 낮추시어 죽음, 곧 십자가의 죽음에 이르기까지 순종하셨도다(필립비서 2,5-8).

니시타니도 이 성서 구절을 하느님의 자기 비움을 나타내는 최고의 구절이라 평가한다. 그렇지만 공과 역사의 관계를 통해 열반 즉 생사라는 정식을 관철했던 니시타니가 하느님과 세계의 관계라는 기독교의 근원적인 방식, 즉 신인 예수 그리스도 혹은 하느님의 육화 같은 고전적 교리에 대해서는 상대적으로 소극적인 자세를 보인다. 이 점을 지적하면서 발덴펠스는 기독교 교리의 핵심을 담고 있으면서 불교에도 통하는 신학을 라너에게서 다시 한 번 가져온다. 하느님과 인간의 관계를 라너는 이렇게 말한다:

> 인간은 바로 인간으로서 자기를 공화(空化)하는 신의 자기 표출(Selbstäusserung)이다. 왜냐하면 신이 스스로를 공화하고 자기 자신을 사랑으로서 알릴 때, 즉 신이 이 사랑의 존엄을 숨기고 평범한 인간으로서 나타날 때, 신은 바로 스스로를 표현하기 때문이다.[22]

(인간은 신의 자기 공화로부터, 그리고) 신의 자기 증언, 즉 신의 언어가 신 없는 무의 공허한 것을 향해서 말해질 때 성립하는 자로서 정의한다. 신이 비신(非神, Nichtgott)이 되고자 할 때 인간은 다르게는 될 수 없는 바로 그러한 자로서 성립한다고 말할 수 있는 것이다.[23]

세계와 인간은 하느님의 자기 비움를 통한 하느님의 자기 표출이다. 하느님이 비신(非神, Nicht Gott)이 되려고 할 때 인간이 존립한다. 그리고 앞에서 본 대로, 하느님은 인간의 자기 비움, 신비로의 귀환에서 알려진다. 하느님의 자기 비움이 정점에 달하는 것은 하느님의 자기 비움과 인간의 자기 비움이 전적으로 일치하는 곳에서이다. 하느님이 철저하게 자신을 비우고 인간이 철저하게 자신을 비운 곳, 하느님의 자기 비움과 인간의 자기 비움이 전적으로 일치하는 곳, 이곳이 바로 예수 그리스도이다.

이런 맥락에서 로고스가 형태를 취한 세계에 대해 하느님이 스스로를 내어 준 것은 나자렛 예수가 아버지 앞에서 철저하게 자기를 비웠던 것에 상응한다고 발덴펠스는 말한다.[24] 니시타니는 중시하지 않았지만, 발덴펠스에 의하면 이러한 정점이 역사적으로 파악되는 결정적인 사건은 예수의 죽음이다. 예수의 죽음이야말로 예수의 무아와 하느님의 무아가 서로 만나는 장이다. 카스퍼(W. Kasper)에 의하면, 예수가 죽음 속에서 체험한 하느님은 그 어느 때보다도 가까이 계시면서도 자신을 감추시는 하느님이시다.[25] "나의 하느님, 나의 하느님, 어찌하여 나를 버리셨나이까?"(마르 15,34) 하는 예수의 절규는 자신을 비움으로써 가장 멀리 계신 하느님을 가장 가까이에서 체험했다는 일종의 역설을 보여준다.

카스퍼의 말대로 "예수는 자신을 바탕으로 할 때 아무것도 아니지만, 하느님을 근본으로 하고 하느님을 위할 때 모든 것일 수 있다."[26] 반덴펠스는 카스퍼의 이런 설명을 받아들이면서, 예수와 아버지가 자기 비움 속에서 전적으로 만난다는 점을 강조한다. 이런 맥락에서 "나를 보았으면 곧 아버지를 본 것이다."(요한 14,9)라는 말도 절대 차안성의 종교로서의 불교와 그리스도교가 만날 수 있는 접점이 된다고 그는 본다.[27]

이처럼 그리스도는 하느님이 육화와 십자가 안에서 자기를 비우는 신적 케노시스(divine kenosis)이다. 니시타니의 말대로 하면 비존재의 자기부정이다. 그리스도인은 이와 관련하여 다음을 고백한다고 말한다:

- 그리스도인은 예수 그리스도를 형태화된 하느님의 공이라고 고백한다.
- 그리스도인이 그리스도를 입음으로써 그리스도인 자신의 길로서의 그리스도를 좇을 때에만 그리스도인은 예수라는 모범을 따르게 된다.[28]

이것이 함축하는 것은 형태를 전적으로 넘어서는 것이 자기 비움 속에서 형태를 취한다는, 그리고 실존론적 차원에서 보면 개개인은 궁극적으로 시간과 형상과 역사를 넘어서는 것을 입는 행위 안에서 진정성을 획득한다는 통찰이다. 이 통찰을 불자들과 그리스도인들이 공유하고 있다는 것이다. 이러한 통찰은 단순한 이론의 문제가 아니다. 무아 속에서 참다운 자아를 발견하고, 밀알 하나가 땅에 떨어져 죽으면 많은 열매를 맺듯이(요한 12,24), 자기를 잃음으로써 자기를 얻는 경험, 바로 무아의 실천 속에서 진정한 만남이 이루어지는 것이다. 공, 하느님, 예수 그리스도에 대한 이론적 분석보다는 땅에 떨어져 죽는 철저한 자기 비움, 자기 상실이 실존적으로 이루어지는 그곳이 불교와 기독교를 이어주는 다리이다. 이 점에서 발덴펠스는 불교와 기독교의 대화에 가치 있는 공헌을 하고 있다.

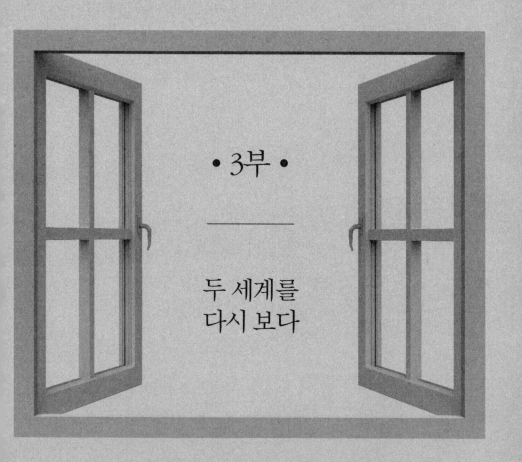

• 3부 •

———————

두 세계를
다시 보다

09 종교는 해석이다
- 스힐레벡스의 신학적 해석학

　이 글에서는 불교와 기독교의 세계관 자체보다는, 그에 대한 인식에 필연적으로 담긴 '해석'의 문제에 대해 살펴보기로 한다. 모든 종교적 진리는 결국 진리를 진리로 간주하는 이들에 의해 해석되고 전승된 것이며, 따라서 해석은 학문과 사상을 가능하게 하는 기초적 행위라는 점에서 누구도 간과할 수 없는 주제이다. 모든 진리는 제한된 지평에서, 한국인의 경우는 한국어를 사용하고 문화를 공유하는 이들의 역사적 맥락 안에서 해석적으로 수용되면서 비로소 살아 움직이는 실재가 된다. 해석학적 신학자로 규정할만한 스힐레벡스(Edward Schillebeeckx, 1914-2009)의 입장을 중심으로 종교적 해석학의 의미와 의의에 대해 알아보도록 하자.

1. 칸트로 종교 보기

　주지하다시피 임마누엘 칸트(Immanuel Kant)는 우리가 어떠한 대상을 인식한다고 할 때, 그 인식의 대상이 먼저 거기에 자명하게 있기에 그에 대해 인식할 수 있는 것이라고 생각하는 일반적인 사유 방식을 근원적으로 문제 삼았다. 그에 의하면, 인간에 의해 인식된 것은 그렇게 인식된 것 자체, 즉 '물 자체'(Ding an sich)가 아니라, 언제나 그렇게 인식한 주체의 바탕 및 구조와 관계되어 있다. 인식 주체의 내적 구조가 어떤 대상을 그렇게 인식할 수 있도록 이미 되어 있기에 그러한 인식이 가능하다는 것이다. 이런 식으로 그는 구체적 대상이 먼저 있고 그에 따른 인식이 나중에 생겨나는 것이 아니라, 오히려 대상이 우리의 인식에 따른다는, 이른바 인식의 '코페르니쿠스적 전환'을 이루었다.

물론, 칸트에 의하면, 인식이라고 하는 것은 경험과 더불어(mit) 시작되고, 따라서 경험은 인식에 선행하는 것이지만, 모든 인식이 경험으로부터(aus) 생겨나는 것은 아니다. 경험적 지식은 언제나 후험적(a posteriori)으로 얻어지되, 그 경험적 지식을 경험적 지식이 되게 해 주는 그 무엇이 먼저 주어져 있지 않고서야 그 경험적 지식은 성립될 수 없다는 것이다. 이것이 칸트 인식론의 근간이었다.

이렇게 어떤 인식의 대상은 인식 주체의 내적 구조를 통해서만 그 인식 주체에게 하나의 현상이 된다. 그렇다면 우리는 어떤 사물을 '그 자체로' 인식하는 것이 아니라, 오직 '자신에 대해서', 자신의 조건에 맞게 인식될 수 있는 사물 혹은 사태만을 인식할 뿐이다. 구체적인 하나의 인식 대상은 그 대상을 인식할 수 있게 해 주는 선험적 구조 위에서만 그러한 대상으로 규정된다. 이렇게 규정됨으로써만 그 대상이 하나의 대상으로, 즉 하나의 현상으로 주체 앞에 나타나는 것이다. 이런 식으로 칸트는 우리 인식이 대상에 따르는 것이 아니라 대상이 우리 인식에 따른다는 것을 보여준다.

이러한 입장은 종교적으로도 많은 사실들을 함축하고 있다. 거기서 다양한 해석학적 이론들도 생겨났지만, 공통적이고 핵심적인 것은 어떤 이해이든 그 이해 주체의 기존 인식 구조 혹은 선이해에 영향을 받지 않을 수 없다는 것이다. 마찬가지로 어떤 종교적, 신앙적 사실이라도 그것은 그 종교학자 혹은 신봉자의 내적 틀 혹은 형식을 반영해 주며, 그가 속한 사회-문화적 토양에 의거해서만 그러한 종교적 사실에 대한 이해가 생겨난다는 것이다.

스힐레벡스 역시 이러한 입장을 충실히 소화하고 있다. 불교와 기독교는 물론 여러 종교들이 한국에서 생겨나고 자리 잡는 과정 및 의의를 탐색하는 데도 그의 해석학은 유용하다. 한국의 학계와는 다소 거리가 있는 네덜란드의 신학자이자, 도미니코회 소속 신부인 탓이어서인지, 유감스럽게도 우리나라에는 거의 소개되지 않았지만, 그는 칼 라너, 버나드 로너간 등과 함께 20세기를 대표하는 가톨릭 신학자로 꼽힌다. 신학자라지만 그의 신학적 방법론은 기본적으로 칸트 이래 가다머(Hans-Georg Gadamer)에 이르기까지 전개되고 확립되어 온 해석학을 충실히 소화하면서 이루어진 철학적 기초 위에 있다. 이러한 그의 해석학적 방법론은 서양의 사상과 학문의 영향권에 있는 한국적 현실에서 종교적 상황을 설명하고 해석하는 데도 충실한 도구가 된다. 한 종교적 사상이 한국 안에서 한국적으로 살아 움직인다는 것이 무엇을 의미하는지, 종교인들은 자신의 세계관 내지는 삶의 자세를 어떻게 가져야 하는지 그 방향성을 제공해 주는 적절한 자료 중 하나가 그의 해석학적 신학인 것이다.

이것은 한국의 종교 상황을 서양에서 발생한 해석학적 방법론에 따라 조명해 봄으로써, 한국의 종교 문화와 사상을 서양인들로 하여금 자신들의 사상 내지는 문화 지평에서 알아들을 수 있도록 도와주는 작업이기도 하다. 스힐레벡스의 해석학은 종교적 체험이 발생되고 전승되며 하나의 종단으로까지 확장되어가는 과정에서 동서양 종교들 간에 구조적 유사성이 있음을 알려주는 적절한 방법론이라 할 만하다. 종교적으로 무언가를 체험하는 현상에 대한 스힐레벡스의 해설로부터 시작해 보자.

2. 인식적 체험과 해석의 틀

우리가 사용하는 한자어 체험(體驗)의 의미는 '몸소 겪음'이다. 이것은 "일에 직접 부딪쳐 얻은 지식이나 기능 내지는 그러한 행위"로서의 경험(經驗)과도 비슷한 말이다. 이 체험은 그 체험자를 변화시킨다. 거기에는 배움이 들어 있다. 체험을 통해 배우고 그 배움은 새로운 체험의 기초로 작용한다. 이렇게 체험과 배움은 순환적이다. 이와 관련한 스힐레벡스의 말을 들어 보자.

체험을 통해 배운다는 것은 새로운 구체적 체험이 우리가 이미 가지고 있는 지식 및 체험과 연결되면서 발생하는 한 과정이다. 이것은 순환적 효과를 낳는다. 우리가 이미 가지고 있는 체험 전체가 새로운 체험을 해석하도록 도와주는 해석적 틀(an interpretative framework) 혹은 체험의 지평이 되고, 그와 동시에 이 선재하는 해석적 틀은 이들 새로운 체험에 의한 비판에 개방되어 있다는 것이다. 이 비판은 보완해 주기도 하고 정정해 주기도 하는가 하면 때로는 근본적인 모순을 낳기도 한다. 여하튼 새로운 체험들의 결과 우리가 이전에 이미 체험했던 것은 새로운 맥락 안에서, 따라서 다른 방식으로 보이게 된다. 우리의 체험들은 언제나 선재하는 해석의 틀 안에 있다. 결국 이것은 과거에 축적된 인격적이고 집단적인 체험, 달리 말하면 체험의 전통과 다른 것이 아니다. 이 해석적 틀은 특정한 현재의 체험을 받아들이는 총체적인 것으로서, 그 체험에 의미를 부여한다. 그 결과 그것은 의미의 체험이 된다. 물론 이 해석적 틀은 이어 동일한 방식으로 우리의 현재적 체험으로 생성된다. 당시 해석적 틀 혹은 체험의 지평으로 작용하던 이전의, 좀 더 한정시키면 축적된 체험 - 그때는 새로웠던 체험이면서 지금은 우리 해석적 틀의 일부가 된 -

이 비판적 내지는 적어도 선택적으로 받아들여지게 된다. 그런 점에서 해석적 틀은 그 자체로 사람들이 이전에 이미 체험한 사건들과 사실들로 되어 있는 것이다.[1]

그 무언가를 체험한다는 것은 언제나 그 무언가가 체험될 수 있다는 것과 또한 그 체험을 그 어떤 체험이라고 규정해 주는 하나의 틀이 있다는 것을 전제한다. 이 틀 안에서 그 어떤 체험이 그 어떤 체험이라고 해석된다. 그래서 '해석의 틀'(a framework of interpretation)이다. 체험되는 그 무엇이 있고, 또한 그 체험을 그 어떤 체험으로 규정해 주는 해석의 틀이 이미 있다는 이 두 가지 사상은 칸트 철학의 기본이기도 하면서 스힐레벡스 사상의 토대이자 열쇠이기도 하다.

스힐레벡스에게서 체험과 해석의 틀은 두 개의 분리된 과정이 아니며, 적대적인 것은 더욱 아니다. 해석의 틀은 오히려 체험 자체의 구성적 계기(constitutive moment)이자 그 가능성의 조건이 되는 것이다. 어떤 체험을 어떤 체험이라고 규정해주는 해석의 틀 없이는 체험이라는 것도 없으며, 그 해석의 틀이 체험 내용을 구성한다는 것이다, 그는 말한다: "구조(structure)나 형식(form)의 요소는 우리 사고에 외적으로 덧붙여져 있는 것이 아니라 우리 인식의 본질적 요소이다."[2]

그런데 인류는 다양한 구조와 형식 안에서, 앞의 표현대로 하면 상이한 해석적 틀 안에서 살아왔고 지금도 살고 있다. 다른 환경과 다른 지평 속에서 그 어떤 체험들을 하는 것이다. 그렇다면 환경이 다른 그만큼 인간은 체험도 달리 한다. "우리는 무언가를 저마다 다른 방식에서 그 무언가로 보는 것이지, 동일한 체험을 그저 다르게 해석하기만 하는 것이 아니다."[3] 체험 자체가 다양하다. 이것은 넓게는 특정 사회나 집단에, 좁게는 개인에 모두 적용된다. 체험이란 그 자체로 주어지는 것도, 순수하게 객관적인 것도 아니다: 체험은 "심리적 · 사회 역사적 진공 속에서는 결코 발생하지 않는다."[4] 개인적으로 보더라도 체험은 체험하는 인간의 주체적 능력, 즉 그 체험자의 기억력과 감수성, 과거의 지식과 현재의 희망 사항에 의해 이미 채색되어 있고, 집단 혹은 사회적으로 보더라도 체험을 표현하는 전통적 양식, 한 사회에 유행하는 객관적 형식 등과 같은 여러 요소들에 의해 조건지어져 있기 때문이다. 인식을 동화시키는 능력이 저마다 다르다. 따라서 우리는 동일한 체험에 다양한 해석을 하는 것이 아니다. 오히려 체험 자체가 다양하다.

한마디로 체험은 해석적 틀에 조건 지어져 있다. 조건 지어져 있는 그만큼 체험에는 이미 해석적 요소가 들어있다: "선택적 해석들은 우리가 세계를 체험하는 바로 그 방식에 영향을 끼친다."[5] 이런 맥락에서 스힐레벡스는 체험과 해석을 선(先) · 후(後)의 이분법적 도식에서 보지 않는다. 오히려 "해석적 체험"(interpretative experience)이라는 표현을 써서 이들을 한데 묶는다. 체험은 해석적이다. 보편적 인간 체험에 대한 다양한 해석이 있는 것이 아니라, 그저 해석적 체험이 있을 뿐이다. 해석하는 행위 속에서 체험이 이루어진다는 말이다. 사람들은 저마다 다양한 해석적 체험들을 한다. "종교인은 비종교인과 단순히 다른 방식으로 해석하기만 하는 것이 아니라 다른 세계 속에서 다른 체험을 하며 사는 것이다."[6]

그렇다면 체험의 요소와 해석의 요소는 따로 분리될 수 없다. 체험이란 해석하는 행위 속에서 이루어지는 것이기 때문이다. 이때 해석이란 그 체험을 규정하는 언어적 행위이다. 체험의 내용이 언어로 옮겨지는 행위인 것이다. 그런 점에서 새로운 체험은 하나의 언술 사건(a speech event)이다. 그리고 그만큼 체험은 사유와 언어에 어울리는 인식적인 것이다. 스힐레벡스에게 체험은 감성적인(emotional) 것이라기보다는 일차적으로 인식적 실재(cognitive reality)이다. 감성의 '힘'도 인식에서 나오는 것이다.

물론 이 인식 역시 순수하게 개인적인 것일 수 없다. 그것은 주어진 역사적 지평과 사회적 환경 속에서 탄생한 것이며, 그에 의해 승인되어야 하는 것이다. 그런 까닭에 그가 말하는 체험은 단순한 개인적인 감성적 환상과 구분된다. 체험은 사회적으로 소통된다. 바로 이러한 이유 때문에 체험은 그 체험이 생기게 된 전제들이 참작되는 곳에서만 체험이 된다. "체험 속에서 우리는 체험된 것을 확인하되, 이미 알려진 모델들과 개념들, 양식이나 범주들을 써서 그 체험을 분류함으로써 그렇게 하는 것이다." "이론화 없는 체험, 즉 추측, 가설, 이론이 없는 체험이란 없다."[7] 결국 체험의 요소와 해석의 요소는 분리되는 것이 아니라, 해석적 체험 안에서 긴밀하게 한 데 묶여 있는 것이다.

3. 해석적 요소와 해석적 정향

체험은 기존의 해석적 틀에 따라 이루어진다. 그런 점에서 체험에는 언제나 이미 의미가 들어 있다. 의미는 임의적으로 만들어 내는 것이 아니라, 특정한 현재의 체험이 기존의 해석적 틀 안에 받아들여지면서 발생하는 것이다. 기존의 체험은 새로운 체험의 결과 변화된 맥락 안에서 다시 보이게 된다. 그 변화만큼 의미가 발생하는 것이다. 바꾸어 말하면 의미의 발생분 만큼 변화가 생겨나는 것이라고도 할 수 있다.

이러한 의미, 변화는 개개인의 조작 수준 너머에 있다. 주어진 지평을 누군가 마음대로 바꿀 수 없듯이, 체험은 인간의 의도대로 발생하지 않는다. 그런 점에서 체험은 어느 정도 주어지는 것이다. 스힐레벡스는 이를 두고 인간의 모든 예상을 넘어서는 실재(reality)가 부여될 때 체험이 발생한다고 말한다. 체험이란 예상 밖의 어떤 실재가 인간과 부딪치면서 인간 안에 발생하는 것이다. 실재가 인간의 삶 안에 자신을 내어 주는 것, 이른바 실재의 탈은폐이다. 그리고 이러한 실재는 허공에서 떨어지는 것이 아니라, 체험을 불러일으키는 구체적 자료들을 통해서 탈은폐된다.

스힐레벡스는 이러한 자료를 해석적 요소들(interpretative elements)이라고 부른다. 이 요소들은 체험에 구조와 형식을 제공해 주는 개념들과 모델들 - 앞에서 말한 것과 같은 사회의 형식, 과거의 지식 · 경험 · 설교, 사회의 근본 이론적 모델 등 - 로 구성되어 있다. 이 요소들 안에서, 그리고 이 요소들을 통해 새로운 의미를 불러일으키고 변화시키는 실재가 탈은폐된다. 다시 말하면, 어떠한 의미를 담고 있고 올바른 해석의 열쇠를 이미 쥐고 있는 해석적 요소들 안에서 실재가 스스로를 전달해 줄 때 새로운 체험이 발생한다는 것이다.

이런 맥락에서 보자면, 인도에서 생겨난 불교의 '공'(空)이 도가의 '무'(無) 차원에서 격의적(格義的)으로 번역됨으로써 중국적으로 자리 잡게 된 데에는 물론, 역사적 존재인 예수가 도리어 신적으로까지 높여지게 된 데에도 이러한 해석적 요소들이 작용했다. 붓다 안에서 최상의 깨달음을 보고, 예수 안에서 신이 제공한 구원을 체험한 사람들은 자연스럽게 이들을 그들 종교문화에 이미 흐르고 있는 어떤 핵심 개념들, 즉 붓다, 그리스도 등과 같은 개념들을 써서 이해한 것이라는 말이다.[8]

그런 점에서 각 종교들의 이론적 출발점은 붓다나 예수 자체 내지는 각종 교리서 같은 데에 있는 것이 아니라, 붓다 안에서 최상의 깨달음을 보고 예수 안에서 신의 궁극적인 구원을 본 사람들이 일으킨 운동에 있다. 응당 이 운동 안에는 당시의 힌두교적, 유대교적 맥락이 녹아 있는 것이다. 종교학자 스위들러(Leonard Swidler)가 강조하듯이, 예수는 그리스도인이 아니라 유대인이었으며,[9] 피에리스가 말하듯이, 고타마가 붓다로서 해석된 것이다.

다른 예를 들자면, 증산이라는 역사적 인물이 일종의 우주적 존재인 상제로 받들어지게 된 것도 한국적 상황과 토양에 어울리는 하나의 해석이라고 할 수 있다. 단순히 한국 종교사적으로 보자면 강일순이라는 인물이 스스로를 상제로 내세우면서 그에 동의하는 제자들을 규합해 하나의 종단으로 확립해 나갔다는 식의 현상 보고적 서술만을 주로 할 수 있겠지만, 종단에 속한 신자들의 눈으로 보자면 그것은 구천상제께서 이 땅에 자신의 모습을 드러내신, 어느 정도 필연적인 일이다. 증산계 종단에서는 한결같이 구천상제께서 육신을 입기 이전에 이미 천하를 대순(大巡)하신 뒤, 이 땅[東土]에서 30년 간 몸을 감추고 계시다가 최제우를 거쳐 '일순'이라는 존휘를 쓰는 분에게 결정적으로 나타나셨다고 주장한다. 물론 그것 역시 증산계 종교인들의 해석이다. 여기서 중요한 것은, 그러한 신앙적 해석에는 극도로 혼란스러웠던 구한말의 문화사적인 지평 내지는 하늘 혹은 상제 신앙을 가지고 살아오던 한국인 개개인의 삶의 상황이 놓여있다는 사실이다. 애당초 하늘에 대한 신앙이 없었다면 어찌 선천(先天)·후천(後天)·개벽(開闢)에 근거한 세계관이 등장할 수 있었겠는가. 유·불·선은 물론 무속·동학·서학·주역 등 기존 한국인의 종교적 선이해들이 증산의 가르침을 낳게 하고 또 이해하게 하는 지평으로 작용하는 것이다. 스힐레벡스의 표현을 빌리자면, 어떤 종교 형태이든 신앙적 전개 안에는 이미 해석적 요소들이 자리 잡고 있으며, 이 요소들은 또다시 새롭게 변화된 해석적 요소들 안에 수용되면서 전승되고 있다는 것이다.

이런 식으로 해석적 요소들은 새로운 체험을 발생시키고, 그 전 과정을 인도한다. 강일순이라는 인물의 내적 체험이 그에 공감하는 제자단을 통해 새로운 체험들로 이어져 나가고 있는 것이다. 해석적 요소들 안에 일정한 방향성이 들어 있는 셈이다. 스힐레벡스의 표현대로 하면, 해석적 요소 자체 안에 해석적 정향(interpretative orientation)이 들어 있다는 것이다. 그 해석적 정향으로 인해 해석의 모델이 결정될 뿐 아니라, 해석적 정향은 그 모델에 새로운 의미까지 부여해 준다. 증산에게 적용된 '구천상제' 개념이 옥황상제라고 하는 도교적 개념은 물론, 한국인이 막연하게 가지고 있는 하늘 혹은 천지신명 개념과도 다른 내용으로 변모하게 되는 것이다.

이 해석적 정향은 모든 시대에 획일적으로 적용되는 고정된 나침반과 같은 것이 아니다. 그것은 기존의 해석 모델이나 요소를 사용하면서 결정되는 것이고, 이것들에 다시 새로운 의미를 부여하면서 체험의 방향을 인도한다. 체험이 당시 상황에 맞는 해석적 요소들 안에서 자신의 방향을 잡아 가는 것이다. 그런 점에서 대순진리회든 증산도든, 천도교든 원불교든, 한국 안에서 자생한 종교들은 이러한 해석학적 원리를 성찰하면서 늘 새로운 상황에 맞는 종교적 원리와 메시지를 적극적으로 구현해 내야 할 과제도 짊어지고 있는 셈이다. 물론 이미 세계의 보편 종교라고 할 수 있을 불교나 기독교, 이슬람이라고 해서 예외는 아니다.

4. 대조 체험과 체험의 권위

스힐레벡스에 의하면, 체험에도 권위가 있다. 그 권위란 기존의 해석적 요소와 모델에 새로운 의미를 주고, 다시 새로운 체험을 낳을 수 있는 능력이다. 단순히 개인적 체험의 감성적 질(emotional quality)이 특출하다는 사실만으로 권위 있는 체험이라 말하는 것은 아니다. 그보다는 인간의 삶에 새로운 길을 열어 보여주는 체험일 때 권위가 있다고 말한다는 것이다. 새로운 길을 열어 보여준다는 것은 그러한 체험이 소소한 일상적인 체험 수준에 머물거나 그 안에 갇혀 있는 것이 아니라, 일상적 체험을 자극하고 바꾸어 놓을 만큼 일상적 체험 밖에서 온다고 해석된다는 것이다. 기존의 것과 다른 새로운 실재와의 해석적 체험이 삶을 변화시키는 것이다.

이처럼 사람을 변화시키는 권위 있는 체험은 인간의 일상적 계획과 의도를 넘어서는 곳에서 부여된다. 실재한다고 여겨지는 그 무엇은 인간을 당혹하게 만든다. 실재는 늘 인간의 계획을 무력화시키면서 자신을 드러낸다. 따라서 체험도 인간이 계획하고 의도한 것과 다른 방향에서 온다. "실재가 우리의 이성적 고안물들에 끝없이 저항하면서 우리로 하여금 언제나 새로운 미경험의 사유 모델을 갖도록 해준다"[10] 이처럼 실재는 기존의 틀이나 고정 관념을 흔들어 놓으면서 다가온다. 그러한 실재의 체험을 어떻게 언어화하느냐의 문제는 남아있지만, 어떻든 진리가 알려지는 것은 대체로 이러한 방식에 따른다.

> 진리는 우리가 이미 성취하고 계획한 것의 소외와 방향 상실에 의해 우리에게 다가온다. 이것은 이른바 실제적인 것 혹은 '그저 주어진 것'을 규범화하고 독단화하는 것을 깨버린다.[11]

한마디로 실재는 항상 예기치 못하게, 인간의 의도와 반대의 체험 속에서 자신을 드러낸다. 스힐레벡스는 이 반대의 체험을 '대조 체험'(contrast experience)이라 부른다. 대조 체험은 일종의 이상과 현실 사이의 괴리에서 발생하는 체험이라고 할 수 있다. 행복해지고 싶은 인간의 욕망 앞에 그 욕망과는 달리 다가오는 고통스러운 현실은 욕망과 고통의 차이만큼 새로운 체험을 불러일으키고, 기존의 틀을 변화시키며 의미를 발생시킨다: "의미의 영역은 우리의 인격적이고 사회적인 삶 안의 부정적 대조 체험 안에서 드러난다". 인간 편에서 적극적으로 말하자면 "비인간적인 것에 대한 비판적 대항 안에서" 의미의 영역이 드러나고 표현된다는 것이다.[12] 그런 점에서 대조 체험은 추구하는 행복, 자유 등에 대한 부정적이고 변증법적인 인식이라고 할 수 있다.[13] 의미의 영역은 이처럼 부정적, 변증법으로 드러나며, 이런 식으로 인간의 실존을 형성한다. 대조 체험은 인간을 인간으로 실존하게 해 주는 근본적인 체험인 것이다.

인간이 종교적 진리를 만나는 방식은 이런 식으로 대조 체험 안에서이다. 종교적 차원에서 그 진리를 '신'이라고 표현한다면, 그 신은 늘 뜻밖의 방식으로 체험된다. 기대치를 넘어선다. 그러기에 '초월적'이다. 인간이 장중(掌中)에 움켜쥔 진리는 더 이상 진리 전체가 아니다. 스힐레벡스는 이런 성서 구절은 든다: "내 생각은 너희 생각과 같지 않다. 나의 길은 너희 길과 같지 않다."(이사야 55:8) 신은 인간에 의해 계획된 체험이 아닌, 부정적 대조 체험 안에서만 알려진다는 뜻이다. 인간의 계획과 한계를 부수고 인간의 유한성을 끝없이 깨면서 새로운 의미를 발생시키고, 그렇게 하면서 자신을 드러내는 실재의 체험이 바로 대조 체험이다. 그런 까닭에 대조 체험이 구원 체험을 낳는 맥락이 된다고 말하는 것이다.

5. 체험의 역사화 : 전통의 형성

기존의 체험과 다르게 발생하는 이 대조 체험은 그 힘이 강력하여 체험자로 하여금 그 체험의 증인이 되게 한다. 체험자는 그 체험의 힘에 이끌려 발생한 사태에 대한 이야기, 즉 메시지를 다른 이를 위해 전한다. 체험의 권위는 이야기 구조(narrative structure)를 가지며,[14] 체험이 전해지면서 사람으로 하여금 그 체험에 대해 질문하게 하고, 새로운 체험에 개방적이게 만든다. 이해를 제한시키기도 하고 또 새롭게 이해시키기도 한다. 그럼으로써 새로운 가능성이 열린다. 그리고 삶은 갱신되어 가는 것이다.

이처럼 체험은 그 이야기 구조로 인해 이 사람에게서 저 사람으로, 한 세대에서 다음 세대로 전승된다. 한 세대에서 다음 세대로 전해질 수 있다는 것은 체험이 역사적으로 표현된다는 뜻이며, 한 집단이 공유하는 자료 안에서 발생한다는 뜻이다. 체험은 전승되면서 전통을 형성한다. 체험의 전통이란 사람들이 세계 안에서 살면서 그것을 이해하고 다루는 방식과 수단의 계속되는 역사적 표현이며, 새로운 체험들을 객관화하고 그것들을 이미 얻어진 것 안에서 통합하는 수단이다. "달리 말하면 특정한 인간이 지닌 체험의 역사적 지평인 것이다". 체험과 전통은 결코 분리되지도 않고 대립적이지도 않다. 그것들은 서로가 서로를 가능하게 해준다. 체험은 하늘에서 떨어지지 않고 한 전통의 영역 안에서 발생하며, 다시 그 전통을 변화시킨다. 이들은 순환 관계에 있다. 다시 말하면, 전통은 새로운 체험과 이해를 가능하게 해주는 긍정적인 것이기도 한 반면에 다른 한편으로는 그 체험과 이해를 제한하는 부정적인 것이기도 하다는 말이다. "그것은 우리의 체험을 특정한 방향으로 이미 인도하고 있는, 선택적인 것이다."[15]

그러면서 전통은 또 새로운 체험들을 통합하고, 그만큼 스스로 변화된다. 기존의 것을 재해석하고 새로운 것을 통합하는 데서 전통이 확립되는 것이다. 바로 이곳에 전통의 힘과 권위가 있다. 전통은 새로운 체험들을 낳고 또 새로운 체험들을 흡수한다. 그렇게 변화되면서 끝없이 유지되어 나가는 것이다. 따라서 전통이라는 이름으로 새로운 해석의 가능성에 문을 닫아 놓은 채 체험을 일방적으로 조작하거나, 특정한 상황에서나 가능한 문자적 표현을 모든 시대에 일방적으로 요구하는 오류를 범해서는 물론 안 된다. 가령 원불교도 소태산의 깨달음, 비범한 인격과 실천적 메시지 등을 기원으로 하고 기성 불교의 적극적 수용 과정에서 성립되어온 해석적인 것이다. 아울러 종교적 진술과 선포는 "언제나 다양한 형상들 및 해석적 요소들과 함께 끝없이 명료하게 표현될 수 있고 표현되어야 한다."[16] 이것을 잊어버리면 교리라는 이름으로 진리의 실재를 가려 버리고, 경전이라는 이름으로 생생한 체험을 화석화시킨다. 불립문자(不立文字)라는 선(禪)의 종지를 새삼 거론할 필요도 없겠거니와, 하늘 역시 땅 위의 문자 안에 갇혀 있는 것이 아니라, 오늘 살아서 움직이는 곳에 있다. 이것을 잊어버린 곳에는 더 이상의 체험의 힘도, 새로운 체험의 가능성도, 따라서 권위도 없다.

6. 체험과 계시

제자들은 스승의 행위를 체험하고 말로 표현한다. 그 속에서 '하늘'의 이치를 읽어 내고, 이른바 후천개벽의 세계를 기대한다. 이렇게 스승을 통해 제자 안에서 읽혀진 하늘의 이치가 이른바 '계시'이다. 그것은 하늘의 행위이지만 기본적으로 인간에 의해 체험되고 전달된다. 그렇다면 인간의 체험은 계시를 가능하게 해 주는 해석학적 조건이며, 계시는 체험 안에서, "사건, 체험, 해석의 긴 과정 속에서 발생한다."[17]

그럼에도 인간의 체험과 계시는 단순 동일시되지 않는다. 계시가 인간에 의해 체험되는 것은 분명하지만, 그것은 먼저 뜻밖의 실재와의 만남 속에서 주어진, 그리고 인간이 만들어 내는 것이라기보다는 공간적인 표상을 빌리면 '위에서'(from above) 오는 것이기 때문이다.[18] 하늘은 인간 안에서 드러나되, 인간 안에 갇히지 않는다. 그런 점에서 인간에 대해 초월적이다. 가령 스힐레벡스는 이렇게 말한다: "신의 역사 내 행위는 어떤 '간섭주의자의 행위'나 역사가가 측정하고 확증할 수 있는 산물이 아니다. 신의 행위는 물론 절대적이고 초월적이고 창조적인 신성한 행위이다."[19]

신의 행위가 절대적, 초월적이면서 창조적인 행위라는 말은 다시 그의 표현을 빌리면 신은 가장 멀고도 가장 가까운 자(Ultimate-Intimate One)라는 뜻이며, 신의 초월성 역시 역사 안에서 확인되는, 역사 안에서만 말해질 수 있는 초월성이라는 뜻이다. 초월자도 내재적 체험 안에서만 드러난다. 신이 멀리 계시다고 말할 수 있는 것도 신을 가장 가깝게 체험하는 곳에서이다. 그래서 역사 안에 제약되어 있는 인간이 역사를 넘어서는 신을 말할 수 있는 것이다.

그에 의하면, "이것은 모두 이런저런 방식으로 신의 초월적이고 창조적인 행위가 우리 세계 안에서 표현될 것이라는 점을 함축한다. 그렇지 않다면 역사 안에서의 신의 행위에 대한 우리의 말을 정당화해야 할 아무런 근거나 기회도 갖지 못할 것이다. … 우리가 신의 초월성을 말하는 것은 우리 자신의 우연성 외에 다른 기반을 가지지 않는다. 종교 언어는 탈은폐로서의 우리의 우연성 체험에서 재료를 끌어온다. 여기서 심원한 시각이 열린다."[20]

즉, 그것은 인간의 유한성에도 불구하고, 또 역사적인 맥락에서 보자면 그저 우연한 체험에 지나지 않음에도 불구하고 그 우연성을 자각하는 그곳에서 우연성을 넘어서는 세계가 열린다는 것이다. 이것은 "역사 내 신의 행위를 말하는 신앙 언어"에는 인간의 체험적 기초가 있으며, 실재의 비신적이고 우연적인 성격이 명백해지는 곳에서 신적인 의미가 발생하고 하늘의 계시도 드러나는 것이다. 하늘의 계시를 드러내는 인간은 그런 점에서 '위대하다'. 인간은 역사 안에 던져진 우연적 존재인 것 같지만, 그러한 인간의 현실이 도리어 종교적 진리 혹은 놀라운 깨달음의 세계를 알려 주는 체험적 기초가 되는 것이다. 종교적 진리가 언제나 인간적 진리일 수밖에 없는 것도 이러한 이유에서이다.

그렇다면 계시라는 것 역시 그것이 인간의 체험 안으로 들어오는 순간, 그 안에서는 인간적 본성이라든지 신적 본성이라는 식의 이원적 구분이 제거된다. 하늘은 땅 위의 체험 안에서만 총체적으로 알려지고 땅 위에서의 체험은 하늘의 존재를 드러내는 총체적 요소이다. 하늘의 계시와 이 땅에서의 응답은 "하나이자 똑같은 풍부한 실재의 두 국면이다."[21] 레비나스 (Emmanuel Levinas, 1906-1995)의 말처럼, "부름은 응답 안에서 들린다". 순수한 진리 인식이란 없다. 하늘을 긍정하는 말도 현 지평에 종속되어 있고 하늘을 부정하는 말도 현 지평에 조건지어져 있다. 역사 안에서 하늘의 제도 행위를 체험하는 것은 주어진 체험의 전통, 해석적 요소, 해석의 틀 안에서만 가능하다. 하늘의 계시는 충분한 해석적 체험의 맥락 안에서만 발생하는 것이다.

이런 식으로 계시 역시 해석적 체험이다. 계시는 계시로 체험될 수밖에 없는 그만의 해석적 요소를 자체 안에 지닌다. 계시는 "오랜 역사를 가지고서 우리가 살고 있는 사회-역사적 집단 안에 이미 주어져 있는 현상들과 개념들, 의미와 정서에 의해 뒷받침되는 언어 안에서 발생"하며, 폴 리쾨르 (Paul Ricoeur, 1913-2005)의 표현을 빌리면, '믿을 만한 자료'(le Croyable Disponible) 안에 주어지는 것이다.[22] 자체 안에 해석적 요소를 지니고 믿을 만한 자료 안에서 주어지는 까닭에 어떠한 계시는 바로 그 계시일 수밖에 없는 유일한 체험이 되는 것이다. 동일한 계시에 대한 다양한 응답이 있는 것이 아니라, 모든 계시는 저만의 해석적 요소를 지닌 고유한 것이라는 말이다.

물론 그것은 인간의 체험이다. 그러나 분명한 것은 계시가 우리의 체험들로부터(from) 현현하는 것이 아니라, 그 체험들 안에서(in) 현현한다는 것이다.[23] 인간의 체험에 기원을 두는 것이 아니라, 인간의 체험을 통해 그 안에서 발생하는 것이라는 말이며, 계시는 주어지되, 철저하게 인간의 우연성 체험 안에 주어지는 것이라는 말이다. 계시는 '위에서' 혹은 '밖에서' 오는 것이라는 오랜 표현을 스힐레벡스는 이런 식으로 해석적이고 내적인 체험 안에서 재해석해 주고 있는 것이다.

7. 계시와 종교적 믿음

스힐레벡스는 믿음의 문제도 같은 맥락에서 다루면서 이렇게 말한다: "계시는 종교적 응답 안에서 자체를 현현한다."[24] 다시 말해 "계시의 내용은 결코 하나의 순수한 그대로의 상태로 우리에게 주어지지 않는다. 그것은 이미 어느 정도는 신학적 반성을 포함하는 신앙의 언어 속에서 주어진다.[25]

이 책의 제2장에서 불교적 믿음의 문제를 다루었거니와, 종교적 믿음도 그 자체로 순수한 것이 아니다. 거기에는 이미 교리적 반성이 들어 있다. 다시 불교적 언어를 빌리면, 이른바 공부(工夫)가 들어있는 것이다. 그리고 누군가로부터 무언가의 선포를 들음으로부터 생긴다. 근대 한국 종교에서 포덕(布德)이라는 말을 많이 사용하고 있듯이, 믿음도 '덕이 베풀어지는 곳'[布德]에서 그 '덕'에 힘입어 발생하는 것이다. 그러나 이러한 베풂은 그 개인의 해석적 틀이나 해석적 요소들을 이용함으로써 비로소 베풂이 되고 그에게 신앙적 양상으로 나타난다. 이 책의 3~4장에서 타력과 은총의 문제를 짚어보기도 했지만, 믿음은 그런 점에서 창작되는 것이라기보다는 주어지는 것이고, 주어진 것에 대한 진지한 반성 속에서 또 형성되기도 하는 것이다. 그러한 주어짐과 형성 속에서 계시의 내용도 발생하는 것이다.[26]

이런 식으로 계시와 신앙 역시 상호 분리되지 않는다. 신앙은 주어지는 계시를 계시로 알아듣게 해 주는 인간의 응답이다. 그리고 그것은 그저 해석적 요소들 가운데 하나가 아니라, 온갖 해석적 요소들을 자신 안에 통합시키면서 계시적 체험들을 발생시키는 총체적인 것이다. 신앙은 세상 만사에 의문을 던지면서 기존의 의미에서 새 의미를 찾아내고 찾아낸 그만큼 변화한다. 부정적 대조 체험들 안에서 스스로를 변화시키며 유지해 나가는 것이다: "신앙의 체험이란 의심을 가지고 살아갈 수 있는 능력이다".[27] 신앙이 일상의 부정적 대조 체험을 신의 계시로 체험하게 해 주는 것이다. 인간은 이처럼 유한한 일상사를 신앙적 언어로 주제화시킬 수 있는 체험을 한다. 이것이 이른바 '탈은폐 체험'(disclosure experience)이다. 이 탈은폐 체험에서 종교인은 세속성 안에 갇히지 않는 넓이와 깊이의 차원을 인식한다.[28] 탈은폐 체험으로서의 신앙이 종교인을 종교인답게 해 주는 본질적 요소인 것이다.

> 종교적인 신앙은 세계 안에서의 인간의 삶이되, 하나의 만남으로, 이 점에서는 신의 탈은폐로 체험되는 것이다. 이 나중의 것은 이론적 의미에서의 한 해석이 아니다. … 그것은 사실상 종교인으로 하여금 그들 삶의 사건들을 '체험'하게 해주는 특정한 방식이다.[29]

이 신앙은 인간 전체와 관련된다. 그것은 인간 삶의 부분적인 요소가 아니라 모호한 인간의 체험을 유의미한 총체적 체험으로 인도해 주는 적극적 요소이다. "인간은 그의 전 존재와 소유를 가지고 적극적으로 체험한다. 따라서 주체와 객체가 기여하는 바를 아주 정확하게 구분할 수는 없다. 우리가 대상적인 것으로 - 우리에게 다가오는 것으로 - 체험하는 것은 우리의 개념들과 관련 사항들, 그리고 참으로 우리 계획과 관심사에 의존한다".[30] 계시는 내적인 응답에서만 발생하고, 그 응답은 언제나 "그 자신의 개념적 지평과 의문의 영역을 지닌 아주 구체적인 상황 안에서" 발생하는 것이다.[31]

8. 계시적 체험의 연속성과 불연속성

따라서 계시 안에서는 대상적 요소와 주체적 요소가 분리되지 않는다. 그러나 분명히 구분은 된다. 해석학적 물음은 이런 구분을 전제할 때 나온다. 가다머가 '시간적 거리'를 해석학 안에 적극적으로 받아들이는 것과 비슷하게, 스힐레벡스도 종교적 계시의 본래적 체험 안에서 신자들에게 온 것과 "기존의 해석적 요소들, 즉 사회적이고 문화적이고 종교적인 시대의 관용어들"[32]에서 온 것을 구분한다.

그에 의하면 이것은 인간이 원하는 종교적 구원의 내용과 역사에서 온 대답 사이에는 연속성과 불연속성이 동시에 있음을 의미한다. 피치 못하게 신자들의 구원 물음은 그 종교의 주창자를 향해 있고, 그 안에서 우주적 진리를 확인하고자 한다는 점에서 연속성이 있다. 그렇지만 이러한 체험이 전승되되 역사적 상황이 늘 달라진다는 점에서 보자면 불연속적이다. 이 연속성과 불연속성은 상호 모순되는 것이 아니다. 이 둘은 그 자체로 명확히 구분되지 않은 채 공존한다. 공존하면서도 그것들 사이에는 갈등과 긴장이 있다. 가령 원불교의 경우는 소태산과 정산, 그리고 대산으로 이어지는 가르침의 전승 사이에 연속성도 있지만 불연속성도 있다. 시대가 달라지면서 더 수용하거나 강조해야 할 부분에서 다소 차이가 나기 때문이다. 소태산이나 정산이 생존하던 초기만 하더라도 동학이나 증산 사상의 흔적도 제법 보였지만, 이제는 기성불교의 한 종파 같은 느낌이 들 정도로 불교로부터 더 많은 것을 수용하고 배워 왔다. 순수한 연속성이란 불가능하다는 뜻이다. 마찬가지로 증산계 종단의 신자들이라면 당연히 증산의 삶과 가르침에 결정적인 도전과 영향을 받지만, 이러한 영향과 도전은 한 번에 끝나는 것이 아니라 자기가 처한 상황에 따라 끝없이 반복된다. 음양합덕, 신인조화, 해원

상생, 도통진경이라는 대순사상의 사강령도 신령계와 인간계의 합작품일 수밖에 없다. 증산으로 인해 전해진 도 자체와 현 도인들 사이에 긴장이 있을 수밖에 없는 것이다. 이러한 불연속적 긴장이 '도'가 유지되는 과정이다.

이처럼 도전과 영향으로 인한 끝없는 변화야말로 진정한 연속성의 근원이다. 불연속성 안에서 발견되는 연속성이 가장 창조적인 연속성이다. 새로운 실재를 낳지 못하고 단순한 교리적 답습만 고집한다면, 그것은 그저 모조품을 만들어 내는 일에 지나지 않을 뿐, 전혀 후천 세계를 여는 창조적 작업이라 할 수 없을 것이다.

9. 제2의 경전으로서의 현재적 지평

이처럼 스힐레벡스는 종교의 정초자 안에서 보인 인간의 구원이 시대에 따라 '불연속적으로 연속되는' 해석학적 문답의 과정을 보면서 두 가지 중요한 결론을 이끌어 낸다.

첫째, 신자들은 언제나 해석적 요소에 묶여 있다. 그렇기 때문에 특정 종교의 시작은 "언제나 다양한 형상들과 해석적 요소를 지니고서 다함없는 방식으로 명료하게 표현될 수 있고 표현되어야 한다."[33] 종교적 정초자의 선포에 진지하면 할수록 지속적으로 변화하는 현 상황과 문화에도 진지해야 한다는 것이다. 그 현 상황과 문화가 종교적 진리의 문제를 종교적 진리로 피어오르게 해 준다는 것이다. 진리가 한국 땅(土)에 뿌리내리는(着) 문제 이전에, 한국의 토양(土)에서 새로운 종교적 진리를 피어오르게(發) 하는 문제라는 것이다. 새로운 해석적 맥락이 종교적 신앙의 내용을 살아 있게 해 주는 것이기 때문이다.

기존의 해석적 요소들이 더 이상 오늘의 상황과 상관없는 것이 되면 그 개념들도 변한다. 그렇지만 본래적인 체험이 전달되는 방식은 언제나 이러한 변화를 통해서이다. 그럴 때에만 사람들은 증산 상제의 천지공사 내용을 바뀐 상황 속에서도 여전히 긍정하고 체험할 수 있는 것이다.

둘째, 각 종교인들의 체험은 모두 같지 않고 같을 수도 없다. 21세기의 구원 체험은 이천년 전의 그것과 같을 수 없고, 19세기의 그것과도 같을 수 없다. 한국의 종교 체험과 서구인의 종교 체험도 같을 수 없다. 시대가 변하고 세계가 변하는 그만큼 인간이 원하는 구원과 행복이라는 것도 변하기 때문이다. 그렇지만 분명한 것은 이러한 새로운 변화의 체험이 종교를 늘 변화시켜 주고 심화시켜 준다는 것이다. 종교적 진리가 선포되면서 선교지가 변화할 뿐만 아니라 선교자 자신도 변화하고 풍요로워진다는 것이다. 다른 세계관과 문화 속에서 사는 이들이 지니고 있는 다른 문제가 자기 종교에 빛을 비춰 주고 새로운 반응을 불러일으키며 그 전통을 심화시키는 것이다.

그렇다면 어느 종교든 자신의 핵심을 논하는 마당에 주어진 시대에 맞게 해석되는 다양한 방식을 제외시킬 수 없고 제외해서도 안 된다. 종교적 체험이 하늘에서 온 인간의 구원이라는 객관적 현실과 그 구원에 대한 인간적 응답이라는 주관적 태도의 종합이라고 한다면, 그리고 객관적인 것은 언제나 주관적인 것 안에서 그리고 그것을 통해서 파악되는 것이라고 한다면, 종교적 구원의 보편성은 늘 현재의 구체적 조건들과 별도로 파악될 수 없는 것이다.

이런 맥락에서 보자면, 자신이 살고 있는 세계 안에서 자신이 하는 자기 삶의 이야기 역시 하나의 '경전'과 다름없다. 스힐레벡스는 그리스도인이 예수의 언행을 담은 네 가지의 복음서를 진리 판단의 척도로 삼는 그만큼, 자신이 처한 지평이 복음의 내용을 새롭게 해 주며, 따라서 그것 역시 복음서에 버금간다는 일종의 은유적 표현으로서, '제5복음서'라는 용어를 구사한다. 가령 그리스도인은 이 제5복음서 안에서 그들이 보는 예수의 역사를 만들고 쓴다는 것이다. 다양한 문화적 배경의 틀 안에서 그렇게 하는 것이지만, 이것이 그 본래 모습에 충실하는 방법이라는 것이다.

마찬가지이다. 이런 맥락에서라면 진정한 의미의 경전은 문자화한 「동경대전」이나 「대종경」 혹은 「대순전경」 안에만 갇혀 있지 않다. 경전을 해석하게 해 주는 현 지평 역시 또 하나의 경전인 셈이다. 제자들이 이해하고 그 사회의 구성원들이 이해할 수 있도록 해석해 주는 지평 역시 문자화한 경전과 불가분리의 관계에 놓여 있다.

아무리 해도 경전은 중립적으로 읽히지 않는다. 경전 독서에 진정한 의미의 객관성은 없다. 처한 형편에 따라 시대 장소에 어울리는 다양하고 새로운 체험의 원천으로 작용할 뿐이다. 하지만 역설적이게도 바로 이것이 경전에 권위를 부여해 준다. 우주적 진리가 특정 시기나 사람 안에 갇히지 않고 시대를 넘어 모든 이에게 체험되는 것 역시 신앙 혹은 진리라는 것이 사회-역사적으로 조건지어져 있기 때문에 가능한 것이다.

10. 구원의 장소로서의 세상과 역사

종교적 진리가 현 상황에 맞는 해석적 틀에 따라 알려진다면, 진리는 그 자체로 직접 체험되는 것이라기보다는, 언제나 세계 '안에서', 구체적인 인간의 역사 '안에서' 간접적으로 알려진다. 하늘의 이치는 늘 땅 안에서 이루어진다는 것이다.

그런데 구체적인 땅의 역사는 언제나 하늘을 거슬러 말하는, 하늘 부재의 영역으로 보인다. 오늘 이 땅은 도대체 신이 어디 있는가 찾을 수 없을 만큼, 또 진리가 구현되고 있는가 알 수 없을 만큼 고통스러운 곳으로도 보인다. 그러나 바꾸어 말하면 역설적이게도 이것은 신을 거스르는, 진리를 거스르는 인간의 역사를 다시 거스를 때 종교적 진리가 드러난다는 뜻이기도 하다.

하늘의 계시는 언제나 인간의 현 상황 안에서 발생한다. 역사의 한복판에서 벌어지는 부정적 대조 체험 안에서 새로운 시각이 열리고, 우주적 진리의 증거가 드러난다. 역사 안에서 벌어지는 현상들은 많은 경우 종교들의 원천적 선포와 대조적임에도 불구하고, 그 대조적인 현실 안에서 그 현실을 넘어설 수 있는 구원의 길이 열린다. 스힐레벡스는 이렇게 말한다.

> 계시는 세상 '내적' 인간의 역사적 인간 체험 '안'에서 발생하지만, 동시에 그것은 우리의 한정된 세계 안에서 우리가 당연하게 받아들이는 것으로부터 우리를 불러낸다. 그러므로 그것은 이른바 세계 안에 있는 우리의 자명한 체험에서 직접 찾아지는 것이 아니다. 체험으로서의 계시는 인간 실존의 차원들 안에 있는 한계를 가로지르는(넘어서는) 것이다.[34]

계시는 인간의 실존 안에서 발생한다. 인간 실존과 다른 차원의 것을 더 보태거나 뺌으로써가 아니라 일상적인 인간 실존 그 안에서 발생한다. '초세상적'으로 발생하는 것이 아니라 '세상 내적'으로 발생한다. 물론 세계 내 체험이 그 자체로 하늘의 계시가 된다는 뜻은 아니다. 그것은 신적 인간 구원 행위가 이 세계 안에서 탈은폐된다는 말이다. 이것을 스힐레벡스는 "세상 밖에는 구원이 없다."(extra mundum nulla salus)라는 명제로 표현한다.[35] 진리가 드러나고 인간의 구원이 실현되는 곳은 바로 이 세상이며, 인간의 구원은 이 세계 안의 구체적 체험 안에서 발생한다는 것이다.

구원은 인간 역사 안에서 하늘의 계시를 보고, 광대한 하늘이 제한적인 듯한 인간적 현실 안에서 발견되는 것임을 깨닫는 구체적 세계 안의 체험이다. 인간의 유한한 현실, 이러한 현실에 눈뜨게 해 주는 세상 안에서의 체험 없이는 종교적 구원도 있을 수 없다. 세계는 우주적 계시의 매개이자 장소이며, 인간 해방이 이루어지는 곳이다. 세계 내 인간의 한계 체험, 우연성 체험, 그리고 인간의 고통 체험이 하늘의 계시를 매개하고 탈은폐시키는 것이다. 그래서 스힐레벡스는 이렇게 말한다: "신의 은총은 위로부터나 아래로부터 드러나는 것이 아니라, 인간의 역사 안에 인간 상호 간의 만남 안에서 수평적으로 드러나는 것이다".[36] 신적 계시의 근거는 고통스런 세상에서 이루어지는 유한과 대조의 체험, 그 한복판에 놓여있다. 그런 까닭에 "세상 밖에는 구원이 없다!" 스힐레벡스는 이런 식으로 체험·계시·신앙 등을 해석학적 시각에서 통합적으로 설명하면서, 종교적 구원의 특수성과 보편성, 초월성과 역사성을 충실히 살릴 수 있는 토대를 마련해 준다.

11. '해석'을 다시 해석하며

"일체중생실유불성", "우리와 함께 하는 신"(임마누엘), "시천주", "법신불 일원상" 등은 종교들에서 선포하는 보편적이고 객관적이며 원천적인 진리이다. 그러나 이러한 원천적 보편성에도 불구하고 현실적으로 모든 이가 이러한 진리의 세계를 이해하거나 구현하고 있는 것은 아니다. 원천적 진리와 현실적 적용 사이에는 언제나 긴장이 있다. 그렇다고 해서 이러한 긴장이 원천적 진리를 무의미하게 만드는 것도 아니다. 그것은 도리어 종교적 진리란 어떻든 구체적 역사 안에서 알려지는 것일 수밖에 없으며, 늘 연속적 불연속성 속에서 스스로를 드러내는 것이라는 자명한 이치의 반증이 된다. 동시에 인간의 유한한 역사적 현실이 원천적 진리에 맞게 개혁되어야 한다는,

실천적 요청이 되기도 한다. 그러한 개혁적이고 개방적 실천이 끝없는 긴장 속에서도 원천적 진리를 구체화시키는 최상의 지평인 것이다.

이 글에서는 스힐레벡스 해석학의 요지를 개관하면서, 한국의 종교적 맥락에 맞게 적용해 보고자 했다. 그래서 대순사상 등 한국형 신종교의 세계관도 빈번하게 인용했다. 신종교는 새로운 사상이 생겨나고 변화되며 전개되는 과정을 비교적 생생하게 볼 수 있는 사례들이기 때문이다. 물론 거슬러 올라가면, 불교나 기독교와 같은 오래된 고전적 종교들도 마찬가지의 과정을 겪어왔고, 지금도 겪고 있다. 서양의 종교에서든 한국의 종교에서든 진리라고 하는 것은 허공에서 뚝 떨어지는 일방적인 것이라기보다는 이 땅 안에서 이 땅의 상황에 맞을 때 피어나는 것이라는 점에서는 한 치도 다름이 없는 것이다.

물론 이 땅의 상황이라는 말은 다분히 은유적이고 포괄적인 표현으로서, 넓은 의미에서 보자면, 신자들의 기복적인 자세, 진리 독점적 배타적 자세까지 포함하는 말이 될 수 있다. 하지만 그렇다고 해서 그러한 자세가 정당하다는 뜻은 결코 아니다. 그보다는 나와의 '다름'을 받아들일 수 있는 개방적이고 포용적인 자세 자체에 더 무게중심이 놓여 있는 말이다. 나와 다른 것을 받아들이려면 일단 나의 자세를 낮추고 나의 것을 비워야 한다. 이러한 비움과 낮춤, 그로 인한 받아들임의 행위는 그 자체로 종교적이다. 진리가 현재적 지평 속에서, 이 땅 안에서 피어난다는 말은 적극적으로 표현하면 이웃의 필요에 부응하면서 자신을 비워감으로써 채워지는 진리의 양식이라고 할 수 있다. 이러한 적극적이고 자기 비움의 포용적인 자세만이 불교와 기독교 등 동서양의 종교들을 상호 대립이 아니라, 다양성 속의 공존을 이룰 수 있게 해 주는 근본적 기초로 작용할 수 있을 것이다.

10 오늘 우리의 구원과 해탈
- 어느 불교적 신학자의 구원관

1. 구원과 해탈은 다른가

구원과 해탈은 인간이 추구하고 도달해야 할 기독교와 불교의 이상적 상태 혹은 세계를 의미한다. 기독교와 불교가 다른 종교인 만큼 그러한 상태 혹은 세계에 이르는 길에 대한 방법적 묘사도 다르고, 심지어 이상세계 자체도 다를 것이라는 선입견도 강하다. 구원과 해탈을 현세적 상태로 규정하든, 내세적 세계로 규정하든, 예배당에 다니거나 절에 다닌다는 이유로 인간이 경험하는 이상 상태가 완전히 달라진다고 규정하기는 힘들다. 기독교인과 불자가 비록 표층적 차원에서 서로 다른 언어를 구사하고 있지만, 심층적 차원 및 사후에 경험할 궁극적 차원에서마저 서로 다른 상태에 처하게 되리라는 생각은 설득력이 떨어진다. 불자든 기독자든 누구나 동일한 자연법칙에 따르고, 적어도 한국에서는 같은 언어, 비슷한 문화를 공유하며, 동시대에 사회적 고민도 비슷하게 하며 살다가 결국 자연의 이치에 따라 생을 마감하는데, 불교에 속했느냐 기독교에 속했느냐에 따라 완전히 다른 세계로 진입하게 된다는 생각은 차라리 순진하게 느껴진다.

이러한 문제의식을 가지고 이 글에서는 "오늘 우리의 구원과 해탈"에 대해 나는 어떻게 생각하는지 정리해보도록 하겠다. 불자와 기독자가 저마다의 종교적 정체성을 드러내는 학술 모임에서 요청받은 주제이니만큼 단순히 이론적 접근이 아니라 실존적 접근을 시도할 것이다. 내가 기독교적 배경 속에서 성장했고 여전히 기독교적 정체성을 지니고 살고 있지만, 그렇다고 해서 단순히 기독교적 구원론을 다루려는 것은 아니다. 무엇보다 기독교 전통 안에도 다양한 구원관이 있어 왔으며, 그만큼 무엇이 기독교 구원론인지 객관적으로 규정하기도 힘들기 때문이다. 짧은 지면에 내가 종합한다고 종합되는 것도 아닐 만큼 가장 광범위한 개념이기도 하기 때문이다. 다만 구원의 핵심은 일단 개인 안에서 벌어지는 내면적 사건에 있는 만큼 일단은 기독교 전통 안에서 성장해 온 나의 속생각을 적어보는 방식으로 '오늘 우리의 구원' 문제를 정리해 보고자 한다. 그러는 가운데 기독교적 구원론이 적절히 드러나는 글이 될 수 있기를 바랄 뿐이다. 그러면서도 불교로 인해 세계관의 확장과 심화를 경험한 만큼, 가능하다면 불자가 친근하게 여길 만한 기독교 구원론이 될 수 있다면 더욱 좋겠다.

2. 오늘 우리

'오늘 우리'라는 말에는 시간성과 관계성이 적절히 어우러져 있다. 시간이란 어떤 사실이 지속되고 있음을 감각 기관을 통해 체험하는 한 양식이다. 어떤 사실들에 순간순간 반응하는 몸의 경험이 연속적으로 이루어지는 것을 두고 흔히 '시간이 흐른다'는 식으로 말하는데, 중요한 것은 이러한 시간 체험의 양상이 저마다 다르다는 것이다. 그런 점에서 '오늘 우리'라 하지만 그때의 '오늘'은 엄밀하게 말해서 우리에게 모두 동일한 시간은 아니며, 우리도 동일한 시간을 살고 있는 것이 아니다. 감각과 해석의 정도가 다르기에 저마다의 시간도 다르며, 그만큼 우리는 다양한 시간의 집합체일 수밖에 없는 것이다.

그럼에도 오늘이라고 한다면, 그때의 오늘은 체험적 다양성 내지 관계성의 인식이 심화되는 상황을 일컫는다. 예나 이제나 사람들의 삶의 양식은 다양했고, 의식하든 의식하지 못하든 관계성 안에서 움직여 왔지만, 그에 대한 인식의 정도에서는 분명히 차이가 있다. 저마다의 삶 안에 이미 이웃이 들어와 있고, 인간 하나하나가 자연의 변화에 종속되는 자연의 일부이며, 이러한 관계를 떠나서는 저마다의 삶을 논할 수 없다는 인식이 커지고 있는 때가 오늘인 것이다. 관계성 의식이 심화되는 오늘에 대한 논의는 필연적으로 '우리' 의식을 강화시켜 준다.

물론 지구화 과정이 급속하게 전개되고, 그만큼 '시공간의 압축'이 일어나면서 지역적 다양성과 개인적 차별성이 무시되는 사태의 반성도 필요하지만, 그것은 이 글의 일차 관심사가 아니다. 글의 후반부에 일부 다루어 보기는 하겠으나, 여기서는 이번 주제 그대로 오늘 우리에게 구원이란 무엇인지 구원 자체에 초점을 두고자 한다. 이를 위해 '나'는 무엇이며, '우리'의 범주는 어디까지 확장되는지부터 살펴보자.

3. 나와 우리

나는 어디서 비롯되었는지 그 존재의 근원을 분석해 보면, 그 영역은 사실상 우주적 차원으로까지 확장된다.

나는 어디에서 왔으며, 또 어디로 가는 걸까? … 곰곰 생각해 보면, '나'라는 존재는 어머니 배 속에서 태어난 날부터 시작된 것만도 아니고, 내 육체적 죽음으로 끝나는 것만도 아니라는 사실을 알 수 있다. 그 생물학적 기원을 따져 보면, 출생 전 태아 상태로 있을 때도 '나'이거나 적어도 나의 근원이고, 어머니와 아버지의 씨앗이 만나 이제 막 꿈틀대기 시작한 그 수정체도 '나'이거나 나의 근원이 아닐 수 없다. 어찌 그것만 나의 근원이겠는가? 난자와 정자를 만들어 낸 어머니와 아버지가 없이 어찌 내가 있을 수 있겠는가? 그러니 어머니, 아버지 몸의 일부도 나이거나 나의 근원이다. 어머니, 아버지뿐이던가? 더 거슬러 올라가면 나의 기원은 조부모, 증조부모에게 연결되고, 더 올라가면 인류의 첫 조상에게까지 연결될는지 모른다.

시대적으로 소급해 올라가서만 나의 기원이 찾아지는 것은 아니다. 현재 내가 처한 상황의 수평적 관계망 속에도 내 삶이 들어 있다. 내가 아침에 먹은 밥 한 공기 없이 어찌 내가 살아갈 수 있겠는가. 밥 한 공기가 내 밥상 위에 오르기 위해서는 하늘의 태양과 내리는 빗물, 땅 속의 양분도 있어야 하니, 내 생명의 기원은 자연 자체로 확장된다. 게다가 나의 어머니가 처했던 환경, 취했던 양분과 지식이 어찌 오늘의 나와 무관할 수 있겠는가? 따져 보면 실상 나를 나 되게 해 준 원인은 셀 수 없을 만치 많다. 한마디로 무한하다. 그 모든 것들이 나를 나 되게 해준 필수적인 원인들인 것이다. 한마디로 전 우주가 오늘의 나를 나 되게 해 주고 있는 것이다.[1]

나는 이미 우주적 차원의 관계성 안에 처해 있다. 순수한 개체로서의 '나'란 없다. 우주 속의 나, 우주의 일부로서의 나가 있을 뿐이다. 구원론과 관련하여 나에 대한 이러한 통찰은 중요한 의미를 지닌다. 이에 따르면, 나는 타자와 분리된 개체만도 아니고, 또 단순히 생물학적 몸 덩어리를 말하는 것만도 아니다. 위 인용문에서처럼 몸은 우주와의 상관성 속에서 생성되며, 나는 그 우주와의 상관적 몸이 스스로를 넘어 대상화시킨 정신작용이다. 나는 몸 안에서 일어나는 몸의 작용이되, 몸을 넘어선 정신적 주체인 것이다. 니시다 기타로(西田幾多郞)가 나(我)를 "승화된 신체"라고 부른 적이 있는데, 적절한 표현이라고 생각된다. 그는 말한다: "신체 없이 나(我)라고 해야 할 것은 없다. '나'란 승화된 신체이다."[2]

'나'는 분명히 정신 작용이다. 그 정신 작용은 몸의 자기 대상화 과정이며, 흔히 '자의식'이라고 부르는 것이다. 아담과 하와가 벗은 몸을 보고 부끄러워했다는 창세기의 구절을 켄 윌버(Ken Wilber)가 인간에게 자의식이 생기는 과정, 인간이 비로소 인간이 되어 가는 과정으로 해석한 것은 경청할 만하다. "에덴에서의 타락"이 아니라, "에덴으로부터의 도약"이라는 것이다.[3]

사르트르(Jean Paul Sartre)가 인간 실존을 자신의 문제를 의식하고 자신에 대해 물음을 던지는 대자적(對自的, für sich) 존재 방식으로 규정했을 때, 그 대자적 존재 방식도 '나'에 해당한다. '나'는 몸에 의해 제기된 자기 자신인 것이다. 그리고 여러 '나들'(Is)의 공통분모를 '우리'라 부른다. '우리'라고 하는 것은 대상화된 신체들의 상호작용과 교감인 것이다. 우리는 나의 '밖'에 있는 것이 아니다. 나와 연결되어 있는 만큼, 나의 '안'에서 파악된 여러 '나들'의 생생하고 역동적인 교집합인 것이다.

단순히 개별 주체들이 뒤섞인다고 '우리'가 되는 것이 아니다. '나'와 '네'가 모여 '우리'가 되지만, 그저 개별적 주체들이 상호 무관하게 모여 있다는 뜻이 아니다. 나와 너의 교집합적 운동, 서로가 서로 속으로 들어가 상호 변화시키며 만들어 내는 운동이 우리인 것이다. 돌멩이 여러 개가 한 자리에 모여 있기만 하는 것이 아니라, 비빔밥처럼 다양한 재료들이 서로 녹아들어가 내는 새로운 맛과 같다. 저마다의 고유한 맛이 사라지는 것이 아니라, 도리어 살아남고 종합되고 변화되면서 새로운 맛으로 승화하는 것이다.

내가 너와 함께 우리가 된다는 것은 나와 네가 고립된 홀로주체성을 벗어나 보다 확장된 공동의 주체성을 형성한다는 것을 의미한다. 하지만 나와 네가 자기의 동일성을 고수하려 한다면 나와 네가 우리가 되는 것은 불가능하다. … 어떤 식으로도 자기를 버리지 않으려 한다면 누구도 참된 주체성에 도달할 수 없다. 오직 너를 위해 스스로 자기를 버리고 비울 줄 알 때 우리는 참된 만남을 향해 나아가게 되는 것이다.[4]

'우리'란 나와 네가 더불어 형성하는 공동의 주체이다. 우리는 정적이지 않고 계속 형성되는 역동적인 것이다. 그리고 그 우리는 그저 나와 너 두 사람을 일컫는 것이 아니다. '너'는 우주적 차원으로까지 확대되는, 부버(Martin Buber)의 표현을 빌리면, "영원한 너"(Eternal Thou), 과학의 언어를 빌리면 사실상 우주이다. 나는 우주와의 관계성 속에서의 나이며, 우리는 사실상 우주적 차원으로까지 확대되는 광범위한 개념이다. '우리'에 대한 이러한 파악은 나의 가장 내밀한 원천 안에서 벌어지고 있는 생동적인 움직임들의 관계성에 초점을 두고 있다.

4. 관계성의 구체화

세상은 아무리 미소한 것이라도 나와 무관한 것은 없으며 삼라만상이 원천적인 관계성 속에 있지만, 이러한 관계성이 반드시 조화로만 드러나는 것은 아니다. 인간에게는 그러한 관계성을 재조작하면서 나를 앞세우는 능력도 있다. '나'가 대상적으로 승화된 신체라는 말도 그 대상화된 나를 다시 조작할 능력이 인간에게 있음을 함축한다. 나를 다시 조작하는 이유는 개체로서의 나의 지속을 위해서이다. 지속할 뿐만 아니라 확대하기 위해서이다.

한마디로 욕망의 충족과 확대를 위해 나를 다시 조작하는 것이다. 무의식적, 존재론적 차원에서는 이미 얽혀 있고 섞여 있고 동화되어 있지만, 나는 그 동화된 자리를 근거로 다시 나를 조작하며 나를 내세운다. 그렇게 내세워진 나들이 모이면서 현상적 차원에서 우리라는 것의 실상도 왜곡된다. 내 욕심의 결과 발생한 이웃의 소외와 고통을 외면하면서 원천적 관계성은 굴절되는 것이다.

이러한 왜곡은 바로잡혀야 하지만, 그것은 의식적인 차원에서 내가 원하는 일이 아니다. 바로잡으려면 자기를 남의 기준에 맞추어야 하기 때문이다. 의식적으로 자기를 제한해야 하기 때문이다. 오늘 우리의 구원을 논해야 하는 현실적인 지점도 여기에 있다. 의식적으로 자기를 제한함으로써 '오늘 우리'의 구원은 시작되는 것이다. 넓은 의미에서 보면, 그 왜곡을 바로잡는 것이 '오늘 우리의 구원'이다. 구원은 근원적 관계성의 통찰, 즉 나라는 존재가 이미 너와의 관계성 속에 있음을 통찰하는 데서부터 시작되지만, 그렇게 상호 소통하는 인간의 근원적 측면을 구체화시킴으로써 완성되는 것이다. 왜곡된 자아들에 의해 소외된 너를 너로만 보지 않고 자신의 문제로 보는 가운데, 의식적으로 남에게 맞추는 이러한 행위야말로 내적 개인 구원의 징표이자, 사회 구원의 시작이다. 이웃의 고통에 동참하는 데서 구원은 최고의 구체성을 띠어 가는 것이다.

> 분명히 말한다. 너희가 여기 있는 형제 중에 가장 보잘것없는 사람 하나에게 해 준 것이 바로 나에게 해 준 것이다 … 똑똑히 들어라. 여기 있는 형제들 중에 가장 보잘 것 없는 사람 하나에게 해 주지 않은 것이 곧 나에게 해 주지 않은 것이다(마태 25: 40,46).

이웃의 고통에 동참하는 것이 인간 구원의 최고 형태이다. 그것이 관계성의 구체화이며, 인류의 연대성의 실현이다. 물론 이때의 연대성은 이익집단의 공동 목적을 실현하기 위한 세속적 연대성이 아니다. 도리어 자신의 이익을 제한하거나 포기하고 그 이익을 이웃에게 돌려주는 데서 오는 연대성이다. 만일 현대사회를 자본의 원리에 따라 시장 논리가 장악한 사회로 규정한다면, 이때 종교적인 차원의 연대를 한다는 것은 자본 원리에서 소외되고 시장 논리에서 희생되어 온 이들과 함께 하는 것이 아닐 수 없다. 하비 콕스(Harvey Cox)가 강조하듯이, "시장이 전체 사회의 우월적인 의미와 가치를 창조하는 기구, 곧 신으로서의 시장으로 부상하는"[5] 오늘날 "가장 보잘 것 없는 사람"이란 시장이라는 신의 은총에서 가장 멀어진 사람들이다. 오늘날 연대성의 실현을 위해서 실현해야 할 중요한 것 중 하나는 자본의 논리에서 벗어나는 것이다. 시장이라는 신에 대한 우상숭배를 멈추는 것이다. 자기 확장의 상징인 욕망으로서의 '맘몬'을 과감하게 놓아 버릴 것을 우리의 근원적 관계성이 요청하는 것이다.

그렇게 관계성을 자기중심적 주체성의 확장으로 몰아가고자 하는 내면의 흐름을 역전시키는 것이 개인적 구원의 차원이며, 보잘 것 없는 듯해도 이미 내 안에 충분히 들어와 있는 작은 힘들 앞에 겸허해지고 그 힘들을 내 안에 받아들이는 것이 사회 구원의 시작이다. 겸허해질 뿐만 아니라 그 작은 힘들을 나의 주체로까지 높일 수 있는 행동이 사회적 구원의 핵심인 것이다. "상구보리 하화중생"(上求菩提 下化衆生)의 보살도가 전형적으로 그런 자세를 보여준다.

존 힉(John Hick)이 '구원'을 "자기중심성(self-centeredness)에서 실재중심성(Reality-centeredness)으로의 전이"로 포괄적으로 서술한 것은 적절한 작업 정의가 된다. 힉은 이 전이를 근원적 관계성에 대한 통찰, 특히 예수가 그랬듯이, 소외된 이들의 삶을 자신의 삶으로 받아들여 굴절된 관계성을 바르게 펴는 행위에서 볼 수 있다고 함축적으로 말한 것은 당연하다. 실재중심성으로의 전이는, 폴 니터(Paul Knitter)와 변선환이 강조했듯이, 이웃에 대한 해방적 실천으로 나타날 때 그 가치를 인정받는다. 이렇게 사회 구원은 또다른 개인 구원의 촉매제이며, 그것은 더 크게 통합된 사회 구원으로 이어져 가는 것이다. 구원론적 실행 능력, 즉 "인간 실존의 자기중심성에서 실재중심성으로의 전이"를 얼마만큼 실천하느냐에 종교적 규범성이 달려 있다고 말한 힉의 평가는 여전히 옳다.

5. 서로주체성

이러한 관계나 만남은 어느 하나를 희생시키는 억압이 아니라 서로를 살리는 공감이다. 이 만남 속에서 융합된 주체성, "만남 속에서 생성되는 주체성"을 김상봉은 "서로주체성"이라 부른다.[6] '홀로주체성'에 머물지 않고 자신을 자발적으로 제한해 이웃의 요구에 부응할 줄 아는 주체성이다. 그러한 행위는 이웃을 주체로 삼는다는 점에서 수동적인 행위이기도 하지만, 자신의 의식적 자발성을 전제로 한다는 점에서 주체적인 행위이기도 하다. 이웃의 고통을 나의 고통으로 삼을 수 있는, 인류의 연대성에 대한 책임을 공동으로 받아들일 수 있게 해 주는 서로주체성의 개념을 김상봉은 이렇게 정리한다.

우리가 여기서 새로이 추구하려는 서로주체성은 오로지 타자적 주체와의 만남을 통해서만 생성되는 주체성이다. 나는 오직 너와의 만남 속에서 우리가 됨으로써만 참된 의미에서 내가 될 수도 있다. 여기서 나와 네가 우리가 된다는 것은 나와 네가 우리 속에서 자기의 주체성을 전적으로 양도하고 객체로 전락한다는 것을 뜻하지 않는다. 다시 말해 나와 네가 만나 우리가 된다는 것은 이제 우리만이 주체이고 나와 너는 그 우리라는 공동주체성의 속성으로 전락한다는 것을 뜻하는 것이 아니다. 서로주체성은 한편에서는 나와 네가 서로 만나 보다 확장된 주체인 우리가 된다는 것을 표현하는 이름인 동시에 나와 네가 서로서로에게 그리고 더 나아가 나와 네가 우리에 대해 동등한 주체라는 것을 표현하는 이름이기도 하다.[7]

우리가 오직 만남 속에서 주체로서 존재하게 된다는 것은 내가 너와의 만남 속에서만 참된 의미에서 나의 주인으로서 존재하게 된다는 것을 의미한다. 이런 입장은 '오늘 우리의 구원'을 논할 때 '우리'의 개념을 잘 나타내주고 있다. 앞에서도 보았듯이, '우리'는 홀로주체성들의 단순 집합이 아니라, 이미 상호성 속에 처해서 서로가 서로의 주체로 작용하고 있음을 깨달은 서로주체성들의 융합이다. 서로주체성은 나와 너를 상호 소통하면서도 대등한 관계로 본다.

'오늘'은 이런 '우리' 의식이 심화되어지는 때이다. 교통수단과 정보통신의 급격한 발달로 인류도 급격하게 하나로 묶여 가는 것이다. 40여 년 전에 캔트웰 스미스도 지적했듯이, "오늘날 인류가 하나로 묶여 있다는 자각은 공상이 아니라 하나의 현실이며, 곧 우리 각자는 인류 전체의 발전 과정 속에 참여하고 있는 것이다."[8]

6. 비구원적 상황과 본래적 구원

그럼에도 궁극적인 구원은 현실이기 이전에 근원적 관계성에 입각한 요청이자 희망이다. 현실로 눈을 돌리면 의식적 차원에서 홀로주체성들의 무한 경쟁이 더 두드러진다. 오늘 우리의 구원을 말해야 하는 상황은 오늘 우리가 비구원적 상황 속에 있음을 뜻한다. 구원되어야 할, 비구원적 현실 내지 상황 속에 처해 있는 것이다. 병이 있기에 의사가 있고, 병원이 있다는 것은 병이 있다는 것을 말해 주듯이, 틸리히(Paul Tillich)의 표현대로, 인간은 "존재의 근원에서 소외"되어 있으며, "비존재의 위협"을 경험하고 있다는 것이다.[9] 수행자들이 있다는 것은 그들이 괴로움(dukkha) 속에 처해 있거나 괴로움 속에 처한 세계의 실상을 통찰하고 있다는 뜻이다.

이러한 상황 속에서의 구원론에는 두 가지 차원이 있다. 그 하나는, 현실이 비구원적 상황 속에 있기에 구원은 현실 밖에서 온다는 주장이고, 다른 하나는 인간 안에 부여되어 있는 본래적 차원을 회복함으로써 구원이 이루어진다는 주장이다. 전자는 기독교, 특히 개신교의 전형적인 구원관으로서 다음 글에 잘 반영되어 있다.

> 우리가 가진 자원이 제한되어 있음으로 인해서 발생하는 악과 고난의 문제를 그 제한된 인간의 자원으로 해결할 수 있다는 것은 논리적 모순입니다. 그렇기 때문에 우리 인간의 구원은 인간의 내재된 힘으로 이루어지는 것이 아니라, 인간 밖에 있고 우주 밖에 있는 하나님으로부터만 올 수 있습니다. 우리 밖에서(extra nos), 우리를 위해서(pro nobis) 구원의 힘이 와야 합니다. 우리 밖의 무한한 힘을 가진 초월자로부터 우리를 위해 오는 것이어야만, 즉 오직 은혜로 올 때 우리 인간에게 구원이 이루어집니다.[10]

초기 칼 바르트(Karl Barth)를 위시하여,[11] 이러한 시각은 기독교인들의 가장 일반적인 구원관이다. 만일 현실이 비구원적 상황 속에 있다면, 구원이 현실 '밖'에서 오는 것은 얼핏 당연해 보인다. 물론 여기에도 문제는 있다. 특히 위 인용문의 저자가 "불교나 이슬람교, 힌두교 등 기타 다른 종교들의 모든 사건은 역사 속에서 일어난" "상대적인 의미밖에 없는 사건"이며, "하나님께서 예수님이 곧 우리를 위한 구원자라고 선언하셨으므로, 유독 이 사건만이 절대적인 구원의 사건"[12]이라며 '오만하게' 발언할 때 문제는 심각해진다. 구원의 힘이 오로지 '밖'에서 와야 하고 그것이 기독교 안에서만 가능하다는 주장에는 논리적 모순들이 두드러진다. 기독교라는 역사 내 조직이 절대적인 구원의 사건이라 말하는 근거는 무엇인가? 더 나아가 무한한 힘을 가진 초월자가 제한된 인간 안에 들어오는 논리는 무엇인가? 무한한 초월자가 제한된 인간 안에 들어올 수 있으려면 인간이야말로 애당초 무한한 초월자와 교감할 수 있는, 무한한 가능성을 지닌 존재라고 전제해야 하는 것 아닌가? 무한한 초월자와 교감할 수 있는 능력을 지니는 존재는 무한자로부터 오는 구원의 가능성 역시 자신 '안'에 두고 있을 수밖에 없다. 그래야 그 구원이라는 인간적 사건도 진정한 것이 될 것이기 때문이다.

그렇다면 인간의 구원은 비구원적 상황 밖이 아니라 안에서, 더 깊고 깊은 안에서 온다고 보아야 할 것이다. "하느님이 모든 사람이 구원을 받고 진리를 깨닫게 되기를 원하신다."(1디모 2,4)는 바람은 애당초 구원의 가능성이 인간 안에 부여되어 있다고 전제할 때 가능한 것 아니겠는가. 이러한 물음을 던지는 기본 자세가 두 번째 기독교 구원관의 기초를 이루고 있다. 칼 라너(Karl Rahner)를 위시하여 가톨릭 신학은 대체로 이러한 경향을 보여준다. 인간은 이미 존재론적으로 하느님과 관계 맺어져 있고 선험적으로 고양되어 있는 까닭에 구체적인 존재자로서의 인간이 실존적으로 하느님을 알고 신앙할 수 있게 된다는 것이다.[13] 이것이야말로 기독교의 근본 신념이자 온 인류가 처한 '실존론적인 상황'이며, 하느님과의 신비적인 합일이 가능한 근거가 된다는 것이다.

실제로 성서에서도 "하느님이 세상을 사랑하신다."(요한 3:16), "하느님이 우리와 함께 하신다"(임마누엘), "하느님은 사랑이시다."(1요한 4:8), "만물이 말씀을 통해 생겨났고 말씀 없이 생겨난 것은 하나도 없다."(요한 1:3), "우리는 그 분 안에서 숨 쉬고 움직이며 살아간다."(사도 17:28) 등등의 표현이 등장한다. 이것은 원칙적으로 신분, 종파, 남녀노소를 막론하고 모두에게 적용되는 원천적 현실이다. 모두 하느님의 형상대로 창조된 귀한 피조물이기에, 암울한 상황으로 끝나 버리지 않고, 현재의 비구원적 상황을 역전시킬 수 있는 가능성이 누구에게나 주어져 있다는 논리 위에 서 있는 구절들인 것이다. 그런 점에서 구원에 관한 한, 인간은 이미 이긴 것이나 다름없는 싸움을 하는 셈이다.

수운 최제우의 시천주(侍天主)나 여기서 발전시킨 의암 손병희의 인내천(人乃天) 사상도 긍정하든 부정하든 인간 실존 안에 부여되고 완성되는 근원적인 사실이다. 그러기에 인간은 원칙적으로 누구나 귀하다. 여기에 신분·종파·남녀노소가 따로 있으랴. 해월 최시형이 "이웃을 하늘처럼 섬기며"(事人如天) 살아야 한다고 제기한 것도 인간은 본래 하늘을 모시고 있는, 하늘과 같은 존재이기 때문인 것이다. 『대승기신론(大乘起信論)』의 표현을 따르건대, 인간은 이미 깨달아 있기에[本覺] 비로소 깨달을 수 있고[始覺], 비로소 깨닫는다지만 이미 그렇게 되어 있기에 가능하다는 말이다.

그런 점에서 에드워드 윌슨(Edward Wilson)이 인문학을 자연과학 속으로 대통합하려는 희망적 시도를 하면서도 특히 종교는 초월론으로, 과학은 경험론으로 이분화시켜 대립적으로 설명하는 것은 퍽 아쉽다.[14] 칸트 이래 초월론은 경험론을 배제하지 않고, 경험론도 초월론과 분리시켜 설명할 수 없다는 것을 잘 알고 있기 때문이다. 초월에 대한 주장도 이미 인간 안에 주어져 있는 것으로 간주되는 사실에서 비롯되고, 경험론적 주장도 언제나 새로운 가능성 앞에 개방적이어야 한다는 점에서 초월론적 특징을 지니고 있기 때문이다.

7. 구원의 타력적 측면

어찌 되었든 분명한 것은 이미 그렇게 되어 있는 데서 출발한다는 점에서 구원은 주어져 있는 것이다. 구원은 이미 이루어져 있는 승리의 가능성 위에서 이루어지는 일이다. "우리는 그분 안에서 숨 쉬고 움직이며 살아간다"(사도행전 17:28)는 구절에서처럼, 하느님이 인간 존재의 근거이자 동시에 목적이기도 하다. 하느님을 근거로 하여 하느님을 향해 나아가는 것이다. 하느님 안에서 하느님을 근거로 살아간다는 점에서 구원은 완성이자, 하느님을 향해 나아간다는 점에서 구원은 과정이다.

물론 구원은 하느님을 향해 나아가는 과정이지만, 그것은 이미 주어진 데서 출발한다는 점에서, 그리고 기독교적 표현을 쓰자면 결국 하느님에 의해 이끌어지고 추동되는 것이라는 점에서, 구원은 자력적이기보다는 근원적으로 타력적이다. 이 책의 제3장과 제4장에서도 보았듯이, 인간 '밖'에서 오기에 타력적이라는 것이 아니라, 인간의 구체적 노력에 선행하여 인간 '안'에 이미 주어진 데서 출발한다는 점에서 타력적이다. 이 점에서는 불교도 달라 보이지 않는다.

흔히 기독교는 타력적이고 불교는 자력적이라며 단순히 도식화시키기도 하지만, 그것은 자칫 실상을 왜곡한다. 설명의 편의상 강조점의 차이는 있을지언정, 근원적인 차원에서 구원의 양상이 달라지는 것은 아니다. 불교적 구원도 순수한 자력으로는 불가능하다. '순수한 자력'이란 있을 수 없기 때문이다. 그것 역시 주어진다. 인간이 진리를 만들어 내는 것이 아니라, 인간 안에 이미 주어져 있던 진리가 스스로를 일으켜 인간의 포착 범주 안에 들어오는 것이기 때문이다. 스미스도 지적하듯이, 붓다의 가르침도 엄밀하게는 발명한 것이라기보다는 발견된 것이다.

> 붓다의 가르침은 서기전 6세기에 시작되었지만, 법(Dhanrma)은 그때 시작되었던 것이 아니라 항상 있어 왔다. 그가 가르친 법의 타당성이나 권위는 그가 현명하고 위대한 사람이었다는 사실에 의존하지 않는다. 오히려 그는 선재하는 진리를 깨달았기 때문에 현명하고 위대한 사람이 되었다.[15]

당연히 "만일 영원한 법이 없다면 사람은 스스로를 구원할 수 없을 것이다. 구원하는 것은 선재하는 법, 곧 다르마에 따라 사는 것"[16]이기 때문이다. 그런 점에서 "깨달음이란 본래 깨달을 수 있도록 되어 있는 바탕 위에서 기존 경험적 재료들이 적절한 순간에 재배열되면서 일어나는 일이다. … 깨닫는다는 것은 그동안의 삶의 질서가 본래 그래야 하는 원리에 맞게 재배치되는 것이다."[17] 만일 깨달음이 전적으로 스스로의 힘에 따라서만 성립된다면, 깨달음을 스스로의 힘으로 무를 수도 있어야 할 것이다. 하지만 인간 안에 본래 그러하도록 주어져 있는 이치는 인간의 생각으로 변개되지 않는다. 순수하게 자의적으로 깨달을 수 없듯이, 순수하게 자의적으로 깨달음을 무를 수도 없는 것이다.

> 흥미있는 것은 일단 깨달음을 얻게 되면 그 깨달음은 물리지 못한다는 것이다. 깨달음도 각고 끝에 얻게 되면, 그 다음에 아무 때나 반납할 수 있는 것이 아니다. 내 마음대로, 내 독자적으로 깨달았던 것이 아니듯이, 깨달음의

반납도 내 마음대로 할 수 있는 것이 아니다. … 설령 목사직을 반납하고 신부/수녀 옷을 벗고, 환속을 할 수는 있어도, 깨달음 자체, 믿음 자체를 반납할 수는 없는 일이다. 생겨난 것이 내 맘이 아니었듯이, 반납도 내 맘대로 되는 것이 아닌 탓이다. 그런 점에서 깨달음도 믿음도 선물/은총인 것이다.[18]

이것은 깨달음의 수동적(受動的) 측면을 말해 준다. 그 어떤 힘 내지 원리에 의해 그렇게 이루어지는 것이다. 나의 자의식보다 깊은 곳에서 나의 자의식에 선행하던 어떤 힘이 솟아나오기에 타력적이라 말하는 것이다. 정토불교의 시각을 서양철학과 조화시키며 "참회도로서의 철학"으로 구체화해 낸 타나베 하지메(田邊元)의 입장도 이와 통한다. 앞에서도 보았지만 한 번 더 인용한다.

참회는 내 자신의 행위임에도 불구하고 내 자신의 행위일 수 없다. 그것은 내 자신의 밖에 있는 힘에 의해 자극된 것이다. 이 타력은 내 안에 회개를 불러일으키고, 그 회개는 지금까지 나도 알지 못하던 길을 따라 새로운 방향으로 나를 이끌어 간다. 따라서 참회는 나에게 참회 안에서, 그리고 참회를 통해서 철학의 새로운 진보를 이루도록 작용하는 타력의 체험을 나타내 준다.[19]

타나베가 철학의 핵심으로 간주한 참회의 주체는 '나'라기보다는 '너'이다. 그 '너'가 내 안에서 불러일으킨 전환의 힘이 참회이다. 이것은 나의 행위이지만, 나의 행위라고만은 할 수 없는, 나 너머에서 오는 힘의 체험이다. 너의 자기부정이 나의 자기부정에 선행하면서 나를 자기부정하게 하는 방식으로 정토를 이룬다는 것이다. 아미타불의 자기부정적 은총이 인간의 자기부정적 응답에 선행하면서 인간을 정토로 이끌어 간다는 것이다. 진리가 나에 선행하면서 벌어지기에 구원도 인간의 발명품이 아닌, 주어진 선물, 그런 의미의 타력적인 것일 수밖에 없는 것이다.

8. 관계의 논리

무엇이 주어져 있는가? 부버(Martin Buber)가 "태초에 관계가 있다."(Im Anfang ist die Beziehung)고 말한 바 있듯이, 이미 주어져 있는 것은 내 속에 들어와 있는 너이다. 라너의 표현을 빌리면, 하느님의 자기 내어줌으로서의 은총인 것이다. 애당초 인간은 하느님과 관계를 맺고 있다는 뜻이다. 나의 자의식 이전에 너와의 관계, 그런 의미의 우리가 먼저 있으며, 그런 점에서 구원은 근원적 관계성의 통찰이라고도 할 수 있다. 관계성이야말로 생명적 질서이며, 생명적 질서는 상호 관계성 속에서의 상생, 상관적 상생이다. 그렇다면 구원은 상관성 속에서 상생하는 생명적 질서의 온전한 회복인 것이다.

하지만 '오늘 우리'가 구체화해야 할 상호 관계성은 저절로 이루어지지 않는다. 존재론적 관계성이 아닌, 사회적 관계성, 그것도 구원론적 차원에서 이타적으로 맺어지는 관계성은 저절로 순수하게 이루어지지 않는다. 그것은 역사와 사회 안에서 벌어지고 있는 너의 자기부정적, 이타적 실천이 승화된 신체로서의 '나' 안에 수용되는 것이다. 예수의 자기부정적 죽음의 사건이 많은 작은 예수들을 만들어내는 이치와 같다. 예수가 소외된 이웃들과 함께 하다가 죽음에까지 이르게 되었다는 역사적 사건이 예수를 내 안에 받아들이게 해 주는 매개가 되는, 즉 예수와 관계를 맺게 해 주는 매개가 되는 것이다. 마찬가지로 나와 네가 관계를 맺는 방식도 늘 너의 자기부정적 도덕적 실천이 너를 내 안에 받아들이게 해 주는 매개가 되는 것이다.[20] 그렇다면 내 구원의 선행적 사건도 너의 자기 내어줌이다. 너의 내어줌이 내 안에서 너의 수용 내지 나의 변화라는 모습으로 솟아오르는 것이다.

그렇다면 구원은 나를 내세우면서 너를 억압하던 반생명적 자세가 너와의 관계성 속에서 너를 살리는 방식으로 내가 사는 자세로 전환하는 것이다. 좀 더 사회적인 언어를 쓰자면, 개인이 이기적, 자기중심적 삶을 떠나, 소외되고 단절된 외로운 사람들과 그 소외·단절·외로움을 함께 하는 것이다. 기독교적으로 하면, 그렇게 이웃에 열린 넉넉한 인간이 되는 것이 하느님과 하나 되는 것이다.

하느님은 사랑이십니다. 사랑 안에 있는 사람은 하느님 안에 있으며, 하느님께서는 그 사람 안에 계십니다. 하느님을 사랑한다고 하면서 자기의 형제를 미워하는 사람은 거짓말쟁이입니다. 눈에 보이는 형제를 사랑하지 않는 자가 어떻게 보이지 않는 하느님을 사랑할 수 있겠습니까?(1요한 4:16, 20)

물론 그러면서도 너 앞에서 나를 비우는 단계가 전제된다. 더 거슬러 올라가 비울 나조차 없다는 무아적 깨달음에서 구원의 사회적 모습은 완성된다. 그 최종적인 모습, 즉 역사와 사회 너머에서 있을 것으로 가정되는 구원의 모습은 다음 비슷하게 될 것이다.

본래 존재하지도 않는 '나'라는 완상을 떨쳐 내어 '나'라는 가면 혹은 옷을 훌훌 벗어 버리면 자기 소멸의 두려움은 사라지고 완전히 하느님 품에 안겨 무한한 의식, 순수한 정신으로 무한한 자유와 기쁨을 누리는 것이 진정한 구원일 것입니다. 우리가 하느님과 완전히 하나가 되려면 지상에서의 개인적 기억이 다 사려져야 하고 육체라는 곳, 인격(persona)이라는 특수성과 우연성의 가면을 완전히 벗어 버려야 한다는 말입니다. 그야말로 순수하고 벌거벗은 영혼으로 하느님과 하나되는 것이지요.[21]

그럼에도 지상의 역사로 돌아오는 순간, 구원은 하나의 완결태로 끝나지 않는다. 관념의 논리로는 무아적 깨달음에 근거한 전적인 무집착적 순수 행위가 가능하지만, 역사적 실천에서 보자면 모든 것이 과정이다. 인간이 신과 하나 된다는 표현을 쓰기도 하지만, 그렇다고 해서 인간적 유한성이 사라졌다는 뜻도 아니기 때문이다. "이제는 제가 사는 것이 아니라 그리스도가 내 안에 사신다."(갈라 2:20)고 말한 바울로가 다른 곳에서는 "나는 죄인들 중에서도 가장 큰 죄인"(1디모 1:15)이라고 말한 것도 비슷한 이치를 보여준다. 그저 겸손한 표현이라기보다는 솔직한 표현이다. 그리스도와 하나가 된 경지 속에 있다고 해서 자신의 유한성 자체가 사라진 것은 아니다. 그래서 도종환 시인의 노래처럼, "깨달음을 얻은 뒤에도 비 오고 바람 분다".[22]

물론 이 깨달음조차 변화에 열려 있고, 새로운 관계를 맺어 가는 과정 속에 있다. 그러나 이러한 관계성을 통찰하기 이전의 홀로주체성의 행위와는 다르다. 비록 "비도 오고 바람도 불지만" 출발점과 지향점이 분명하고 든든한 까닭에, 가도록 정해진 길을 가게 된다. 깨달음 이후에도 비 오고 바람 분다면, 그런 의미의 과정적 수행이 여전히 요청된다면, 과연 그것이 진정한 깨달음이 될 수 있겠느냐는 비판도 물론 나올 수 있다.[23] 이것은 과연 깨달음이 무엇인지 규정하기에 달린 문제이기는 하지만, 중요한 것은 몸을 지니고 사는 한 감각적 포착의 대상은 늘 유한한 것일 수밖에 없다는 점이다. "깨달음을 얻은 뒤에도 비 오고 바람 분다."는 것은 깨달음을 비하하는 비판이 아니라, 역사 내 존재인 인간적 실천의 과정성을 의미하는 것이라고 할 수 있다. 역사 안에 부여되고, 그 안에서 벌어진 일들은 깨달음조차도 피치 못하게 과정적일 수밖에 없다는 것이다.

그럼에도 이미 부여되어 있는 신적(神的)/불성적(佛性的) 가능성 위에서 출발한다는 점에서 다 이긴 싸움이나 다름없다. 성서적으로 보건대도 인간은 죽을 수밖에 없는 존재이지만(로마 6:23), 그 죽음의 유한성 넘어 최후로 말하려는 것은 그리스도를 통한 하느님의 구원 계획이다. 인간의 범죄로 인해 생겨난 죽음의 세력보다 그리스도로 인해 주어질 구원의 우주적 지평, 궁극적인 생명의 사건이 더 크다는 것이다(로마 5:15). 그런 점에서 다 이긴 싸움이되, 끝없는 삶의 과정 속에서 이루어진다는 점에서 신학적 종말론은 여전히 설득력이 있는 논의가 된다.

9. 영생, 부활, 죽음

궁극적 구원, 즉 죽음 이후의 세계는 가정이고 희망이다. 그러나 허황된 가정이 아니고, 생전의 신적 체험 내지 깨달음에 근거한 가정이고 희망이다. 그렇게 가정하고 희망하는 이유는 역사 내적 종교체험 내지 인식은 "궁극 실재의 현상적 현현(phenomenal manifestation of the Real)"으로서,[24] 어찌 되었든 실재 그 자체와는 구분되기 때문이다. 더 나아가 역사 내적 인간의 경험은 어떤 것이든 피치 못하게 우리의 감각 기관 내에 제한되어 있는 것이기 때문이기도 하다. 하느님이 모든 것을 통해 모든 것 안에·모든 것 위에 계시고, 그런 의미에서 하느님이 모든 것이 되시는(1고린 15:28), 하느님과의 근원적 관계성의 회복은 우리의 몸을 벗어 버린 사후 세계에서야 가능할 것이다. 그리스도인들은 그런 의미의 영생을 기대하고, 궁극적인 구원을 내세적 영생 차원에서 희망하기도 한다.

그러나 그것도 간단한 문제는 아니다. 토마스 아퀴나스가 "알려진 것은 알고 있는 자의 양태에 따라 알고 있는 자 속에 주어진다."고 말한 바 있듯이,[25] 내세에 대한 다양한 묘사들조차 그것이 역사 내 존재인 인간에 의한 묘사인 한, 내세 그 자체라기보다는 현세를 반영하는 것일 수밖에 없기 때문이다.[26] 내세 역시 강력한 실재이면서 현세 안에서 요청된 실재인 것이다. 그래서 만물이 "하느님 안에서 숨 쉬고 움직이며 살아간다."지만, 역사 내 존재에게 궁극적인 구원은 희망의 영역으로 남게 된다.

그 희망의 내용인즉, 단순하게 말해서 육체적 한계를 넘어서는 것이고, 달리 표현하면 시간을 초월하는 것이다. 그때는 더 이상 시간 안에서가 아니라, 시간의 저편에 실존하게 된다. 하느님은 시간 내 존재가 아니니, 온전히 하느님 안에 하느님과 더불어 산다는 것은 육체 내지 감각적 한계를 벗어 버리고서야 가능하다. "하루가 천년 같고 천년이 하루 같다."(2베드 3:8)는 말도 시간 너머의 세계에 대한 한 표현이라고 할 수 있다.

하느님이 시간 너머, 즉 영원에 계시다면, 모든 사람이 전혀 다른 시간에 죽었다고 해도 모든 이가 '영원'에 참여하기는 마찬가지일 것이다. 영원에는 과거, 현재, 미래라는 시간적 도식이 없다. 시간의 차원에서는 과거와 미래를 나누지만, 과거에 죽은 이나 미래에 죽을 이나 모두 영원에 참여하는 것이다. 그래서 내가 숨을 거두고 시간을 넘어서는 순간 전 인류와의 만남이 이루어지는 것이다. 시간적 흐름에 따라 연속적으로 흐르던 글자들이 그 시간의 흐름을 마치고 나면 숨겨져 있던 새로운 의미가 하나의 공간 안에 동시적으로 드러나는 아크로스틱(일종의 삼행시)처럼,[27] 시간적 선후에 따라 살아온 삶인 듯해도 어느 순간 그 다양한 삶들이 합류하게 되는 때도 있을 것이다. 몸을 버리는 순간 몸을 지니고 살면서 행한 모든 것이 영원의 세계에 결정적으로 합류하게 되는 이것이 영생이다.

이러한 합류가 가능하도록 하기 위해 신이 준비해 놓은 장치가 바로 기독교적 표현을 쓰자면 부활이다. 부활은 흔히 영혼이라고 말하는, 즉 우리의 내밀한 삶의 총체에 신이 어떤 식으로든 형상을 입혀 주는 사건이다. 기독교에서는 예수가 '다시 일으켜졌으며', 그처럼 모든 인간도 결국은 죽음으로 끝나지 않고 '다시 일으켜질 것'이라고 믿는데, 그것은 예수의 죽음이 허무한 파멸로 끝나지 않고 그 안에서 모든 역사의 궁극적 의미가 드러났음을 믿는 이들의 신앙적 표현이다. 죽음이 도리어 더 큰 생명 속에 결정적으로 합류하는 사건이 되며, 기독교적 표현을 쓰자면 예수에게서 드러난 생명의 원리대로 살아감으로써 하느님 안에 온전히 들어가게 된다고 믿는 이들이 그리스도인인 것이다. 영혼만이 아니라 몸을 가지고 행한 모든 행위가 하느님과 직접 대면하고 합류하게 된다는 것이다.

> 부활이란 전 인간, 한 사람이 자신의 모든 체험과 자기 과거 전체, 자기의 첫 입맞춤과 자신의 첫 눈(初雪), 그가 이야기한 모든 말, 그가 행한 모든 업적과 함께 하느님께로 가는 것을 뜻한다. 이 모두 어떤 추상적 영혼 그 이상의 어떤 무한한 것이기에, 죽음을 통하여 사람의 영혼만이 하느님 앞에 나아간다는 것은 상상도 할 수 없는 일이다.[28]

이런 맥락에서 죽음이란 인간 하나하나의 삶과 관계된 모든 것들을 생명의 근원이 되는 존재에게로 온전히 되돌려 드리는 행위이다. 내 이름으로 행한 모든 생생한 실재들, 초등학교 시절에 놀던 학교 운동장 정글짐에 묻은 내 손때마저 나의 것이 아니라 온전히 하느님의 것이라며 돌려 드리는 행위가 죽음인 것이다. 죽음을 그저 심장이나 뇌 기능의 정지 등 의료적 정의만으로 끝낼 수는 없을 것이다. 굳이 신학이나 신앙을 내세우지 않더라도 죽는다는 것을 그저 심장이나 뇌의 멈춤으로 설명하기에는 인간의 질문이 더 깊고 넓다. 죽는다는 것은 '나'라는 것을 앞세우며 살아온 지난날의 모든 삶을 전적으로 대자연 앞에 내어 맡기는 행위가 되는 것이다. 부활과 영생은 죽음 이전의 소소한 일상사마저도 하느님과 무관한 것일 수 없다는 기독교적 신앙을 우주적 시간의 차원으로까지 확대한 하나의 희망적 가정이자 요청이 되는 셈이다.

10. '우리'가 우리를 구원한다

종교학계에서 '구원'이라는 말은 어색하지 않지만, 일반 종교 현장에서는 아무래도 기독교적 표현에 가깝게 받아들여진다. 이런 현실을 의식하여 불교계에서는 '해탈'이라는 말을 사용하려는 경향이 있다. 어찌 되었든 구원이든 해탈이든 종교의 궁극적 지향점에 해당하는 말이고, 그런 점에서 '오늘 우리의 구원과 해탈'에 관한 논의는 영어식 표현을 빌리건대, 아무리 강조해도 지나치지 않을 만큼 중요하다. 동시대를 살아가면서 어찌 상이한 구원 내지 해탈을 저마다의 자리에서 독백하는 것으로 만족할 수 있겠는가?

불자든 기독자든 누구든 저마다 우리의 일부로 살아가고 있다는 의식이 팽배해지는 만큼 궁극적인 구원과 해탈의 문제와 관련해서도 불자와 기독자는 서로 만나기 위한 진지한 노력을 더욱 깊게 기울일 필요가 있다. 스미스가 강조했듯이, 저마다 우리의 일부로 살아가고 있다는 현실에 "참으로 우리가 정직하다면, 인간적인 형제애를 하나의 이상으로서 받아들인다는 것은, 바로 우리 중 어떤 이들은 힌두인들이며, 어떤 이들은 불자들이고, 어떤 이들은 무슬림이며, 어떤 이들은 유대인들이고, 또 어떤 이들은 그리스도인들이라는 사실을 받아들이며, 그 안에서 형제애가 이루어질 수 있도록 있는 힘을 다하는 것이다".[29] 종교적 다양성과 진리에의 투신을 조화시킬 수 있을 때 진정한 종교인이라 할 수 있다는 의미가 함축된 주장인 것이다.

이 마당에 기독교와 불교를 구분, 더 나아가 분리해 말하는 것은 '오늘 우리'의 구원론에 어울리지 않는다. 오늘 '우리' 속에는 이미 불교와 기독교가 함께 들어와 어울리고 있기 때문이다. 불교와 기독교의 대화를 목적으로 한, 아니 대화적, 관계적 현실을 전제로 하고서 '오늘 우리의 구원과 해탈'을 논하는 자리인 경우는 더 말할 나위 없다. '오늘 우리'는 불교와 기독교, 기독교와 불교의 상호 주체성을 전제로 할 뿐만 아니라 결론으로 삼을 수 있는 자리이며, 이것은 그저 이론이 아니라 사실상 현실이다. 차별적으로 존재하는 듯한 불교와 기독교의 개개 '형식' 내지 '제도'를 벗기고 그 내면으로 들어가면 거기에는 불교와 기독교란 따로 없다. '너'의 요구에 부응하면서 살아갈 수밖에 없는 원천적 삶에는 종파가 따로 없는 것이다. 범아일여(梵我一如)라고 하는 원천적 사실에 종파 간, 성별 간, 지역 간 차이가 없는 것이다. 이미 하느님의 형상대로 창조되어 있는 인간의 원천적 현실에서도 마찬가지이고, 이미 깨달아 있어 부처와 하나 되어 있는 원천적 현실에서도 마찬가지이며, 이미 천주를 모시고 있어(侍天主) 있는 그대로 하늘과 같은 존재인 인간(人乃天)의 원천적 실상 역시 마찬가지이다.

물론 다양한 종교들이 유사한 교리적 주장들을 하고 한다고 해서 모든 종교들이 동일한 원천 위에 있고, 동일한 목적으로 지향한다고 쉽게 단언하기는 힘들다. 그럼에도 이들을 별개로 놓는 것은 무엇보다 개별 종교 전통의 교리적 보편성에 부합하지 않는다. 교리적 보편성과 현상적 특수성은 모두 살려져야 한다. 물론 현상적 특수성이 대립적인 근거가 되지 않으려면 교리적 보편성의 강조는 필연적이며, 이것은 피치 못하게 종교체험의 심층적 동일성의 차원으로까지 나아갈 것을 요청한다. 물론 이것은 여전히 탐구의 대상이자, 끝없이 열린 논의를 필요로 한다. 다만 '오늘 우리의 구원과 해탈'과 관련하여 중요한 것은 무엇보다 너를, 인류를 '우리'로 볼 줄 아는 자세로의 전환이다. 매튜 폭스(Matthew Fox)가 최근에 신비주의 전통의 강조를 통해 종교의 심층적 통일성을 강조하는 것도 동일한 맥락이다.[30] 당연히 불자에게도 마찬가지로 적용된다고 믿지만, 스미스가 그리스도인 독자들을 염두에 두고서 "전 인류를 하나의 전체적인 우리로 만드는 공동체를 향하여 발 벗고 나설 때까지 우리는 진정한 그리스도인이 될 수 없다."[31]고 말한 것은 여전히 긴요한 요청이 아닐 수 없다.

11 비종교적인 그러나 종교적인
- 비종교인 리영희가 보는 기독교와 불교

　지금까지는 불교와 기독교가 통하는 지점에 입각해서 철학적, 교학적, 신학적 언어로 두 종교의 내부 혹은 심층을 비교하며 분석했다면, 이번에는 종교 밖에 있는 한 실천적 지식인의 눈에 비친 기독교와 불교에 대해 알아보고자 한다. 그는 종교 전문가나 사상가가 아니다. 스스로는 비종교인 혹은 무신론자를 자처하면서 종종 종교에 대한 비판의 목소리도 높이던 사람이다. 냉정하게 평가하면 그의 종교에 대한 이해도는 그다지 높지 않다. 그럼에도 불구하고 그에 대해 알아보려는 이유는 20세기 정치적 폭압의 시대에 저항하며 살아온 한 양심적 지식인의 눈을 통해 불교와 기독교 등 이 시대의 종교계의 주류 세력은 어떤 자세로 재무장해야 21세기에도 그 본연의 의미를 살려나갈 수 있겠는지를 우회적으로 확보하기 위해서이다. 그 이름은 리영희(1929-2010)이다.

1. 부정 속의 긍정

　주지하다시피 리영희는 사민주의적 성향의 진보적 언론학자이다. 1960~1980년대 군부독재 시절 그의 저작이 우리 사회의 민주화에 끼친 영향은 적지 않다. 많은 청년들이 중국과 일본 문제, 베트남 전쟁 등을 다룬 그의 책 『전환시대의 논리』(1974)나 『우상과 이성』(1977) 등을 통해 한국 사회와 국제 질서를 새롭게 해석하고 권력의 생리를 보는 안목을 얻곤 했다. 그렇게 해서 사회적 의식을 갖게 된 이들에게 리영희는 자신을 각성시켜 준 '의식화의 은인'이었고, 반대로 독재 권력의 중심에 있는 이들에게 리영희는 '의식화의 원흉'과 같았다.[1]

이 글에서는 먼저 그런 리영희 사상의 일단을 정리하고자 한다. 단순히 리영희 저작물의 요지를 추리거나 줄거리를 정리하려는 것은 아니다. 그에 대해서는 기존의 여러 글들에 맡기고, 여기서는 리영희의 종교관을 살펴보고자 한다. 그의 종교관을 알아본다지만, 전술했듯이 그가 종교에 관심이 지대했다거나 탁월한 종교 이론을 전개했던 것은 아니다. 또 그의 사상에 특출한 신학이나 불교학 이론이 담겨 있어서도 아니다. 전문가의 견지에서 보면 그의 종교관에는 다소 협소한 데도 있다. 가령 일부 신자의 몰지각한 언행이 전체 기독교인의 문제인 양 과도하게 알려진 사실에 기반하여 얻어진 관점이라는 인상을 주기도 한다. 그런 점에서 그의 종교관에는 다소 공정하지 못한 평가도 들어 있다는 재비판도 가능하다. 또 어떤 때는 자신의 종교적인 체험을 소중하게 고백하면서도[2] 어떤 때는 종교를 인간 희망의 투사 수준으로 폄하하기도 하는 등,[3] 그의 종교론에는 다소 모순적 잣대가 들어있기도 하다. 그가 보는 기독교나 불교가 실제 기독교나 불교의 전부는 아니라는 뜻이다.

그럼에도 종교에 대한 그의 평가는 진솔하고 솔직하다. 무엇보다 종교의 이름으로 벌어지는 반종교적인 현상, 제도화한 현실 종교의 문제점의 핵심을 읽고 생생하게 비판적 진단을 한다는 점에서, 종교인이라면, 그의 비판에서 배울 바가 적지 않다. 특히 그가 기독교에 대해 갖고 있는 비판적 문제의식을 따라가노라면, 한국 사회에서 기독교는 어떤 길을 따라가야 할지, 기독교와 사회는 어떤 식으로 만나야 할지 그 본령이 보이기도 한다.

더 나아가 리영희의 종교관을 정리하려는 또 다른 이유는 무신론자를 자처하는 그의 삶과 사상에서 도리어 유신론자를 자처하는 이들이 따라야 할 삶의 자세가 더 잘 보이기도 한다는 사실 때문이다. 그의 저작집 『우상과 이성』은 물론 여타의 글들에서 줄곧 보이듯이, '이성'의 이름으로 '우상'을 극복하고 타파해 온 그의 삶과 사상은 저도 모르는 사이에 교리나 제도에 대한 우상화의 길로 빠지곤 하는 오늘날 기독교인들에게 귀감이 되기에 충분하기 때문이다. 물론 그는 불자들에게도 마찬가지의 입장을 보인다.

이런 사실을 염두에 두고 이 글에서는 그가 기독교와 불교를 어떻게 생각해 왔는지 다루어 보고자 한다. 그를 통해 제도 종교권 밖의 진보적 지식인 그룹이 종교를 어떻게 보아 왔는지, 어떻게 비판해 왔는지, 종교는 한국 사회에서 어떤 위치에 있는지 그 대강(大綱)을 가늠할 수 있기 때문이다. 이를 통해 불교와 기독교 등의 대표적 제도종교가 현대사회에서 어떤 길을 걸어야 할지 판단하는 사회적 기준도 얻을 수 있기 때문이다.

나아가 비종교인을 자처하는 그의 삶과 사상이 도리어 종교적 정신의 탁월한 구체화에 가깝다는 사실을 드러내 보고자 한다. 종교라는 것이 교회나 사찰에서 예배나 예불에 참여하는 행위에만 국한되기는커녕, 한평생 양심적 언론인으로, 행동하는 지식인으로서의 길을 선구적으로 걸어 온 그의 삶과 사상에서 종교인 못지않게 찾아질 수 있고 또 찾아지고 있다는 사실을 밝혀 보려는 것이다.

2. 무신론적인, 그러나 유신론적인

이미 말한 대로 리영희는 일반적인 의미의 종교인, 그러니까 특정 종교 시설에 정기적으로 출석하던 사람은 아니다. 도리어 제도화한 종교 비판을 서슴지 않을뿐더러, 때론 종교 혐오의 언사도 마다하지 않는다. 스스로를 무신론자로 규정하기도 하고, 때론 의도적인 반(反)종교인처럼 행세하기도 한다. 하지만 그의 종교 비판은 인간의 종교성 자체에 대한 것이 아니고, 인류의 스승 예수나 붓다에 대한 것은 더욱 아니다. 그의 비판은 제도화한 종교를 향한 것이되, 예수와 붓다의 가르침이 구현되기는커녕 이기적 욕망이 진리의 이름과 혼동되고 주객과 본말이 전도된 현실에 대한 안타까움이 담긴 비판이다. 때로는 '종교라는 것은 없는 편이 나았을지 모른다'며 종교에 대한 불편한 심기를 드러내기도 하지만, 분명 종교타파를 위한 애정 없는 배척과는 종류가 다르다.

그는 제도 종교들의 문제점 내지 부정적 현상들을 나름대로 여러 차례 경험하고는 그 사례들의 귀납적 이해를 거쳐서, 스스로를 비종교인으로, 때로는 무신론자라고 자신 있게 규정하곤 한다. 그러나 속내를 헤아려 보면 이것은 그 자신도 때론 진정한 종교인이고 싶지만 제도화한 종교가 그의 종교적 이상을 제대로 담아내지 못하는 데서 오는 안타까움의 표현이기도 하다. 종종 종교에 대한 비판적 논설 내지 독설을 쏟아내곤 하지만, 그의 심중에서까지 비종교적인 것은 아니라는 말이다. 『예수와 부처의 신자』(1996)라는 에세이의 일부를 보자.

나는 종교가 없지만, 부처의 자비의 가르침과 예수의 사랑의 계율을 정신 생활의 지침으로 여기고 살아간다. 종교라는 낱말에 홑따옴표를 친 까닭은 일요일에 예배당이나 성당에 가서 신부나 목사의 설교를 듣는다든가 성경책과 찬송가책을 옆구리에 눈에 드러나게 끼고 다니면서 "예수 믿으시오!"를 외치는 식의 종교라면 그런 종교를 가지고 있지 않다는 뜻이다. 마찬가지로 꼭 절을 찾아가서 합장을 한다든가, 아파트의 문에 무슨 종파, 무슨 선방 또는 무슨 절의 신도라는 표시를 붙여 놓고 드러내 보인다든가 하는 겉모습을 짓는 것이 불교 신도라면 나는 불교 신도가 아니다. 나는 다만 나의 삶에서 성경을 읽고 불경을 읽으면서 석가모니와 예수의 삶을 따르고 싶어 할 뿐이다.[4]

다른 곳에서는 좀 더 구체적으로 밝힌다.

하나님(하느님)이라는 신이 만물을 창조했다거나 자기가 만든 남자의 늑골을 하나 빼서 여자를 만들었다거나, 에덴 동산의 남녀와 사과와 뱀 따위의 성경 기록이라든가, 선인과 악인을 가려서 하나님 나라 천당이나 지옥으로 보낸다는 따위의 이야기도 나의 이성과는 무관한 일이야. 그러나 예수님의 다함없는 사랑의 정신과 가르침, 그리고 그것을 위해서 자기 목숨을 바친 고귀한 인간적 삶을 나는 죽도록 따르고 싶어 하는 사람이야. 그러기에 나는 불교 신자라고 말하지는 않지만, 부처님 제자라고는 말해. 마찬가지로 교회나 성당을 가는 행위로서의 기독교 신자는 아니지만, 그리스도의 은총을 입고 싶어 하는 예수의 제자이고자 하는 마음은 평생을 두고 변함이 없어요.[5]

사실 리영희는 이러한 고백적 글에서 자기도 모르는 사이에 종교의 내면과 외면 혹은 심층적 차원과 표층적 차원을 구분해 말하고 있다. 예배당이나 사찰의 의례에 참여하거나 무슨 종파의 신도라는 사실을 밝히는 방식이 종교의 외적 측면 혹은 표층적 차원의 일부에 해당한다면, 설령 그런 외적 행위에는 참여하지 않더라도 성경이나 불경을 읽으며 석가모니와 예수의 삶을 따르고자 하는 삶은 종교 현상의 중심부, 내면 혹은 심층적 차원에 해당한다. 하나가 겉으로 드러난 가시적인 측면이고, 다른 하나는 그 가시적인 측면을 낳은 불가시적인 측면이라고 할 수 있다. 이것은 종교학자 요아킴 바흐(Joachim Wach)가 종교를 내적 체험(experience)과 외적 표현(expression)으로 구분해 설명하고, 윌프레드 캔트웰 스미스(Wilfred Cantewll Smith)가 내적 신앙(faith)과 외적 전통(tradition)으로 구분하되, 내적 신앙에 종교의 무게 중심을 두고 있는 것과도 같은 도식이다. 예수나 붓다에 대한 경외감을 나름대로 삶 속에서 조화시키려 한다는 점에서 리영희는 종교의 내적 세계에 제대로 참여하는 사람인 셈이다. 신학자 칼 라너(Karl Rahner)의 표현을 빌리면, 그 자신은 무신론자나 비종교인을 자처하고 있음에도, 신실한 '익명의 그리스도인'이라 할 만한 사람인 것이다.

예수나 붓다가 알려 준 종교적 정신에 대한 존경심, 부처님 제자나 예수의 제자로서의 정체성은 지니지만, 제도화한 현실 종교들이 끼친 해악의 상처가 적지 않은 탓에 본말이 전도된 제도 종교에 비판의 화살을 놓지 않고 있을 뿐인 것이다. 그는 자신의 종교적 정체성을 이렇게 집약한다.

> 나는 예수와 부처의 사상과 행덕을 기리는 데는 남에게 빠지지 않으려는 사람이지만, 그 두 분의 이름을 빌려서 행해지는 제도화된 종교와 종교 형식은 경멸하는 사람이다.[6]

그저 경멸하기만 할 뿐 아니라, 왜곡된 형식을 예수의 이름으로 정당화시켜 주는 그런 신은 "차라리 없기를 바라고", 그런 "신이 없거나 종교가 없다면 인간들은 차라리 평안한 세상에서 행복하게 살 수 있지 않을까" 생각하는

사람이기도 하다.[7]

3. 하늘보다는 땅

그렇다면 현실 종교는 왜 그런 부정적인 모습을 띠게 되었을까. 종교 본연의 모습을 중시하고 그 본연의 모습이 구체화되기를 바라기도 하는 리영희가 왜 '차라리 종교나 신이 없는 편이 더 나았을 것'이라는 식으로 말하게 되었을까.

예수의 이타적 사랑이나 희생과는 반대로 예수를 따른다는 교회가 배타적 자기중심주의로 흘러가게 된 것은 인간의 욕망을 제도의 힘을 빌려 정당화하는 데서 온 것이기도 하고, 이상적 세계를 하늘이나 구름 너머의 세계로 투사하는 저간의 자세에서 기인하는 것이기도 하다. '민(民)'이 '주(主)'가 되는 사회를 이루려 뛰어난 필력과 감옥을 마다하지 않는 용감한 실천으로 점철하던 리영희에게 왜곡된 현실을 회피하고 진리를 구름 너머로 밀어 놓는 듯한 모습은 예수나 붓다의 삶과 거리가 먼 것이었다. 그에게 땅 위의 현실을 무시한 종교는 진정한 종교일 수 없었다. 그것은 도리어 미신에 가깝다고 그는 보았다.

> 서울시의 밤거리에서 하늘 높이 찔러 올려 세운 교회의 첨탑 끝에 네온사인으로 빛나는 그 수천 수만 개의 십자가 표시를 보면서 나는 가끔 이렇게 생각한다. 저 하늘을 향해 높이 올라간 첨탑을 구부려서 땅을 향하게 설계하는 날에 기독교는 미신에서 해방될 것이다.[8]

물론 그에 의하면 땅으로 내려와야 하기는 불교도 마찬가지이다. 현실의 문제를 저 너머의 세계로 투사해서도 곤란하고 현실과 초월을 이분화해서도 곤란하다. "하늘과 땅은 하나이고 같은 것"[9]이기 때문이다. 그는 이어서 말한다.

우주를 둘로 나누어 하늘에 신성(神性)과 영원을 부여하고, 땅(地)을 추악함과 순간으로만 여기는 사상부터가 "신이 인간을 창조한 것이 아니라 인간의 머리가 신을 창조했다."는 마르크스의 말을 오히려 논증하는 결과가 된다.[10]

하늘과 땅을 나누고서, 특히 땅, 즉 현실을 무시하고서 종교의 자리에 서고자 할 때, 그것은 피치 못하게 미신이 되어 버리고 만다. 이것이 리영희의 생각이다. 땅, 즉 현실에 더 집중해야 한다는 것이다.

이제는 '땅'(인간, 대지, 현세, 현실, 생명, 물질, 육체, 인간 생존) 그 자체를 '천당화'하고 '극락화'하는 종교가 필요하다. 종교관 인간관에 일대 변혁이 있으면 좋겠다는 것이 나의 심정이다.[11]

그리하여 이 땅에서의 노동을 곧 종교적 수행으로 승화시키는 일이야말로 그가 생각하는 제대로 된 종교의 모습이기도 하다.

나는 노동과 수행을 하나로 통일시킨 신앙생활이 아니면 위선이라고 생각하고 있다. … 신도의 연보와 공양으로, 땀 흘리지 않고 최고급 승용차를 타고 다니는 소위 성직자들을 나는 멸시한다. … 적어도 초월자와 절대자의 정신에 충성을 맹세한 수도자는 자기가 먹고 입을 것을 남의 보시로써가 아니라 자기의 육체와 땀으로 직접 공양해야 하지 않겠는가 하는 생각을 떨쳐

버릴 수가 없다.[12]

리영희는 진리의 기준을 자연이 아니라 초자연으로, 변화하는 현실이 아니라 불변적인 하늘로 투사할 뿐만 아니라, 신을 초월자, 창조주라 말하면서 실제로는 그 신을 인간의 알량한 머리 속에 가두고는 자신의 자의적인 판단을 하늘의 명령과 동일시해 버리고 마는 행위를 비판한다. 성경이 신의 말씀이라고 믿는 행위 자체를 비판하지는 않지만, 그 믿음을 일방적으로 객관화시키고는 경전 내 문자를 자신의 자의적 해석 안에 가두는 행위가 종교를 사실상 비종교로 만들어 버린다고 그는 비판한다. 그것은 신을 인간 수중에 가두어 두는 것이거나, 자신의 자의적 판단을 정당화하는 근거로 신을 창조해낸 정도에 지나지 않는 것이기 때문이다. 그는 일부 종교인들의 반지성적 종말 사상도 비판한다.

> 이름이야 하느님, 알라, 여호와, 하늘[天], 불타 그 밖의 무엇이라도 좋다. 인간의 지능으로 헤아릴 수 없는 절대자, 창조주 또는 초월자가 계획하는 일, 이를테면 인류 종말의 구상을, 무슨 해[年]만도 아니고 무슨 달, 무슨 날, 무슨 시, 무슨 분까지 인간이 예측할 수 있다면 대답은 둘 중의 하나다. 신이 신이 아니거나 인간이 신이 된 것이다. 그렇다면 종교는 성립하지 않는다.[13]

4. 상식을 실천한 평화주의자

사실 리영희는 신 존재 유무의 논증에는 별 관심이 없다. 종교 자체의 관심도 국제 관계, 통일 문제, 사회주의, 언론의 자유 등 다른 현안들에 비하면 한결 적다. 그러면서도 논리적으로 인간의 욕망 안에 갇혀서는 안 될, 그리고 갇힐 수 없을 초월자를 인간이 함부로 재단하는 종교적 왜곡에 대한 비판적 관심은 끝까지 견지한다. 그 자신이 구체적으로 명문화하고 있지는 않지만, 종교적 왜곡에 대한 비판은 정치 질서 왜곡, 민주주의의 왜곡 등 우리 사회에서 벌어지는 억압적 구조를 폭로하는 것과 동일한 문제의식의 표출이라고 할 수 있다. 종교에서든 정치에서든 인간의 건전한 양식이 그대로 존중되는 사회가 된다면 좋겠다는 마음의 표현이라고도 할 수 있다. 그는 이런 예를 든다.

> 나는 기독교의 하느님이나 예수나 마리아, 또는 불교의 불타나 이슬람교의 알라가 값싼 기적을 행해 주지 않으면 고맙겠다. 해마다 대학 입학시험 때 불상 앞에서 천 번 절을 하거나 교회에 거액의 재물을 바친 부모의 자식들을 합격시키는 기적을 행하지 않았으면 좋겠다. 그러면 세상의 모든 학생이 스스로 애써 공부해야 시험에 합격한다는 평범한 진리를 몸으로 터득하게 될 것이다.[14]

리영희에 대한 꼼꼼하고 방대한 평전을 쓴 김만수가 리영희를 일러 "상식을 실천한 평화주의자"라고 규정했듯이,[15] 리영희는 어느 분야에서든 '상식'의 복권을 꿈꾼다. 위 문장에는 "값싼 기적", 즉 인간의 욕망을 신앙과 희망의 이름으로 포장한 뒤 그 신앙과 희망을 신께서 그대로 이루어 줄 것이라는 기대치가 포기될 때, 기독교가 제대로 된 기독교가 될 것이라는 뜻이 담겨 있다. 이런 맥락에서 리영희는 과학을 경계하고 부정하는 기독교를 다시 부정하면서 과학이라는 상식의 언어를 복권할 때 창조자도 진정한 의미에서의 창조자가 될 것이라고 본다. 그는 종교가 과학을 거부하는 순간 신의 초월성과 보편성마저도 무덤으로 들어가게 될 것이라고 본다. 그가 다음과 같이 말할 때는 신학적 혹은 종교철학적으로 상당히 세련된 경지에 있음을 보여준다.

> 종교는 결코 과학일 필요는 없다. 하지만 종교가 비과학적이어서는 곤란하고 더욱이 반과학적이어서는 안될 것이다. 둘은 하나가 아닐까? 모든 존재나 법칙이 초월자의 창조라면 하나의 초월자의 창조들 사이에는 서로 부정(否定)이나 배척을 생각할 수 없기 때문이다.[16]

종교를 과학의 대척점에 두는 사고방식에는 성서 안의 모든 문자에는 일점일획도 오류가 있을 수 없다는 문자주의적 성서무오설이 근본에 놓여 있다. 문자주의는 필연적으로 자신이 믿는 문자적 표현과의 차이를 인정하지 않는 경향이 크다. 자신의 신앙적 전제와 언어적 표현에서 다르면, 그 다름만큼 배타하는 경향을 보여준다. 리영희에 의하면, 불행하게도 한국의 기독교는 진리를 기독교가 독점한다고 믿으면서 그 진리와의 '차이'를 정복의 대상으로 간주한다. 한국 내 상당수, 아니 대다수 기독교인들이 이러한 자세에 영향을 받으며 타자와의 차이를 극복의 대상으로 간주해 왔다는 것이다.

5. 보편주의자 리영희

세계 언론의 조명까지 받은 바 있듯이, 우리나라에서 벌어진 극단적 기독교도들에 의한 훼불 사태, 사찰 방화사태, 단군상을 둘러싼 논쟁들은 모두 종교라는 것을 차이를 용납하지 못하는 제국주의적 수준에서, 초역사적 진리를 역사적 차원으로 환원시켜 역사를 균질화하려는 오류에서 비롯된 것이다. 유일신 종교인들이 종교의 잣대를 성서의 문자주의적 이해에서 찾고,

부족 신을 넘어서지 못하는 잘못된 유일신 신앙 - 사실상의 다신론 - , 신을 인간의 확대판처럼 보는 신인동형론(anthropomorphism)과 같은 수준에 머문 채 세상을 판단하는 것도 그 전형적인 사례들이다. 리영희는 비기독교 문화권에 속한 인류의 유산을 기독교 신앙의 이름으로 무참히 파괴해 버린 사례들을 여러 차례 목도하면서, 그런 행위야말로 신의 이름으로 신을 모독하는 모순적인 일이 아닐 수 없다며 비판한다.

> 중세 유럽의 십자군이 여호와의 이름으로, 기독교와 예수의 이름으로 이른바 이교도 인간들에게 저지른 소름끼치는 행위는 서양사가 우리에게 말해 주는 그대로다. 영혼은 육체에 깃든 존재다. 그 영혼을 신의 이름으로 구해 준답시고 육체를 죽여 버리면 영혼은 어디에서 유숙할 것인가? ⋯ 오직 나의 신에 의해서만 너의 영혼도 구제된다! 이 얼마나 반종교적인가! 얼마나 신성모독인가! 어쩌면 오늘날 신의 이름으로 종교를 외치는 사람들의 적지 않은 부류가 사실은 신을 모독하고 있는 것이 아닐까?[17]

전술한 대로 리영희는 종교 자체를 부정하지는 않는다. 도리어 자신만의 종교 경험을 소중히 간직하고 있기도 하다. 그보다는 개인적인 경험을 절대적인 것과 단순 동일시하는 오만함을 비판하는 쪽에 리영희 종교론의 무게중심이 있다. 인간의 자기중심적 오만함으로 인한 인간 파괴적 실상을 그는 경멸하는 것이다.

이때 인류에 위협적인 일은 종교적 차원의 근본주의가 정치적 차원으로 확대되면 힘의 논리로 타자를 억압하는 제국주의가 된다는 것이다. 가령 미국의 이라크 침공 사건은 기본적으로 힘을 내세운 미국의 제국주의적 행태에 대한 일부 이슬람 세력의 반발에서 비롯된 것이기도 하고, 또 석유 자원을 확보하면서 미국의 영향력을 중동 지역에까지 확장시키려는 제국주의적 자세의 표현이기도 하지만, 그 내면을 깊이 들여다보면 역시 종교라는 것을 자신의 구체적 경험에만 한정 짓는 태도와 연결되어 있는 것도 분명하다. 미국의 이라크 침공과 관련하여 리영희는 이렇게 말한다.

> 이라크 전쟁의 배경에는 미국이 자본주의 지배, 경제·상업·금융을 통한 세계적 지배를 통해 세계의 미국 유일 지배 체제를 확립하겠다는 의도와 함께 널리 알려지지는 않았지만 '미국식 기독교 원리주의'도 작용한 것이다.[18]

리영희에 의하면, 미국식 기독교 원리주의란 "지상의 모든 것을 선과 악으로 규정하는 철저한 이분법적 논리"로서, "이는 부시 행정부를 통해 미국만이 선이고 미국에 반대하거나 비판적인 일체를 악으로 규정하는 방식으로 표현되고 있다."고 한다.[19] 그리고 불행하게도 이것이 한국 기독교에도 고스란히 이식되어, 한국 기독교의 금과옥조가 되다시피 했다며 리영희는 이렇게 힐난한다.

> 요새 기독교에는 십계명이 아니라 십일계명이 있다는 얘기가 있습니다. 십계명에 '미국의 명령에 순종하라'라는 것이 추가됐다고 합니다.[20]

그러면서 한국의 보수 기독교 수구 세력들을 이렇게 경계한다.

> 지난날 미국 선교사들에 의해 국가적으로 양육된 사람들의 미국 찬양이 아주 위험합니다. 유일신끼리는 완전히 배타적인 거 아니에요. 탈레반이 그

렇고 부시가 그렇습니다. 용납하고 타협하고 서로 껴안아 줘야 하는데, 톨레랑스가 생길 수 없는 거에요. 국내에서 전쟁을 부추기는 세력들, 또는 민족 간의 전쟁에 박수치는 세력들이 많다는 것, 오히려 부시보다 더 걱정스러운 점이에요.[21]

이런 경우 '종교'는 자기 내지 자기가 속한 집단의 욕망을 정당화하거나 확대하는 수단 정도에 머문다. 리영희가 6·25전쟁 중 최전방에서 복무할 때 자신들을 위해 인민군을 저주하는 군종의 기도를 들으면서 느낀 종교에 대한 회의도 바로 이런 것을 향해 있다고 할 수 있다.

나의 종교적 이해로는 신·부처님·하느님·알라·천주님·예수님 등은 초월적이고 절대적이며 보편적 존재다. 축도하는 그분들도 그렇게 정의를 내린다. 그런데 전쟁은 인간들이 각기의 이해관계의 갈등을 최후의 수단으로 결말을 내는 살육 행위다. 6·25전쟁은 한 민족의 형제가 이데올로기의 갈등으로 싸운 행위다. 그것은 유한한 인간들의 분별적 행위에 불과하다. 나는 묵묵히 이 축도라는 저주의 말을 듣고 서 있으면서 생각했다. 지구에서 모든 인간의 아버지이며 절대적인 신에게 국군 용사가 따로 있고 불구대천의 인민군이 따로 있을까? 어느 한 쪽 인간이 어느 쪽 인간을 죽이는 행위에 신은 축복을 내리는 것일까? 신도 이편 저편을 가르는 제한된 존재일까?[22]

리영희가 여기서 말하고 싶어 하는 진정한 종교, 절대적인 신은 이편과 저편을 가르지 않는 보편적인 존재라는 사실이다. 어찌 신에게 내 편, 네 편이 있겠는가. 그렇다면 그것은 인간의 이해관계를 신이라는 이름으로 투사해 버린 결과가 아닐까. 이렇게 판단한다는 점에서 리영희는 분명히 탁월한 신학자들이 얘기하는 보편적 신론에 머리를 끄덕일 사람이다. 리영희 자신이 스스로를 "민족주의자라기보다는 오히려 보편적 가치에 더 충실한 사람"[23]이라고 규정하기도 했는데, 보편적 가치에 충실하려는 그의 기본 자세가 신에게서도 보편성을 보는 것으로 나타난 것이라 할 수 있다. 신이 정말 절대적 창조주라면 신은 보편적으로 모든 곳에서 드러날 수밖에 없다. 신의 이름으로 신의 부재를 얘기할 수 없게 되는 것이다.

그런 점에서, 물론 리영희가 구체적으로 분석하고 있는 것은 아니지만, 신은 한 분이기에 다른 종교의 이름으로 숭배되는 그곳에서도 신은 존재할 수밖에 없다고 파악했던 초기 이슬람의 정신은 오늘날 회복되어야 할 종교적 자세가 된다. 신에게는 아군과 적군이 따로 있을 수 없다는 리영희의 종교적 성찰은 왜곡된 근본주의가 그 왜곡을 거두고 어떤 방향으로 나아가야 할지 적절한 이정표가 된다고 할 수 있다.

6. 새는 좌우의 날개로 난다

그 희망적인 길의 하나를 리영희는 과거 타자 억압적이었던 가톨릭교회의 자기반성 및 김수환 추기경과 법정 스님이 교대로 나누었던 '대화'에서 본다.

작년 말, 교황 요한 바오로 2세는 가톨릭교회가 신의 이름 아래 타민족들과 타종교들에 대해서 저지른 천년 전의 무자비한 살육 행위와 파괴 행위에 대해 사과하는 담화문을 발표했다. 그리고 서로 다른 종교들 사이의 관용과 공존 관계의 중요성을 역설했다. 그것은 세계의 다른 종교인들에게 따뜻하게 받아들여졌다. … 교황의 담화는 종교적 독단과 비관용이 얼마나 사랑의

정신에 반하고 생명의 거룩함을 해치는 것인가를 새삼 세계에 증언하는 하나의 역사적 고백이다.[24]

지금은 두 분 다 타계했지만, 리영희는 김수환 추기경의 길상사 방문에 답하고자 길상사 회주인 법정 스님이 명동성당에 초청받아 설법을 했다는 소식을 듣고는 이렇게 희망적인 진단을 한다.

> 법정 스님의 설법이야 스님의 평소의 말씀과 글로 세상이 익히 아는 바이지만, 명동성당의 강단에서 부처님의 가르침과 마음이 천주님의 그것과 하나이고 둘이 아니라는 종교적 진리를 설한 것은 한국의 종교사에 길이 남을 큰 일이다. 이것이 한국의 종교들 사이에 아집과 증오와 배타와 독단을 버리고 관용의 시대를 여는 서막이 되면 좋겠다. … 앞으로는 자기 종교 외에는 모두 우상숭배라고 주장하는 개신교까지 동참하여 종교 화해의 대운동으로 전개되면 좋겠다. 그날이 오면 얼마나 좋을까. 그러기 위해 각 종교의 지도부가 본격적으로 어떤 움직임을 시작하는 모습을 보고 싶다.[25]

"종교들 사이에 아집과 증오와 배타와 독단을 버리고 관용의 시대를 여는 서막", 그것은 대화이고, 관계이고, 만남이다. 리영희는 인생 후반부로 갈수록 "새는 좌우의 날개로 난다"며 사회주의와 자본주의, 좌익과 우익의 조화를 역설하곤 했는데, 사실상 종교 간 대화와 화해도 마찬가지의 논리를 반영한다고 할 수 있다. 새는 오른쪽 날개로만 날 수는 없는 노릇이다. 상대방에 대한 자기의 우월성만을 강조하는 순간 그 자기 우월성은 자기도 모르는 사이에 자기를 죽음의 골짜기로 들어가게 만드는 것이다. 그는 이런 비유를 든다.

시원하게 하늘을 나는 새를 보라. 오른쪽 날개[右翼]와 왼쪽 날개[左翼]의 크기와 모양과 힘이 꼭 같다. 우리 인간들이 모여서 사는 사회도 마찬가지이다. 우(右)와 좌(左)는 동격이고 동등하고 평등한 것이다. 서로 보완적이고 보강적이다. 어느 것이 옳고 어느 것이 그른 그런 관계가 아니다. 둘이 함께 동시에 있어야 인간 사회는 안전하게 진보할 수 있다. 새는 좌와 우의 두 날개로 난다.[26]

좌와 우를 상보적 동격의 관계로 본다는 그의 말은 정치적 · 사회적 차원에서 여러 가지 함의가 있을 수 있고 여러 가지로 해석될 수 있겠으나, 종교적 차원에서 보건대 그것은 분명히 상대방의 '인정'이고 서로 '살림'이며, 더나아가 만물을 하느님의 귀한 피조물이자 불성의 작용으로 볼 줄 아는 자세와도 통한다. 서로를 적이 아니라 이웃으로 볼 줄 아는 단계, 그것이 사회주의의 완성이자 민주주의가 이루어 내야 할 정점이다. 그는 말한다: "양극단에서부터 안으로 위치를 옮기면 서로가 적이 아니라 다만 의견이 조금 다른 이웃임을 알게 된다".[27]

7. 진정한 종교 혁명

이미 드러나고 있지만, 리영희는 종교에 대한 비판을 위한 비판가가 아니다. 정말 종교가 종교다워지기를 바라는 마음이 곳곳에서 읽힌다. 종교를 그저 종교 시설에 출석하는 행위 정도에서 더 나아가 진정한 내면적 세계에서 찾는다. 리영희는 일반적으로는 비종교적인 것처럼 보이는 데서 종교적인 것을 보고, 종교적인 것으로 포장된 것에 숨어 있는 반종교적인 것을 보고자 했다. 가령 42년간 남한 감옥에서 수감 생활을 하다가 북송된 리인모

노인, 그리고 여러 미전향 장기수들을 생각하며 이렇게 회상한다.

　　이 장기수들은 소위 '미전향 공산주의자'라고 한다. 그들은 자신들이 믿는 어떤 사상이나 이념, 신념과 가치 체계를 강요에 의해서 버리기보다는 차라리 '관'속에서 20년, 30년, 40년을 살다가 죽겠다는 '확신범'들이다. 숭고한 삶의 자세다. … 나는 형무소에서 20년, 30년, 40년을 살고 있는 비전향 장기수들을 보면서 종교적 순교자들을 보는 것과 같은 경외심을 금할 수가 없었다. … 가령 죽음으로 하느님을 섬긴다고 외치는 기독교의 목사나 신부들을 몇십 년을, 아니 다만 몇 년 동안이라도 0.9평의 그 관 속에 집어넣고 저 미전향 공산주의자들이 당해 온 처참한 고통을 준다면 하느님을 버리지 않을 신부나 목사는 몇 사람이나 될까. … 20년, 30년, 40년 장기 복역한 미전향 공산주의자들처럼 혹독한 고문을 당하고도 신을 버리지 않는 신자, 십자가에 침뱉기를 거부하는 신자만이 감히 신자니 교도라고 종교인을 자칭할 자격이 있는 것이 아닐까?[28]

　리영희가 말하고 싶어하던 것은 종교의 핵심은 겉, 밖, 외형이 아니라 속, 안, 내면에 있다는 말일 것이다. 동시에 종교의 핵심은 믿음이되, 무엇을 믿느냐보다는 어떻게 믿느냐에 있다는 말을 하고 싶었던 것일 것이다: "톨스토이는 어떤 사람을 평가할 때 신앙이 있느냐 없느냐보다는 그 사람이 얼마나 도덕적인가가 더 중요하다고 말했다… 톨스토이의 충고는 겸허하게 귀담아 들어야 할 가치가 있을 것이다."[29] 자신의 이념이나 사상에 목숨을 내걸고 충실하기. 그쯤 되면 사상이나 이념의 내용이 무엇인가와 관계없이 그렇게 충실한 자세 그 자체로 종교적 숭고함을 불러일으킨다는 것이다. 종교라고 이름 붙여진 곳에서만 종교가 있는 것이 아니라, 자신의 내적 양심에 끝까지 충실할 수 있는 곳에서 어쩌면 더 순수한 종교가 찾아질 수 있는 것이다. 그가 자신의 사격 기술에서 종교적 승화의 원리를 찾아내는 아래와 같은 진술도 같은 맥락에 있다고 할 수 있다.

> 사격술에서 거의 최고의 경지에 다다르니까 나의 내면에 한 종교적 깨달음과 같은 것이 생기더군. 어떤 종교의 기술이든 모든 기술은 그 기술 속에 종교적 승화의 원리가 잠재해 있습니다. … 총을 통해 나는 생명의 고귀함과 존엄성을 절실히 인식하게 되었어요. 이것이 6 · 25전쟁 경험으로 얻은 소중한 정신적 깨달음이라고 할 수 있지. 그렇게 해서 나는 반폭력 · 평화주의자가 되어 갔어요.[30]

"어떤 기술이든 모든 기술은 그 기술 속에 종교적 승화의 원리가 잠재해 있다."는 말에서 우리는 리영희 종교관과 사회 철학의 접점을 본다. 개인적 양심의 내용 자체보다는 그 양심을 죽기까지 지키는 행위에서 더 종교적 숭고함을 볼 수 있다는 앞에서의 말과 같은 맥락이다. "이제는 '땅'(인간, 대지, 현세, 현실, 생명, 물질, 육체, 인간 생존) 그 자체를 천당화하고 극락화하는 종교가 필요하다."는 이전 인용문도 마찬가지이다. 땅이 천당화하는 곳에서 종교는 비로소 종교이게 된다. 종교 비판가 리영희에게서 종교적 정신이 긍정되고, 무신론자 리영희에게서 유신론자 리영희가 동시에 읽히는 것이다. 무신론자 리영희가 작은 형제와 작은 자매라는 종교 단체를 가장 아끼고 존경한다고 말하는 이유도 결국 같은 데 있다고 할 수 있다. 그들은 종교인들이되, 그들의 종교에는 사랑이 있는 대신에 차별이 없기 때문이고, 그들은 하늘의 가치를 온전히 이 땅에 내면화시킬 줄 알기 때문이다.

나는 기독교의 경우는 신교와 구교의 온갖 종파를 통틀어, 작은 형제(petit frère)와 작은 자매(petit soeur)라고 불리는 수도회를 가장 아끼고 존경한다. 이 종파의 수도자들은 전 세계에 고작 수천 명 정도밖에 안된다고 한다. 그들은 구원의 정신이 그들이 있는 곳의 가장 불우한 이웃, 가장 소외된 사람들, 가장 가난하고 불행한 동포들 속에 들어가서 그들과 함께 그 모든 인간의 고통을 참고 나누고 그리고 함께 노동하는 생활을 통해서 이루어진다고 믿는 수도자들이다. 한국에도 1, 2백 명이 그렇게 살고 있다. 그들은 1,500만 명을 자칭하는 한국 기독교 신자들 속에서 눈에도 띄지 않는 소수의 진실한 하느님의 양들이다.[31]

리영희는 종파 간 갈등과 대립을 넘어 온전히 하나의 삶으로 살아내되, 결국 이 땅을 하늘과 같은 이상적인 세상으로 변화시키는 사랑의 삶에서 종교의 정수를 보았다고 할 수 있다. 국제 관계와 사회주의와 정치 구조 및 언론의 역할 등을 거침없이 다루어 온 리영희의 주요 논지에 비하면 다소 생경하게 느껴질지도 모르지만, 리영희는 그런 식으로 예수나 붓다의 마음을 동시에 살아내는 사람들 반열에 들게 되는 것이다: "나는 예수의 신자이고 부처의 신도인 것이다. … 위대한 두 분을 동시에 한꺼번에 마음 속에 귀히 모시려는 것이다."[32] 아래에 적은 리영희에 대한 김만수의 종합적인 평가는 '종교적이지 않은' 언어임에도 리영희를 사실상의 종교적 정신의 구현자로 보게 만드는 데 충분해 보인다.

리영희는 "실천하는 지식인"이다. 리영희는 "사상을 문학의 형태로 실천했을 뿐만 아니라 사회적 실천으로 행동화한, 흔치 않은 지식인 중의"한 사람이다. 그는 "단순히 지식을 '상품'으로 파는 것에 안주하는 교수나 기술자나 문예인이 아니라, 부정한 인위적, 사회적 조건으로 말미암아서 고난 받는 이웃과 고난을 바꾸어 보려는 지식인의 사회적 의미에 눈을 뜬 것이다. 그 의무감은 인간에 대한 사랑에서 싹튼 것임은 물론이다". … 그는 자신의 스승의 뒤를 따라가 그 스승을 뛰어넘었다. 한마디로 "깨끗한 영혼과 성실한 자세로 진실 추구에 평생을 바친 리영희는 지식인의 올바른 상을 보여주었다는 것 하나만으로도 길이 기억되어야 할 우리 사회의 스승이다."[33]

리영희 자신이 "한국의 종교에는 혁명이 필요한 것 같다. 정말로 예수님과 부처님의 마음으로 되돌아가는 종교 혁명이 그것이다."[34]라고 말했을 때의 그 마음, 그런 종교 혁명이 리영희 안에서도, 리영희를 통해서도 일어나고 있었던 셈이다.

12 90점 불교와 70점 기독교
- 두 종교에 대한 애정 어린 요청과 기대

불교와 기독교를 비교하는 일에 관심이 있던 나는 이들 종교의 깊이와 넓이를 다음처럼 수치화해 표현해 보곤 했다. 불교가 90%쯤 완성된 종교라면, 기독교는 70%쯤 완성된 종교라고⋯. 기독교를 가톨릭과 개신교로 나눈다면, 가톨릭은 80%쯤, 개신교는 70%쯤 완성된 종교라는 생각을 하곤 했다. 교리적인 완성도에서 보면 불교는 기독교를 포용하고도 남을 깊이와 넓이를 가졌다. 그러나 이것은 교리적인 완성도나 세계관의 폭을 임의로 정량화한 수치상의 판단일 뿐이다. 실제로 그만큼 깊고 넓으냐, 즉 사유체계를 얼마나 체화시키면서 사느냐는 교리상의 문제와 다른 차원에 있다.

내가 보기에 불교는 스스로에 대해 깊고 넓은 종교라는 자긍심만을 가졌을 뿐, 정작 다른 종교나 사상을 실제로 포용할 만큼 진지한 관심을 기울이고 있는 것 같지는 않다. 서구에서 불교적 관심이 커지고 있다는 소리를 들으면, 드디어 세계는 불교 쪽으로 기울기 시작했다며 쉽사리 받아들이고, 과학적 세계관이 불교적 세계관과 유사하다는 연구 결과에는, 결국 서구 과학도 불교로 오게 되어 있다는, 다소 안일한 반응을 보인다. 서구의 사상 조류를 잘 아는 것도 아니고, 서구에서 발전시킨 과학적 세계관, 그 사상적 근거를 꿰뚫어보지도 못한 채 말이다.

기독교에 대해서도 마찬가지이다. 내심 불교는 기독교보다 한 수, 아니 여러 수위라는 심리적 위안감만 가질 뿐, 구체적으로 무엇이 그런지 진지하게 연구하려는 자세는 별반 보이지 않는다. 기독교의 신을 그저 민담에 나오는 산신령 수준으로 생각하거나 기독교인은 모두 배타적이고 협소하고 기복적인 사람들로만 생각하는 불자들도 여전히 많은 듯하다. 아니, 아예 관심조차 가지지 않으려 한다.

그러나 관심이 없다는 것은 그저 자신의 우물에만 안주하겠다는 뜻이나 다름없는 것 아닐까. 그것은 자신의 종교적 의무에도 충실하지 못한 태도이다. 불교가 정말로 깊고 넓다면 '밖'의 것을 소화해 받아들일 수 있는 능력을 보여주어야 한다. 받아들이는 것이야말로 불교적 자세의 핵심에 속해 있는 것이다. 그런데 받아들일 수 있으려면 무엇보다 관심을 갖고 공부해야 한다. 공부해야 이해가 되고, 그래야 받아들일 수 있게 된다. 모른 채 받아들인다는 것은 받아들이지 않는 것이나 진배없는 것이다.

그런데 불행하게도 내가 보기에는 '다른 것'에 대해 공부하는 불자는 드물어 보인다. 서양철학이나 기독교 신학을, 특히 기독교 신학에 대해 기독교 신학자가 공감할 수 있을 만한 이론을 전개하는 불자를 아직 우리나라에서는 보지 못했다. 불교를 공부하는 기독교인이 상대적으로 더 많은 형편이다. 기독교는 그 완성도가 70% 정도라고 해서, 언제까지 70%에만 머물러 있는 것은 아니다. 남은 30%를 채우기 위해, 고군분투하는 사람들이 그래도 제법 된다. 교리의 폭이 상대적으로 좁고 답답한 만큼 그것을 깨치려는 사람들도 의외로 많다. 답답한 기독교가 그나마 살아서 역사를 움직여 오는 것은 이런 사람들의 공로라고 나는 생각한다.

불교는 나머지 10%의 노력을 기울여야 한다. 그것도 30%를 채우려는 기독교인의 노력 이상으로 기울여야 한다. 그럴 때에만 기독교가, 나아가 서양이 제대로 보일 것이다. 기독교를 근간으로 하는 서양을 제대로 보아야만 불교가 미래 사회에 주도권을 쥘 수 있을 것이다.

서양 수천 년의 역사는 그렇게 간단하거나 만만하지 않다. 도리어 거의 모든 불교 고전을 영역해 놓았을 만큼 진지하게 연구하고 있으며, 도리어 동양에 그 결과를 역수출하는 상황이다. 문제를 해결하기 위한 서양 세계의 치열함은 보통의 상상을 넘어서 있는 것으로 보인다. 치열함의 정도에서 불교는 서양에, 좁게 말하면 기독교에 미치지 못한다고 나는 본다. 불교 종교성 자체가 그러한 치열함을 넘어서는 데 있다고 할 수도 있지만, 그러한 목적을 이루기 위한 태도 자체에 치열함이 없어서는 안 된다. 상대방의 세계에 매일 만큼 그 속으로 들어가 볼 수 있어야 한다. 그런 치열한 매임과 속박의 과정을 거치고서야 비로소 속박에서 자유로워지는 불교 본래의 모습으로 다가설 수 있는 것일 테니까. 상대를 알고 받아들이려는 적극적인 자세 없이는 언제까지고 자신의 '우물'에서만 살아갈 수밖에 없다. 이 세상 모두 내 지혜의 바다로 바꿀 수 있어야 하는 것이다.

나는 언젠가 원효가 21세기에 다시 태어난다면 '일승'이라는 우주적 진리 안에 기독교를 자연스럽게 포섭했을 것이라고, 이것이 21세기 불교유신론의 핵심이라고 말한 적이 있다.[1] 원효와 의상 등 대표적 불교 사상가들은 일심(一心) 혹은 화엄일승(華嚴一乘) 사상으로 차별적인 것들을 포섭해내려 하지 않았던가. 오늘날 기독교 신학을 포섭하는 자세와 행위는 불교적 세계관에 따르더라도 필연적이고 자연스럽다. 그것도 30%를 채우려는 기독교인의 노력 이상으로 그렇게 할 때, 22세기에도 통할 '대승성'(大乘性)이 확보될 수 있는 것 아닐까.

이와 함께 기독교는 기독교대로 불교를 수용하며 나머지 30%를 채워나가다 보면, 언젠가 불교와 기독교는 딱히 '성인이랄 것도 따로 없는 확연무성(廓然無聖)의 진리'를 공유하며 인류 정신계를 선도할 수 있는 공동의 길에 나설 수 있게 될 것이다. 이것은 두 세계에 두루 통하는 학문을 하고 싶었던 한 연구자의 애정 어린 요청이자 기대이다.

02 믿음과 용기, 그리고 깨달음 : 지눌의 신심론과 틸리히의 신앙론

1 길희성, 「돈오점수론의 그리스도교적 이해」, 『종교신학연구』 1집, 서강대학교 종교
   신학연구소, 1988, 204쪽.
2 대승경전을 대표하는 것 중의 하나가 『화엄경』이다. 이 경전은 부처님의 깨달음의 세
   계와 그 곳에 이르는 도정을 밝혀주는 것을 주요 내용으로 하고 있다. 화엄경에 대해
   서는 법장이나 징관의 사상을 중심으로 그 철학적인 측면은 비교적 깊이 파헤쳐져 있
   으나, 『화엄경』의 본래 의도로 보이는 보살도의 구명이나, 그 실천적인 측면은 충분히
   해명되고 있지 못한듯 하다. 이와 같은 화엄교학에 실천적인 관점이 희박함을 비판하
   고 독창적인 『화엄경』 해석을 전개했던 사람이 바로 이통현이다. 그리고 그가 쓴 『신
   화엄경론』 40권은 그의 실천적인 사상을 대변하는 대표작이다. 木村淸孝, 「이통현과
   보조국사 지눌」, 『보조사상』 2집, 보조사상연구원, 1988 참조.
3 보광법당회에서는 문수(文殊)가 등장하여 십신(十信)을 설한다. 이때 시방(十方)으로
   부터 십수(十首)보살이 나아와 예배하는데, 보살 이름에 '首' 자를 붙인 이유는 믿음을
   머리(首)로 하기 때문이라고 한다. 장원규, 「화엄경의 사상체계와 그 전개」(인도편),
   『불교학보』 7집, 동국대학교 불교문화연구원, 1970, 14-20쪽 참조.
4 知訥, 「華嚴論節要序」, 『普照全書』, 普照思想硏究院, 전남: 불일출판사, 1989, 174쪽.
5 본래 원돈이란 천태종(天台宗)에서 자신의 가르침이 최고임을 나타내고자 사용한 말
   로서, 법화경(法華經)을 원돈경(圓頓經)이라 한다든지, 천태종의 지관(止觀)을 원돈
   지관이라 하는 것 등등이 그 예이다. 그리고 화엄의 교판론에서는 모든 말과 문자를
   초월하는 『유마경』(維摩經)이나 선의 가르침을 돈교(頓敎)라 하고, 주반구족 · 중중
   무진(主伴具足 · 重重無盡)을 설하는 화엄종의 교설을 원교(圓敎)라고 부른다. 즉,
   화엄이 가장 완전한 가르침이라는 것이다. 지눌을 화엄경 가운데서도 이통현에 의
   해 새롭게 해석된 『신화엄경론』의 가르침을 원돈이라는 말을 사용해 나타낸 것이다.
   Keel Hee-Sung, Chinul: The Founder of the Korean Son Tradition, Berkeley Buddhist
   Studies Series, pp.101-102 참조.
6 이러한 내용은 지눌의 작품인 『원돈성불론』이나 『권수정혜결사문』 등에서 두루 운위
   되고 있다.
7 부동지: 중생과 부처의 공통근거를 이루어주는 근본적인 지혜.
8 지눌, 「화엄론절요서」, 『普照全書』, 173쪽.

9 Keel Hee-Sung, 앞의 책, 104쪽.

10 知訥,「法集別行錄節要并入私記」,『普照全書』, 111쪽.

11 知訥,「眞心直設」,『普照全書』, 49쪽.

12 知訥,「眞心直設」,『普照全書』, 49쪽.

13 知訥,「법집별행록절요병입사기」,『普照全書』, 140쪽.

14 Keel Hee-Sung, 앞의 책, 109쪽.

15 知訥,「법집별행록절요병입사기」,『普照全書』, 159쪽.

16 知訥,「권수정혜결사문」,『普照全書』, 17쪽.

17 知訥,「법집별행록절요병입사기」,『普照全書』, 156쪽.

18 知訥,「법집별행록절요병입사기」,『普照全書』, 151쪽.

19 여기서의 돈오란 지눌이 구분하고 있는 해오(解悟)와 증오(證悟) 중 해오에 해당하는
것이다. 지눌은 청량 징관의 돈오점수관에 대해 해설하면서 해오를 이렇게 풀이한다:
"해오는 성(性)과 상(相)을 밝히 깨닫는 것이다. … 번뇌의 마음 속에 본래부터 깨달
음의 성품이 들어있는 것이 거울에 맑은 성품이 있는 것과 같음을 믿고 알아 결코 의
심이 없기 때문에 이름하여 해오라 한다"(지눌,「법집별행록절요병입사기」,『普照全
書』, 114-115쪽). 또『신화엄경론』의 뜻에 비추어 해오와 증오를 이렇게 구분한다: "화
엄론에서 말한 바에 의하면, 믿음의 처음에 세 가지 깨달음의 뜻을 밝힌 것은 해오요,
처음으로 십주(十住)에 들어가는 자리에서는 증오를 밝혔다"(지눌,「법집별행록절요
병입사기」,『普照全書』, 130쪽). 여기서 "믿음의 처음에 세 가지 깨달음의 뜻을 밝혔
다"는 것은 문수보살이 십신(十信) 초에 자신의 성과 상이 부동지의 부처와 조금도 다
름이 없음을 깨달은 것을 말하는데, 이것을 해오라고 한다는 것이다. 이 십신(해오)에
서 방편적인 정(定)과 혜(慧)를 닦아 십주(十住)로 나아가게 되는데, 이 십주에서의 깨
달음이 곧 증오이다. 일반적으로 말하는 돈오란 해오이지만, 지금까지 보았듯이, 지눌
은 선문에서의 돈오(즉, 해오)와 교문에서의 십신초에 대한 해석을 동일시했다.

20 Keel Hee-Sung, 앞의 책, 101쪽.

21 지눌,「진심직설」,『普照全書』, 49쪽.

22 지눌,「권수정혜결사문」,『普照全書』, 11쪽.

23 지눌,「법집별행록절요병입사기」,『普照全書』, 141쪽.

24 지눌,「진심직설」,『普照全書』, 48-49쪽.

25 지눌,「권수정혜결사문」,『普照全書』, 19쪽.

26 吉熙星,「知訥의 心性論」,『歷史學報』93輯, 1982, 13쪽.

27 지눌,「원돈성불론」,『普照全書』, 86쪽.

28 보현(普賢, Samantabhadra)은 '널리 뛰어나다'는 뜻. 화엄경의 여래출현품을 설하는

보살이며, 일찍이 비로자나 여래 밑에서 보살행을 닦았던 대표적 보살이다. 입법계품에서는 구도자인 선재동자가 최후로 자신에게 찾아오자 그에게 법계를 열어보여준다. 말하자면 화엄경의 끝을 장식하면서 여래를 대신하여 화엄의 세계를 열어보이는 사실상의 화엄경의 설자(說者)인 것이다. 보현행의 특성은 여래출현품에 잘 드러나고 있다: "일찍이 수백천억의 여래에게 봉사하고 모든 보살도의 구극에 도달하고, 삼매에 의해 자재력을 얻고, 모든 것을 알며, 여래의 비밀처에 통하여, 일체의 불법에 대해 의심을 끊고, 일체 여래의 가지(伽持)를 받으며, 일체 중생의 근기(根機)를 알며, 일체 중생의 신해(信解)와 해탈의 길을 잘 보여주며, 모든 여래의 가계(家系)를 흥성케 하는 지혜를 가지며, 머든 부처님의 법을 해설하는 데 능통하며, 기타 무량한 덕성을 완비하고 있다." 부처의 가지력에 의해 중생 이익의 원을 세워 수행하는 것이 보현행이며, 모든 보살은 보현행을 통해 여래의 본원을 알게 된다. 한마디로 보현행은 모든 행을 포괄하는 화엄원융의 묘행이다.(이상 高崎直道,「華嚴思想の發展」,『講座・大乘佛教』3卷 Ⅰ章, 東京: 春秋社, 昭和 58, 22쪽)

29 지눌,「원돈성불론」,『普照全書』, 78쪽.

30 『열반경』에서는 보살이 십주에 이르러서야 약간 견성을 하고, 십징지에 이르러서도 완전히 불성을 보지는 못한다고 하며,『대승기신론』에서도 십주보살이 겨우 법신을 조금 보다가 팔상성도(八相成道, 불・보살이 중생을 제도하기 위하여 이 세상에 태어나 일생 동안 여덟 가지 모습을 나타내는 것)를 거쳐 비로소 뜻을 이룬다고 한다.(지눌,「화엄론절요」,『普照全書』228쪽)

31 지눌,「원돈성불론」,『普照全書』, 48쪽.

32 지눌,「권수정혜결사문」,『普照全書』, 22쪽.

33 지눌,「권수정혜결사문」,『普照全書』, 13쪽.

34 지눌에 의하면, 선정(定)은 마음의 본체이고 지혜(慧)는 마음의 작용이다: "선정은 제 마음의 본체요, 지혜는 제 마음의 작용이다. 선정이 곧 지혜이기 때문에 본체가 작용을 떠나지 않고, 지혜가 곧 선정이기 때문에 작용이 본체를 떠나지 않는다. 두 가지가 모두 막히면 두 가지 모두 없어지고, 두 가지가 다 비춰면 두 가지 모두 존재하니, 본체와 작용은 서로 이루고 막히고 비침에 걸림이 없다. 이 선정과 지혜의 두 문은 수행의 요체요, 부처와 조사의 큰 뜻이며, 경론의 공통된 설명이다."(지눌,「법집별행록절요병입사기」,『普照全書』122쪽) 선정과 지혜란 진심의 공적(空寂)하고 영지(靈知)한 두 면과 같은 것으로서, 마음을 닦을 때는 이 둘을 고르게 닦아야 한다. 이른바 정혜쌍수. 그러나 선정과 지혜가 본래 두 가지로 존재하는 것은 아니다. 이들은 모두 하나의 자성 위에서 체(體)와 용(用)으로 나누어 본 것으로서, 서로 걸림없는 부처의 마음 그대로이다.

35 지눌,「권수정혜결사문」,『普照全書』11쪽.

36 지눌,「화엄론절요」,『普照全書』, 406쪽.

37 지눌,「 수정혜결사문」,『普照全書』17쪽.

38 지눌,「화엄론절요」,『普照全書』307쪽.

39 지눌,「화엄론절요」,『普照全書』308쪽.

40 지눌,「원돈성불론」,『普照全書』86쪽.

41 지눌,「권수정혜결사문」,『普照全書』19쪽.

42 지눌,「화엄론절요」,『普照全書』308쪽.

43 Keel Hee-Sung, 앞의 책, 107쪽.

44 지눌,「법집별행록절요병입사기」,『普照全書』, 145쪽.

45 지눌,「법집별행록절요병입사기」,『普照全書』, 146쪽 참조.

46 지눌,「권수정혜결사문」,『普照全書』, 21쪽.

47 지눌,「권수정혜결사문」,『普照全書』, 22쪽.

48 지눌,「법집별행록절요병입사기」,『普照全書』, 144쪽.

49 길희성,「돈오점수론의 그리스도교적 이해」,『종교신학연구』 1집, 서강대학교 종교신학연구소, 1988, 204쪽.

50 폴 틸리히,『신앙의 다이내믹스』, 이병섭 옮김, 전망사, 1986, 16쪽.

51 폴 틸리히, 앞의 책, 16-17쪽 참조.

52 존 힉,『종교철학개론』, 황필호 역편, 종로서적, 1986, 105쪽.

53 폴 틸리히, 앞의 책, 23-24쪽.

03 법신불 일원상과 범재신론 : 원불교의 일원주의와 세계주의

1 『정전』「제1 총서편」 교법의 총설.

2 세친은 몸(身)을 두 부분으로 나누어 설명했는데, 첫째가 태어나면서 얻어진 생물학적인 몸이라면, 둘째는 공능(功能), 즉 어떤 작용의 능력으로 얻어진 몸이다. 두 번째 의미의 몸은 무명에 의해 마음의 움직임이 일어나고 그 움직임, 즉 업에 따라 받은 과보로서의 몸을 의미한다. "미혹(無明)에 의거하여 선업과 악업과 부동업을 일으키고 업으로 말미암아 일곱 가지 인식의 결과를 얻으며 인식의 결과에 의거하여 다시 미혹을 생하는 것을 사람의 공능으로 얻어지는 것이라고 한다."(「攝大乘論釋」『大正藏』31卷, 254쪽 下) 그러니까 공능으로 얻어진 몸이란 미혹 및 무명의 결과인 셈이다. 그런데 미혹 및 무명은 극복과 단절의 대상이다. 그 미혹 내지 무명이 극복되면 어떻게 되는 것일까. 그때 등장하는 것이 '법신'의 개념이다.

3 「攝大乘論釋」『大正藏』31卷, 254쪽 下.

4 「佛性論」卷2, 『大正藏』31卷, 800쪽 下.

5 武内紹晃, 「佛陀觀の變遷」, 『大乘佛教とは何か』, 東京: 春秋社, 昭和56, 162頁 참조.

6 The Perfection of Wisdom In Eight Thousand Lines & Its Verse Summary, tr. by Edward Conze, Bolinas: Four Seasons Foundation, 1973, p.291.

7 『대종경』「전망품」 15.

8 『정전』「제2 교의편」 일원상의 진리.

9 『정산종사법어』(제2부 법어)「제4 경륜편」 1.

10 『정전』「교의편」 일원상서원문.

11 『정전』「교의편」 게송.

12 『대종경』「천도품」 5.

13 『대산종사법어』「제2 교리편」 31.

14 『정전』「제1 총설편」 교법의 총설.

15 『정전』「제2 교의편」 일원상의 신앙.

16 『대산종사법어』「제14 교리편」 24.

17 『교전』「제1 총서편」 제2장 교법의 총설.

18 이는 보조국사 지눌의 저작「수심결」(修心訣)의 핵심 사상이기도 하다: "이 공적한 가운데 영지하는 마음이 곧 네 본래 면목이며…"(『불조요경』, 「수심결」 15)

19 노권용, 「원불교의 불신관 연구-법신불사은을 중심으로」, 『원불교사상과 종교문화』 50집, 원불교사상연구원, 2011, xvii-lxii쪽, 특히 xxviii-xxix, xxxvi-xxxvii, xlix-lii쪽 참조.

20 『대종경』「제2 교의품」 11.

21 『대종경』「제2 교의품」 9.

22 이찬수, 『불교와 그리스도교, 깊이에서 만나다: 교토학파와 그리스도교』, 다산글방, 2003, 53-89쪽, 이찬수, 「교토학파의 자각이론: 니시다 기타로를 중심으로」, 『원불교사상과 종교문화』 50집, 원불교사상연구원, 2011, 273-301쪽 참조.

23 교당에 걸린 일원상이 원불교의 상징처럼 쓰이게 된 것은 대종사에게서 비롯되는 것은 아니라고 한다. 대종사에게서 얻어진 힌트를 후에 상징물로 정착시킨 것이라는 것이다. 대종사는 깨달음을 얻은 이후 이렇게 말했다: "만유가 한 체성이요 만법이 한 근원이로다. 이 가운데 생멸 없는 도와 인과 보응되는 이치가 서로 바탕하여 한 두렷한 기틀을 지었도다.(『대종경』「서품」 1장) 그리고 우주의 큰 본가가 어떠한 곳인지 묻는 제자 조송광의 질문에 대해서 이렇게 답했다고 한다: "그대가 지금 보아도 알지 못하므로 내 이제 그 형상을 가정하여 보이리라' 하시고, 땅에 일원상을 그려 보이시며 말씀하시기를 '이것이 곧 우주의 큰 본가이니 이 가운데는 무궁한 묘리와 무궁한 보물

과 무궁한 조화가 하나도 빠짐없이 갖추어 있나니라"(『대종경』「불지품」20장) 정말 대종사가 땅에 지금의 일원상을 그렸는지, 후대 추가된 내용인지 역사적인 차원에서 명백히 밝힐 필요도 있지만, 그렇게 일원상이 신앙의 대상으로 봉안되는 과정을 밝히려는 것이 본 논문의 목적은 아니다. 다만 이미 사용되고 있는 법신불과 일원상의 관계를 좀 더 명확히 해보려는 것이 본 논문의 목적 가운데 하나이다.

24 『대종경』「제2 교의품」9.

25 정순일, 「법신불일원의 보신불적 해석의 모색」, 『원불교사상과 종교문화』38집, 원불교사상연구원, 2008, 28-55쪽에서 이런 문제를 다루고 있다.

26 D. T. Suzuki, Outlines of Mahayana Buddhism, New York: Schocken Books, 1963, p.224에서 인용.

27 『대산종사법어』「제1 신심편」60.

28 『대산종사법어』「제1 신심편」25.

29 『대산종사법어』「제14 개벽편」17.

30 『대산종사법어』「제2 교리편」45.

31 『대산종사법어』「제2 교리편」44.

32 김삼룡, 「정산종사의 생애와 사상」, 정산종사탄생 100주년기념사업회, 『평화통일과 정산종사 건국론』, 원불교출판사, 1998, 5쪽.

33 김삼룡, 위의 글, 6쪽.

34 『대산종사법어』「제2 교리편」9.

35 『대산종사법어』「제11 교훈편」1.

36 『대산종사법어』「제2 교리편」31.

37 『대산종사법어』「제15 경세편」11.

38 『정산종사법어』(제2부 법어)「제4 경륜편」1.

39 『대산종사법어』「제2 교리편」23.

40 『대산종사법어』「제15 경세편」23.

41 『대산종사법어』「제15 경세편」18 참조.

42 『대산종사법어』「제15 경세편」7.

43 『대산종사법어』「제2 교리편」39.

44 『대산종사법어』「제15 경세편」1.

45 WCRP(World Conference of Religion for Peace) 공동의장으로 활동하고 있는 이오은 교무의 증언 내용이다.

46 『대산종사법어』「제15 경세편」1.

47 『대산종사법어』「제15 경세편」1.

48 『대산종사법어』「제9 동원편」9.

49 『대산종사법어』「제2 교리편」14.

50 『대산종사법어』「제2 교리편」14.

51 『대산종사법어』「제11 교훈편」12.

52 『대산종사법어』「제9 동원편」7.

53 『대산종사법어』「제14 개벽편」4 참조.

54 이찬수, 『인간은 신의 암호』, 분도출판사, 1999를 참조할 것.

55 『대산종사법어』「제2 교리편」74.

56 『대산종사법어』「제14 개벽편」13.

57 『대산종사법어』「제14 개벽편」4.

58 범재신론에 대한 좀 더 구체적인 해설은 이찬수, 『유일신론의 종말: 이제는 범재신론 이다』, 동연, 2014, 267-303쪽 참조.

59 마커스 보그, 『새로 만난 하느님』, 한인철 옮김, 한국기독교연구소, 2001, 65쪽.

60 이찬수, 위의 책, 289쪽.

61 『정전』「제3 수행편」염불법.

04 모두 절대무 안에 있다 : 니시다의 철학과 기독교

1 西田幾多郎, 『善の研究』, 東京: 岩波文庫(124-1), 1993, 13頁.

2 위의 책, 66頁.

3 위의 책, 4頁.

4 위의 책, 79-80頁.

5 西田幾多郎, 「絶對矛盾的自己同一」, 上田閑照 編, 『自覺について』(西田幾多郎哲學 論集 Ⅲ), 東京: 岩波書店, 1990, 32頁.

6 小坂國繼, 『西田幾多郎の思想』, 東京: 講談社學術文庫(1544), 2003, 132-133頁에서 再 引用.

7 위의 책, 135頁.

8 아리스토텔레스, 『형이상학』, 1028b 36f.(아베 마사오, 「니시다 철학의 장소사상」, 『禪과 종교철학』, 변선환 엮음, 대원정사, 1996, 30쪽에서 재인용).

9 니시다가 처음부터 공(空)을 적극적으로 의식하고서 '절대무'로 번역한 것인지에 대해 서는 좀 더 논증이 필요하다. 하지만 절대무를 서술하는 니시다의 논법과 대승불교 철 학에서 공을 서술하는 논법의 구조가 서로 다르지 않으며, 니시다가 점차 '공'과 '절대 무'를 직결시키며 논의를 전개해나간 것은 분명하다.

10 竹內良知,『西田幾多郎と現代』, 東京: 第三文明社, 1978, 26頁.

11 西田幾多郎, 「絕對矛盾的自己同一」, 앞의 책, 7-8頁.

12 小坂國繼, 앞의 책, 183頁

13 西田幾多郎, 「論理と生命」, 上田閑照 編, 『論理と生命』(西田幾多郎哲學論集 II), (東京: 岩波書店, 1988), 185頁.

14 西田幾多郎, 「場所的論理と宗敎的世界觀」, 『自覺について』(西田幾多郎哲學論集III), 東京: 岩波書店, 1990. 327頁.

15 위의 글, 334頁.

16 위의 글, 367頁.

17 Karl Rahner, "Zur Theologie der Menschwerdung", Schriften zur Theologie, Bd. IV., Benziger Verlag, 1967, s.150. 이와 관련한 라너의 신학 전반에 대해서는 이찬수, 『인간은 신의 암호』, 분도출판사, 1999 참조.

18 아베 마사오, 앞의 글, 97-98쪽.

19 秋月龍珉,『鈴木禪學と西田哲學の接點』, 154頁에서 인용.

20 西田幾多郎, 「行爲的直觀」, 上田閑照 編,『論理と生命』(西田幾多郎哲學論集 II), 東京: 岩波書店, 1988, 301-331頁. 小坂國繼, 앞의 책, 187-188頁.

21 西田幾多郎, 「絕對矛盾的自己同一」, 34頁.

22 위의 글, 38頁.

23 小坂國繼, 앞의 책, 193頁.

24 스즈키가 말하는 "즉비의 논리"에 대해서는 이찬수, 『불교와 그리스도교, 깊이에서 만나다』, 다산글방, 2003, 53-76쪽 참조.

25 西田幾多郎, 「場所的論理と宗敎的世界觀」, 360頁.

26 위의 글, 326頁.

27 위의 글, 326頁.

28 위의 글, 387頁.

29 瀧澤克己,『佛敎とキリスト敎』(東京: 法藏館, 昭和 46), 79-87頁;『日本人の精神構造』(東京: 三一書房, 1982), 192頁;『自由の原点: インマヌエル』, 東京: 新敎出版社, 1970, 12-34頁 등 참조.

30 小坂國繼, 앞의 책, 298頁.

31 小田垣雅也,『哲學的神學』, 東京: 創文社, 昭和 58, 97頁.

32 길희성, 『보살예수』, 현암사, 2004, 101, 247쪽 참조.

33 西田幾多郎, 「場所的論理と宗敎的世界觀」, 368頁.

34 위의 글, 368頁.

35 辻村公一,「田邊哲學について：ある一つの理解の試み」, 辻村公一 編集・解說,『田邊元』, 22頁.

36 앞의 글, 30-31頁.

05 창조적 만남과 궁극적 일치 : 길희성과 타나베의 신학과 철학

1 길희성,「철학과 철학사: 해석학적 동양철학의 길」, 한국철학회편,『철학사와 철학』, 철학과 현실사, 1999, 34쪽 참조.

2 타나베 철학에 관한 구미 언어 연구서로는 Johannes Laube, Dialektik der absoluten Vermittulung: Hajime Tanabes Religionphilosophie als Beitrag zum "Wettstreit der Liebe" zwischen Buddhismus und Christentum, Freiburg: Herder, 1984; Taitetsu Unno, James W. Heisig, The Religious Philosophy of Tanabe Hajime, Berkeley: Asian Humanities Press, 1990; Fritz Buri, Der Buddha-Christus als der Herr des wahren Selbst: Die Religionsphilosophie der Kyoto-Schule und das Christentum, Stuttgart: Verlag Paul Haupt, 1982; Makoto Ozaki, Individuum, Society, Humankind: The Triadic Logic of Species According to Hajime Tanabe, Leiden: Brill, 2001 등이 있다.

3 타나베 철학에 대한 우리말 개관은 이찬수,『불교와 그리스도교, 깊이에서 만나다: 쿄토학파와 그리스도교』, 다산글방, 2003, 77-89쪽 참조.

4 길희성,『포스트모던 사회와 열린종교』, 민음사, 1994. 6쪽.

5 길희성,「철학과 철학사: 해석학적 동양철학의 길」, 1999, 45쪽.

6 武內義範,「田邊哲學と絕對無」, 南山宗教文化研究所編,『絕對無と神: 西田・田邊哲學の傳統とキリスト教』, 東京: 春秋社, 1981, 215頁.

7 길희성,『보살예수』, 현암사, 2004, 25-26쪽.

8 길희성,『포스트모던 사회와 열린종교』, 1994, 7쪽.

9 길희성,『보살예수』, 2004, 40쪽.

10 길희성,『포스트모던 사회와 열린종교』, 1994, 157쪽.

11 길희성,「불교와 그리스도교, 창조적 만남과 궁극적 일치를 향하여」,『종교연구』제 21권, 한국종교학회, 2000.

12 길희성,「불교와 그리스도교, 창조적 만남과 궁극적 일치를 향하여」, 28쪽, 34쪽.

13 길희성,『보살예수』, 2004, 176쪽.

14 그의 책『포스트모던 사회와 열린 종교』중「예수, 보살, 자비의 하느님」을 비롯해 불교와 비교하는 논문은 대부분 이러한 시각에서 쓰였다.

15 길희성,『보살예수』, 2004, 14쪽.

16 丸山眞南,『日本の思想』, 東京: 岩波書店, 1996(64刷), 9頁.

17 홍현길,「일본사상의 발전」, 한국일본학회편,『일본사상의 이해』, 시사일본어사, 2002, 247쪽.

18 히로마쓰 와타루(1989),『근대초극론』, 김항 옮김, 민음사, 2003, 198-199, 204쪽; James W. Heisig(1995), "Tanabe's Logic of the Specific and the Spirit of Nationalism", James W. Heisig eds., Rude Awakenings: Zen, the Kyoto School, & the Question of Nationalism, Honolulu: University of Hawai'i Press, pp.255-88.

19 上田義文,『親鸞の思想構造』, 東京: 春秋社, 2004, 203頁 참조.

20 길희성,『일본의 정토사상』, 민음사, 1999, 9-10쪽.

21 길희성,『보살예수』, 2004, 34쪽.

22 길희성,「하나님을 놓아주자」,『새길이야기』2005년 겨울, 도서출판 새길, 2005, 122-123쪽.

23 길희성,「하나님을 놓아주자」, 2005, 123쪽.

24 길희성,「하나님을 놓아주자」, 2005, 127쪽.

25 길희성,「하나님을 놓아주자」, 2005, 127, 124쪽.

26 길희성,『보살예수』, 2004, 14-15쪽.

27 길희성,『보살예수』, 2004, 176쪽; 길희성,「무언의 지혜」,『오늘에 풀어보는 동양사상』, 철학과 현실사, 1999, 59-66쪽 참조.

28 길희성,「종교다원주의: 역사적 배경, 이론, 실천」, 한국철학회 편,『다원주의 축복인가 재앙인가』, 철학과 현실사, 2003, 231쪽; 길희성,「존 힉의 철학적 종교다원주의론」,『전통 · 근대 · 탈근대의 철학적 조명』, 철학과 현실사, 1999, 313-357쪽.

29 길희성,「종교다원주의: 역사적 배경, 이론, 실천」, 2003, 215, 234-35쪽; 길희성,「하나님을 놓아주자」, 2005, 132쪽.

30 길희성,『보살예수』, 2004, 183-84쪽.

31 길희성,「종교다원주의: 역사적 배경, 이론, 실천」, 2003, 234-235쪽.

32 길희성,『마이스터 엑카르트의 영성사상』, 분도출판사, 2003, 6쪽.

33 田辺元,『種の論理の辨證法』(=田辺元(2001),『歷史的 現實』, 東京: こぶし書房, 76頁), 1946.

34 廣松渉,『近代の超克論』, 東京: 講談社, 1989, 217頁.

35 武内義範,「田邊哲學と絶對無」, 南山宗教文化研究所編,『絶對無と神: 西田 · 田邊哲學の傳統とキリスト教』, 東京: 春秋社, 1981, 209頁.

36 Tanaba Hajime, Philosophy as Metanoetics, tr. Takeuchi Yoshinori, Berkeley and Los Angeles: University of California Press, 1986, p.1.

37 *Ibid.*, p.li.

38 *Ibid.*,

39 *Ibid.*, p.li.

40 武內義範,「田邊哲學と絶對無」, 1981, 215頁.

41 伊藤益,『愛と死の哲學 - 田辺元』, 東京: 北樹出版, 2005, 186-195頁.

42 武內義範,「田邊哲學と絶對無」, 1981, 215頁.

43 길희성,『보살예수』, 2004, 130-31쪽.

44 길희성,『보살예수』, 2004, 196쪽.

45 김승혜, 서종범, 길희성,『선불교와 그리스도교』, 바오로딸, 1996, 236쪽.

46 길희성,『보살예수』, 2004, 101쪽.

47 길희성,『보살예수』, 2004, 247쪽.

48 Tanaba Hajime, Philosophy as Metanoetics, 1986, p.li.

49 이 책은 종전(終戰) 이후에 출판되었지만, 원고는 모두 전쟁 말기의 극도로 불안한 일
    본의 상황을 반영하는 가운데 교토대학에서 강연했던 내용들이다.

50 西谷啓治 外,『田辺哲學とは』, 京都: 燈影舍, 平成3年, 177-178頁.

51 田辺元,『キリスト教の弁証』, 東京: 筑摩書房, 1948, 77頁.

52 길희성,『보살예수』, 2004, 207쪽.

53 田辺元,『キリスト教の弁証』, 1948, 186頁.

54 田辺元,『キリスト教の弁証』, 1948, 167頁.

55 길희성,『보살예수』, 2004, 208-210쪽.

56 길희성,『보살예수』, 2004, 13쪽.

57 武內義範,「田邊哲學と絶對無」, 1981, 213頁.

58 小野寺功,『絶對無と神: 京都學派の哲學』, 橫浜: 春風社, 2002, 73-74頁.

59 田辺元,『哲學入門: 補設第三, 宗敎哲學 · 倫理學』, 東京: 筑摩書房, 1952, 206頁.

60 田辺元,「種の論理の意味を明らかにす」藤田正勝 編,『京都學派の哲學』, 京都: 昭和
    堂, 2001, 33頁.

61 이찬수,『생각나야 생각하지 - 사유, 주체, 관계 그리고 종교』, 다산글방(개정판),
    2002, 245쪽.

06 두 종교를 동시에 살아가다 : 불교적 그리스도인 니터의 고백

1 폴 니터,『붓다 없이 나는 그리스도인일 수 없었다』, 정경일 · 이창엽 옮김, 클리어마
   인드, 2011.

07 신학을 불교화하다 : 야기의 불교적 신학

1 八木誠一, 『キリスと教は信じうるか』, 東京: 講談社, 1970, 20-21쪽.

2 위의 책, 21-22쪽.

3 Ulrich Luz, "Zur Einfüung", Seiich Yagi, Die Front-Struktur als Brücke vom buddhistischen zum christlichen Denken, München: Kaiser, 1988, S.11-12; 『キリスと教は信じうるか』, 47-48쪽 참조.

4 Seiichi Yagi and Leonard Swidler, A Bridge to Buddhist-Christian Dialogue, New York: Paulist Press, 1990, p.80.

5 八木誠一, 『キリスと教は信じうるか』, 52쪽.

6 위의 책, 57쪽.

7 위의 책, 235쪽.

8 A Bridge to Buddhist-Christian Dialogue, pp.119-121.

9 니시타의 장소란 주관적 존재, 객관적 존재를 넘어서는 절대무이다. 이 절대무는 존재(有)에 대립되는 무(無)나 단순한 비존재(非有)가 아니다. 장소란 일(一)과 다(多), 주관과 객관 - 내재와 초월, 긍정과 부정- 의 궁극적 통일의 가능성이다. 절대모순의 자기동일성, 절대긍정인 것이다. 니시타의 장소 개념에 대해서는 그의 논문 「場所的論理 宗教的世界觀」, 『自覺』, 上田閑照編, 東京:岩波書店, 1989, 299-397쪽; 한스 발덴펠스, 『불교의 空과 하나님』, 김승철 옮김, 대원정사, 1993, 85-107쪽 참조.

10 『キリスと教は信じうるか』, 96-97쪽.

11 야기에 의하면 장은 삼위일체의 구조를 지닌다. 본래적인 종교적 실존의 궁극적 근저가 하느님이고, 그리스도는 그 실존을 성립시켜주는 규정(통합에의 규정)이며, 이 규정의 성취자가 성령이다. 장은 근저와 규정과 성취자라는 삼개조로 되어 있다. 그리고 각각은 자체 안에 다른 둘을 함축한다. 한마디로 장은 근저 규정 성취자(하느님 그리스도 성령)의 삼위일체 구조로 이루어져 있다는 것이다.(이상 앞의 책, 194-197쪽; 八木誠一, 『キリスとイエス』, 東京: 講談社, 1969, 134-137쪽; A Bridge to Buddhist-Christian Dialogue, p.120 참조)

12 八木誠一, 『キリスとイエス』, 210쪽.

13 A Bridge to Buddhist-Christian Dialogue, p.63.

14 Masao Abe, "A Dynamic Unity in Religious Pluralism: A Proposal from the Buddhist Point of View", John Hick and Hasan Askari, eds., The Experience of Religious Diversity, Hant, England: Gower, 1985, p.184.

15 야기는 주로 自己(Self)와 自我(ego)라는 심리학적 용어를 그대로 쓰고 있지만, 이 글

에서는 그 원뜻을 살리기 위해 편의상 참자아와 자아라는 말로 대신 했다.

16 야기 세이이치, 「예수의 말 가운데 나타난 '나'의 의미」, 변선환 박사 화갑기념 논문집: 종교다원주의와 신학의 미래, 종로서적, 1989, 39쪽.

17 타키자와가 제일의 접촉이 모든 인간에게 무조건적으로 속한다고 못박으면서 선험적 사실을 그 자체로 인정했다면, 야기는 그것이 후험적 사실로 드러나는 한에서만 일정한 셈이라고 할 수 있다. 이것은 참자아와 자아를 철저하게 관계적으로 파악한 결과이다.(A Bridge to Buddhist-Christian Dialogue, p.141; 八木誠一, 『聖書のキリスと實存』, 東京: 新教出版社, 1967, 31쪽 참조.)

18 八木誠一, 『聖書のキリスと實存』, 174쪽.

19 위의 책, 175쪽. 이러한 구분은 이미 19세기 이래 자유주의 신학의 자연스런 산물이기도 하지만, 거기서는 그리스도교의 본질에 관한 파악은 부족했다고 야기는 본다. 성서의 언어에 따라 이러한 자유주의 신학을 비판했던 칼 바르트(Karl Barth)의 변증적 신학도 다르지 않다. 이들에서는 예수의 궁극적 주체와 경험적 자아라는 두 중심의 역설적 동일성을 파악하지 못하고 그저 구분하거나 동일시하는 오류를 범했다(『キリスとイエス』, 174-175쪽, 예수의 말 가운데 나타난 나의 의미 59쪽 참조). '육'에 따르면(중생의 눈으로 보면) 역사의 예수와 신앙의 그리스도는 구분될 수 밖에 없지만, '영'에 따르면(부처의 눈으로 보면) 역설적이게도 동일할 수 밖에 없다(로마 1,3). 깨치고 보면 중생과 부처가 조금도 다르지 않듯이.

20 '하느님의 다스림'에 대해서는 『キリスとイエス』, 72-84쪽 참조.

21 Richard H. Drumond, "Dialogue and Integration: The Theological Challenge of Yagi Seiichi", Journal of Ecumenical Studies 24:4, Fall, 1987, p.568.

22 八木誠一, 『新約思想の探求』, 東京: 新教出版社, 1972, 179쪽.

23 八木誠一, 『聖書のキリスと實存』, 68쪽.

24 후기에 이르러서는 '통합에의 규정의 장'보다는 프론트(front)라는 표현을 쓰면서 선과 화엄의 사상을 더욱 적극적으로 수용한다.

25 변선환, 「야기 세이이치의 장소적 기독론」, 『신학사상』 16(1977 봄), 한국신학연구소, 225쪽.

26 Seichi Yagi and Ulich Luz, "Gott in Japan", 한스 발덴펠스, 앞의 책, 281-282쪽에서 재인용.

27 변선환, 앞의 글, 229쪽.

28 S. Takayanaki, "The Risen Christ as Testimony of Truth: Jesus in Yagi Seiichi's Dialogue with Buddhism and Modern Theology", Ernst D. Piryns, "Japanese Theology and Inculturation", Journal of Ecumenical Studies 24:4, Fall 1987, p.546에서 재인용.

08 불교를 수용하며 신학을 변호하다 : 발덴펠스의 자기 비움의 신학

1 교토학파는 교토(京都)대학 종교 철학과에서 메이지유신 이래 일본 최고의 철학자로
   추대받는 니시다 기타로(西田幾多郎, 1870-1945)를 시작으로 하는 하나의 철학적 사
   고 유형이다. 거기서는 자신의 전통(특히 불교)에 대한 충분한 이해와 서구 전통에 대
   한 전적인 개방을 통해 동양과 서양을 하나로 통합하기 위한 용의주도한 노력을 기울
   인다. 쿄토학파에 대해서는 얀 반 브락트, 『종교란 무엇인가에 대한 서양인의 시각』,
   니시타니 케이지, 『종교란 무엇인가』, 정병조 옮김, 대원정사, 1993, 405-413쪽 참조.

2 원제 Absolutes Nichts - Zur Grundlegung des Dialogue zwischen Buddhismus und
   Christentum. 우리 말 역문은 한스 발덴펠스, 『불교의 空과 하나님-불교와 기독교의
   진정한 만남을 위하여』, 김승철 옮김, 대원정사, 1993.

4 발덴펠스, 위의 책, 241-246쪽.

5 니시다 기타로, 『선의 연구』, 서석연 옮김, 범우사, 1990, 16쪽.

6 니시다 기타로, 위의 책, 23쪽.

7 발덴펠스, 「현대 세계사에서의 기독교와 불교의 대화」, 히사마츠 신이치 외, 『무신론
   과 유신론』, 정병조 · 김승철 공역, 대원정사, 1994, 441-442쪽.

8 Hans-Georg Gadamer, Truth and Method. N.Y.: Seabury, 1975, p.340; 발덴펠스, 앞
   의 책, 248쪽.

9 Gadamer, 앞의 책, 339쪽; 발덴펠스, 앞의 책, 247-248쪽.

10 발덴펠스, 앞의 책, 251-252쪽.

11 발덴펠스, 앞의 책, 262쪽.

12 이것은 선이 궁극적으로는 긍정적인 무엇인가를 드러내 보여준다는 말인데 이 부분
   에 대해서는 많은 불교 학자들이 그렇지 않다고 보는 경향이 있다. 신비적인 불교도
   들이 많이 있기는 하지만, 그렇다고 해서 선 자체가 신비주의라는 뜻은 아니라는 말이
   다. 서양적인 의미의 신비주의 는 선에서의 공 체험과 꼭 맞아떨어지지 않는다는 것이
   다.(Francis H. Cook, "Encounter with Nothing-at-all: Reflections on Hans Waldenfels'
   Absolute Nothingness", Buddhist-Christian Studies, vol.2, 1982, p.140.)

13 발덴펠스, 앞의 책, 271쪽.

14 정달용, 베른하르드 벨테의 종교철학에 대한 소고, 『종교신학연구』 1집, 서강대학교
   종교신학연구소, 1988, 116-118쪽.

15 발덴펠스, 앞의 책, 264쪽.

16 발덴펠스, 앞의 책, 274쪽.

17 발덴펠스, 앞의 책, 280쪽.

18 Karl Rahner, Schriften zur Theologie(이하 S.T.) Bd.9, p.167; 발덴펠스, 앞의 책, 286-287쪽.

19 발덴펠스, 앞의 책, 289쪽.

20 Karl Rahner, S.T. Bd.9, p.114; 발덴펠스, 앞의 책, 289쪽.

21 Karl Rahner, S.T. Bd.9, p.124; 발덴펠스, 앞의 책, 290쪽.

22 Karl Rahner, S.T. Bd.4, p.149; 발덴펠스, 앞의 책, 308-309쪽.

23 Karl Rahner, S.T. Bd.4, p.150; 발덴펠스, 앞의 책, 308-309.

24 발덴펠스, 앞의 책, 309쪽.

25 발터 카스퍼, 『예수 그리스도』, 박상래 옮김, 분도출판사, 1988, 209쪽.

26 카스퍼, 앞의 책, 192쪽.

27 발덴펠스, 앞의 책, 303쪽.

28 발덴펠스, 앞의 책, 307쪽.

09 종교는 해석이다 : 스힐레벡스의 신학적 해석학

1 E. Schillebeeckx, Church: The Human Story of God, New York: Crossroad, 1991, pp.15-16.

2 E. Schillebeeckx, Christ: The Experience of Jesus as Lord, New York: The Seabury Press, 1979, p.53.

3 Christ, p.53

4 Church, p.16

5 Christ, p.53

6 Christ, p.49

7 이상 Christ, pp.32-34

8 E. Schillebeeckx, Jesus: An Experiment in Christology, New York: The Seabury Press, 1979, p.49.

9 레너드 스위들러, 『절대, 그 이후: 종교간 대화의 미래』, 이찬수 외 옮김, 이화여자대학교출판부, 2003 가운데 제6장은 이런 시각에서 종교간 대화의 이론적 토대를 놓고 있다.

10 Christ, p.35.

11 Ibid.,

12 E.Schillebeeckx, The Understanding of Faith, New York: The Seabury Press, 1974, p.65.

13 Christ, p.189.

14 Christ, p.38; Church, p.21

15 이상 Christ, p.38, p.49.

16 Christ, pp.634-35

17 Christ, p.46.

18 E. Schillebeeckx, Interim Report on the Jesus & Christ, New York: Crossroad, 1982, p.12.

19 Jesus, p.627.

20 Jesus, p.627.

21 Christ, p.48.

22 Jesus, p.48.

23 Interim Report, p.12.

24 Christ, p.50.

25 Interim Report, p.vii.

26 The Understanding of Faith, p.47.

27 Christ, p.39.

28 Jesus, p.630.

29 Christ, p.32.

30 Christ, p.32.

31 Jesus, pp.61-62.

32 Jesus, p.36.

33 Christ, pp.632-35.

34 Christ, p.62.

35 Church, p.xviii; pp.5-15. 이 명제는 1442년 플로렌스 공의회에서 선포한 "교회 밖에는 구원이 없다"(extra ecclasiam nulla salus)라는 그리스도교의 배타적 입장에 대한 현대 해석학적 변용이다.

36 Christ, p.49.

10 오늘 우리의 구원과 해탈 : 어느 불교적 신학자의 구원관

1 이찬수, 「부활, '웰 다잉'의 한 해석」, 『불교평론』 2005년 겨울호, 현대불교신문사, 58-59쪽.

2 『西田幾多郎全集』, 東京: 岩波書店, 1965-66, 第十一卷 57頁, 第三卷 543頁.

3 최준식, 『죽음, 또 하나의 세계』, 동아시아, 31-42쪽 참조.

4 김상봉, 『서로주체성의 이념-철학의 혁신을 위한 서론』, 도서출판 길, 2007, 288-289쪽.

5 브라이언 파머 외 엮음, 『오늘의 세계적 가치』, 신기섭 옮김, 문예출판사, 2007, 264쪽.

6 김상봉, 앞의 책, 21-22쪽.

7 김상봉, 앞의 책, 234쪽.

8 윌프레드 캔트웰 스미스, 『지구촌의 신앙』, 김승혜, 이기중 옮김, 분도출판사, 141쪽.

9 Paul Tillich, Systematic Theology, vol.2. University of Chicago Press, 1967, pp.118-119.

10 김세윤, 『구원이란 무엇인가』, 두란노, 2007, 28-29쪽.

11 Karl Barth, Church Dogmatics I/2, pp.350, 357.

12 김세윤, 앞의 책, 50-51쪽.

13 이찬수, 『인간은 신의 암호』, 분도출판사, 1999에서 이런 문제를 집중해서 다루고 있다.

14 에드워드 윌슨, 『통섭: 지식의 대통합』, 최재천·장대익 옮김, 2006, 411-458쪽 참조.

15 Wilfred Cantwell Smith, Faith and Belief Princeton University Press, 1979, p.27.

16 Smith, Ibid., p.28.

17 이찬수, 『생각나야 생각하지』, 다산글방, 2002(개정판1쇄), 80-82쪽.

18 이찬수, 앞의 책, 82-83쪽.

19 Tanabe Hajime, Philosophy as Metanoetics tr. Takeuchi Yoshinori, Berkeley and LosAngeles: University of California Press, 1986, li.

20 그런 점에서 매개로서의 종의 논리를 말하는 일본 현대 불교철학자 타나베 하지메(田邊元)의 철학적 시각은 적절하다. 이상의 매개론도 Tanabe Hajime, Philosophy as Metanoetics tr. Takeuchi Yoshinori, (Berkeley and LosAngeles: University of California Press, 1986)의 시각을 원용한 것이다.

21 길희성, 『보살예수』, 현암사, 2006, 150-151쪽.

22 도종환, "돈오의 꽃", 『해인으로 가는 길』, 문학동네, 2006.

23 성철 스님이 보조국사 지눌 스님의 돈오점수론을 비판한 이후 돈점 논쟁은 꾸준히 이어져왔다. 박성배, 『깨침과 깨달음』, 윤원철 옮김, 예문서원, 2003도 돈오점수론 비판서 중 하나.

24 John Hick, An Interpretation of Religion (New Heaven and London: Yale University Press, 1989), p.247.

25 Thomas Aquinas, Summa Theologica II/II, Q.I, art.2.; 존 힉,『하느님은 많은 이름을 가졌다』, 이찬수 옮김, 도서출판 창, 1991, 55쪽에서 인용.

26 그 사례로 이찬수,「유대-그리스도교 내세관 변천사」,『종교교육학연구』제21권 (2005.12) 한국종교교육학회, 282-303쪽 참조.

27 진중권,『놀이와 예술 그리고 상상력』, 휴머니스트, 2006, 201-219쪽.

28 G. 로핑크,『죽음이 마지막 말은 아니다』, 신교선 옮김, 성바오로출판사, 45쪽.

29 윌프레드 캔트웰 스미스,『지구촌의 신앙』, 김승혜 · 이기중 옮김, 분도출판사, 1989, 134쪽.

30 매튜 폭스,『우주 그리스도의 도래』, 송형만 옮김, 분도출판사, 2002, 350-373쪽.

31 스미스, 앞의 책, 175쪽.

11 비종교적인 그러나 종교적인 : 비종교인 리영희가 보는 기독교와 불교

1 강준만 편저,『한국 현대사의 길잡이 리영희』, 개마고원, 2004, 6쪽; 고병권 외,『리영희 프리즘』, 사계절출판사, 2010, 26쪽; 고은,「리영희」,『만인보 12』, 창비, 1996 참조.

2 리영희,『스핑크스의 코』, 한길사, 2006, 24-27쪽.

3 리영희,『대화』, 한길사, 2005, 507-508쪽.

4 『스핑크스의 코』, 48쪽.

5 『대화』, 505쪽.

6 『스핑크스의 코』, 31쪽.

7 『스핑크스의 코』, 31, 34쪽.

8 리영희,『새는 좌우의 날개로 난다』, 두레, 1994, 332쪽.

9 『스핑크스의 코』, 39쪽.

10 『스핑크스의 코』, 39쪽.

11 『새는 좌우의 날개로 난다』, 332쪽.

12 『스핑크스의 코』, 40-41쪽.

13 『스핑크스의 코』, 36쪽.

14 『스핑크스의 코』, 37쪽.

15 김만수,『리영희, 살아있는 신화』, 나남출판, 2003, 607쪽.

16 『스핑크스의 코』, 51쪽.

17 『스핑크스의 코』, 32쪽.

18 성홍식,「전환시대의 논리 저자, 리영희 교수 파병하면 국제적 공범자」, 〈내일신문〉 2003년 9월 24일, 22면,『리영희: 한국 현대사의 길잡이』, 297-98쪽에서 재인용.

19 성홍식, 앞의 글, 같은 쪽.

20 곽병찬, 「주목받은 종교강연 둘: 리영희 한양대 명예교수: "교회의 물신숭배 세속보다 더 물질화돼 있습니다"」, 〈한겨레신문〉, 2003년 12월 4일, 24면, 강준만, 앞의 책, 299쪽에서 재인용.

21 『리영희 - 한국 현대사의 길잡이』, 294-95쪽.

22 『스핑크스의 코』, 33-34쪽.

23 『리영희 - 한국 현대사의 길잡이』, 295쪽.

24 『스핑크스의 코』, 75-76쪽.

25 『스핑크스의 코』, 78쪽.

26 『스핑크스의 코』, 124쪽.

27 『스핑크스의 코』, 122쪽.

28 『스핑크스의 코』, 28-30쪽.

29 『스핑크스의 코』, 43쪽.

30 『대화』, 191-182쪽.

31 『스핑크스의 코』, 40쪽.

32 『대화』, 509쪽.

33 『리영희, 살아있는 신화』, 607쪽.

34 『스핑크스의 코』, 43쪽

12 90점 불교와 70점 기독교 : 두 종교에 대한 애정 어린 요청과 기대

1. 이찬수, 『한국 그리스도교 비평』, 이화여대출판부, 2009, 290-291쪽.

〈국문〉(역서 포함)

강준만 편저, 『한국 현대사의 길잡이, 리영희』, 개마고원, 2004.

게르하르트 로펑크, 신교선 옮김, 『죽음이 마지막 말은 아니다』, 성바오로출판사, 1998.

고병권 외, 『리영희 프리즘』, 사계절출판사, 2010.

구견서, 『일본 지식인의 사상』, 현대미학사, 2001.

길희성, 『보살예수』, 현암사, 2004.

_____, 『포스트모던 사회와 열린 종교』, 민음사, 1994.

_____, 『일본의 정토사상』, 민음사, 1994.

_____, 『지눌의 선사상』, 소나무, 2001.

_____, 『마이스터 엑카르트의 영성사상』, 분도출판사, 2003.

_____, 『하나님을 놓아주자』, 도서출판새길, 2009.

_____, "불교와 그리스도교: 창조적 만남과 궁극적 일치를 향하여", 『종교연구』 제21집, 2000.

_____, "철학과 철학사: 해석학적 동양철학의 길", 『철학사와 철학』, 철학과 현실사, 1999.

_____, "종교다원주의: 역사적 배경, 이론, 실천", 『다원주의 축복인가 재앙인가』, 철학과 현실사, 2003.

_____ 외, 『선불교와 그리스도교』, 바오로딸, 1996.

_____ 외, 『오늘에 풀어보는 동양 사상』, 철학과 현실사, 1999.

_____ 외, 『전통 · 근대 · 탈근대의 철학적 조명』, 철학과 현실사, 1999.

김만수, 『리영희, 살아있는 신화』, 나남출판, 2003.

김상봉, 『서로주체성의 이념 - 철학의 혁신을 위한 서론』, 도서출판 길, 2007.

김세윤, 『구원이란 무엇인가』, 두란노, 2007.

노권용, "원불교의 불신관 연구: 법신불 사은을 중심으로", 『원불교사상과 종교문화』, 제50집, 2011.

니시다 기타로 · 다카하시 스스무, 최박광 옮김, 『선의 연구/퇴계 경철학』, 동서문화사, 2009.

니시타니 케이지, 정병조 옮김, 『종교란 무엇인가』, 대원정사, 1993.

다케우치 요시미, 서광덕 · 백지운 편역, 『일본과 아시아』, 소명출판, 2004.

도종환, 『해인으로 가는 길』, 문학동네, 2006.

레너드 스위들러, 이찬수 옮김, 『절대 그 이후: 종교간 대화의 미래』, 이화여대출판부, 2003.

로버트 버스웰, "보조 지눌과 돈-점 논쟁", 『불교학보』 제66권, 2013.

리영희, 『스핑크스의 코』, 한길사, 2006.

_____, 『대화』(대담 임헌영), 한길사, 2005.

_____, 『새는 좌우의 날개로 난다』, 두레, 1994.

_____, 『전환시대의 논리』, 창비, 2006(2판).

_____, 『우상과 이성』, 한길사, 2006.

리영희선생화갑기념문집편집위원회, 『리영희 선생 화갑기념문집』, 두레, 1989.

마루야마 마사오, 김석근 옮김, 『일본의 사상』, 한길사, 1998.

마커스 보그, 한인철 옮김, 『새로 만난 하느님』, 한국기독교연구소, 2001.

매튜 폭스, 송형만 옮김, 『우주 그리스도의 도래』, 분도출판사, 2002.

미야카와 토루 외, 이수정 옮김, 『일본근대철학사』, 생각의 나무, 2001.

박상권, "원불교 일원상 진리와 사은의 관계에 관한 논의 고찰", 『원불교사상과 종교문화』 제52집, 2012.

박성배, 윤원철 옮김, 『깨침과 깨달음』, 예문서원, 2002.

발터 카스퍼, 박상래 옮김, 『예수 그리스도』, 분도출판사, 1988.

변선환, "야기 세이이치의 장소적 기독론", 『신학사상』 제16집, 1977.

브라이언 파머 외 엮음, 신기섭 옮김, 『오늘의 세계적 가치』, 문예출판사, 2007.

심재룡, 『한국불교의 철학적 기초』, 태학사, 1981.

아베 마사오, 변선환 엮음, 『禪과 종교철학』, 대원정사, 1996.

야기 세이이치 · 레너드 스위들러, 이찬수 옮김, 『불교와 그리스도교를 잇다』, 분도출판사, 1996.

야기 세이이치, "예수의 말 가운데 나타난 '나'의 의미", 『종교다원주의와 신학의 미래』(변선환 박사 화갑기념 논문집), 종로서적, 1989.

양은용, "정산종사 삼동윤리의 연구사적 검토", 『원불교사상과 종교문화』 제52집, 2012.

에드워드 윌슨, 최재천 · 장대익 옮김, 『통섭: 지식의 대통합』, 사이언스북스, 2005.

염승준, "원불교의 일원상 신앙: 진리적 종교의 신앙성", 『원불교사상과 종교문화』 제51집, 2012.

윤평중, "이성과 우상: 한국 현대사와 리영희", 『비평』 통권13호, 2006.

원불교100주년성업회 대산종사탄생백주년기념분과, 『진리는 하나 세계도 하나』(대산 김대거 종사 탄생 100주년 기념 학술 강연집, 2013)

월프레드 캔트웰 스미스, 김승혜, 이기중 옮김, 『지구촌의 신앙』, 분도출판사, 1989.

이찬수, 『인간은 신의 암호』, 분도출판사, 1999.

_____, 『불교와 그리스도교, 깊이에서 만나다: 교토학파와 그리스도교』, 다산글방, 2003.

_____, 『유일신론의 종말: 이제는 범재신론이다』, 동연, 2014.

_____, 『생각나야 생각하지: 사유, 주체, 관계, 그리고 종교』, 다산글방, 2002(개정판).

_____, 『한국 그리스도교 비평: 그리스도교, 한국적이기 위하여』, 이화여대출판부, 2009.

_____, "부활, '웰 다잉'의 한 해석", 『불교평론』, 2005년 겨울호.

_____, "유대-그리스도교 내세관 변천사", 『종교교육학연구』 제21권, 2005.

임마누엘 칸트, 전원배 역, 『순수이성비판』, 삼성출판사, 1985.

정달용, "베른하르드 벨테의 종교철학에 대한 소고", 『종교신학연구』, 제1집, 1988.

정산종사탄생 100주년 기념사업회, 『평화통일과 정산종사 건국론』, 원불교출판사, 1998.

정순일, "법신불사은 호칭 재고", 『원불교사상과 종교문화』49.

_____, "법신불일원의 보신불적 해석", 『원불교사상과 종교문화』38.

조흥윤, 『한국종교문화론』, 동문선, 2002.

존 힉, 황필호 역편, 『종교철학개론』, 종로서적, 1986.

_____, 이찬수 옮김, 『하느님은 많은 이름을 가졌다』, 도서출판 창, 1991.

진중권, 『놀이와 예술 그리고 상상력』, 휴머니스트, 2006.

최준식, 『죽음, 또 하나의 세계』, 동아시아, 2006.

토마스 아퀴나스, 정의채 옮김, 『신학대전』, 바오로딸, 1997-2014.

폴 니터, 정경일 · 이창엽 옮김, 『붓다 없이 나는 그리스도인일 수 없었다』, 클리어마인드, 2011.

폴 틸리히, 이병섭 옮김, 『신앙의 다이내믹스』, 전망사, 1986.

_____, 현영학 옮김, 『존재에의 용기』, 전망사, 1986.

한국일본학회편, 『일본사상의 이해』, 시사일본어사, 2002.

한스 발덴펠스, 김승철 옮김, 『불교의 空과 하나님』, 대원정사, 1993.

허우성, 『근대 일본의 두 얼굴: 니시다 철학』, 문학과 지성사, 2000.

황필호, "어느 휴매니스트의 종교-리영희, '스핑크스의 코'를 읽고", 『종교연구』 제20집, 2000.

히로마쓰 와타루, 김항 옮김, 『근대초극론』, 민음사, 2003.

히사마츠 신이치 외, 정병조 · 김승철 공역, 『무신론과 유신론』, 대원정사, 1994.

〈일문〉

高崎直道, "華嚴思想の發展", 『講座 · 大乘佛教』(3卷), 東京: 春秋社, 昭和58.

吉田傑俊,『知識人の近代日本』,東京: 大月書店, 1993.

南山宗教文化研究所 編,『絶對無と神：西田・田邊哲學の傳統とキリスト教』,東京: 春秋
　　社, 1981.

藤田正勝,『西田幾多郎：生きることと哲学』,東京: 岩波書店, 2007.

＿＿＿,『京都學派の哲學』,京都: 昭和堂, 2001.

瀧澤克己,『佛教とキリスト教』東京: 法藏館, 昭和 46.

------,『自由の原点: インマヌエル』東京: 新教出版社, 1970.

武内紹晃, "佛陀觀の變遷",『大乘佛教とは何か』,東京: 春秋社, 昭和56.

田辺元,『種の論理の辨證法』, 1946(=田辺元,『歴史的現實』,東京: こぶし書房, 2001)

＿＿＿,『キリスト教の弁証』,東京: 筑摩書房, 1948.

＿＿＿,『懺悔道としての哲學』,東京: 岩波書店, 1946.

＿＿＿,『懺悔道としての哲學・死の哲學』,京都: 燈影舍, 2000.

＿＿＿,『哲學入門: 補設第三, 宗教哲學・倫理學』,東京: 筑摩書房, 1952(=田辺元,『佛教
　　と西歐哲學』,東京: こぶし書房, 2003)

上田義文,『親鸞の思想構造』,東京: 春秋社, 2004.

上田閑照 編,『西田幾多郎隨筆集』東京: 岩波文庫, 1996.

------,『宗教』,東京: 岩波現代文庫(1300), 2007.

------,『經驗と場所』,東京: 岩波現代文庫(1200), 2007.

------,『西田幾多郎 - 人間の生涯ということ』東京: 岩波書店, 1995.

西谷啓治,『西田幾多郎 - その人と思想』東京: 筑摩書房, 昭和60.

------ 外,『田辺哲學とは』,京都: 燈影舍, 1991.

西田幾多郎,『善の研究』,東京: 岩波文庫(124-1), 1993.

------, 上田閑照 編,『論理と生命』(西田幾多郎哲學論集 II),東京: 岩波書店, 1988.

------, 上田閑照 編,『自覺について』(西田幾多郎哲學論集III),東京: 岩波書店, 1990.

------,『哲學の根本問題』(續編),東京: 岩波書店, 2005.

『西田幾多郎全集』(第十一卷/第三卷),東京: 岩波書店, 1965-66.

船山信一,『日本哲學の辨證法』,東京: こぶし書房, 1995.

小坂國繼,『西田幾多郎の思想』,東京: 講談社學術文庫(1544), 2003.

小野寺功,『絶對無と神 - 京都學派の哲學』,横浜: 春風社, 2002.

實存思想協會編,『近代日本思想を讀み直す』,千葉: 理想社, 2002.

辻村公一 編集・解說,『田邊元』.

嶺秀樹,『ハイデッガーと日本の哲學：和辻哲郎, 九鬼周造, 田辺元』,京都: ミネルヴァ書
　　房, 2002.

永井均,『西田幾多郎 -「絕對無」とは何か』, 東京: NHK出版, 2006.

伊藤益,『愛と死の哲學-田辺元』, 東京: 北樹出版, 2005.

竹內良知,『西田幾多郎と現代』, 東京: 第三文明社, 1978.

中沢新一,『フイロソフイア·ヤポニカ』, 東京: 集英社, 2001.

八木誠一,『キリト教は信じうるか』, 東京: 講談社, 1970.

-------,『キリストとイエス』, 東京: 講談社, 1969.

-------,『聖書のキリストと實存』, 東京: 新教出版社, 1967.

-------,『新約思想の探求』, 東京: 新教出版社, 1972.

河上撤太郎 外,『近代の超克』, 東京: 冨山房, 1979.

ハイジック, W. J.編,『日本哲學の國際性』, 京都: 世界思想社, 2006.

花岡永子,『絕對無の哲學 - 西田哲學硏究入門』, 京都: 世界思想社, 2002.

荒谷大輔,『西田幾多郎 - 歷史の論理學』, 東京: 講談社, 2008.

檜垣立哉,『西田幾多郎の生命哲学』, 東京: 講談社現代新書, 2005.

〈영문·독문〉

Barth, Karl, *Church Dogmatics*(Study Edition 1 · 2), T&t Clark Ltd., 2010.

Buri, Fritz, *Der Buddha-Christus als der Herr des wahren Selbst: Die Religionsphilosophie der Kyoto-Schule und das Christentum*, Stuttgart: Verlag Paul Haupt, 1982.

Buswell, Robert E., *The Korean Approach to Zen: The Collected Works of Chinul*, University of Hawaii, 1983.

Cook, Francis H., "Encounter with Nothing-at-all: Reflections on Hans Waldenfels' Absolute Nothingness", *Buddhist-Christian Studies*, vol.2, 1982.

Drumond, Richard H., "Dialogue and Integration: The Theological Challenge of Yagi Seichi", *Journal of Ecumenical Studies* 24:4, Fall, 1987.

Frank, Frederick, *The Buddha Eye: An Anthology of the Kyoto School*, New York: Crossroad, 1982.

Gadamer, Hans-George, *Wahrheit und Methode*, Tübingen: J.C.B.Mohr, 1986.

Heisig, James W. · Taitetsu Unno, *The Religious Philosophy of Tanabe Hajime*, Berkeley: Asian Humanities Press, 1990.

_____, eds., *Rude Awakenings: Zen, the Kyoto School, & the Question of Nationalism*, Honolulu: University of Hawaii Press, 1995.

Hick, John, *An Interpretation of Religion*, New Heaven and London: Yale University

Press, 1989.

Keel Hee-Sung, *Chinul: The Founder of the Korean Sŏn Tradition*, Berkeley Buddhist Studies Series, 1984.

Laube, Johannes, *Dialektik der absoluten Vermittulung: Hajime Tanabes Religionphilosophie als Beitrag zum "Wettstreit der Liebe" zwischen Buddhismus und Christentum*, Freiburg: Herder, 1984.

Luz, Ulrich, "Zur Einführung", Seiich Yagi, *Die Front-Struktur als Brücke vom buddhistischen zum christlichen Denken*, München: Kaiser, 1988.

Masao Abe, "A Dynamic Unity in Religious Pluralism: A Proposal from the Buddhist Point of View", John Hick and Hasan Askari, eds., *The Experience of Religious Diversity*, Hant, England: Gower, 1985.

Piryns, Ernst D., "Japanese Theology and Inculturation", *Journal of Ecumenical Studies* 24:4, Fall 1987.

Rahner, Karl, *Schriften zur Theologie*(Bd.I-XVI), Einsiedeln: Benziger, 1954-1984.

Schillebeeckx, Edward, *Church: The Human Story of God*, New York: Crossroad, 1991.

_____, *Christ: The Experience of Jesus as Lord*, New York: The Seabury Press, 1979.

_____, *Jesus: An Experiment in Christology*, New York: The Seabury Press, 1979.

_____, *The Understanding of Faith*, New York: The Seabury Press, 1974.

_____, *Interim Report on the Jesus & Christ*, New York: Crossroad, 1982.

Seichi Yagi · Ulich Luz, *Gott in Japan*, München, Chr. Kaiser Verlag, 1973.

Smith, Wilfred Cantwell, *Faith and Belief*, Princeton: Princeton University Press, 1979.

Streng, F.J., "Three approaches to authentic existence: Christian, Confucian, and Buddhist", *Philosophy East & West*, vol.32, No.4, 1982.

Suzuki, D. T., *Outlines of Mahayana Buddhism*, New York: Schocken Books, 1963.

Tanaba Hajime, *Philosophy as Metanoetics*, tr. Takeuchi Yoshinori, Berkeley and Los Angeles: University of California Press, 1986.

Tillich, Paul, *Systematic Theology*, vol.2., University of Chicago Press, 1967.

Williams, David, *Defending Japan's Pacific War: The Kyoto School philosophers and post-White power*, New York: Routledge Curzon, 2004.

〈경전류〉

『공동번역성서』, 대한성서공회.

「大乘起信論」,『大正藏』(32卷).

「佛性論」卷2,『大正藏』(31卷).

「攝大乘論釋」,『大正藏』(31卷).

「十地經論」卷9,『大正藏』(26卷).

『普照全書』, 보조사상연구원, 1989.

『精選 知訥』, 대한불교조계종한국전통사상서간행위원회출판부, 2009.

『원불교전서』, 원불교중앙총부, 1992.

『대산종사법어』, 원불교100년기념성업회, 2014.

The Perfection of Wisdom In Eight Thousand Lines & Its Verse Summary, tr. by Edward
Conze, Bolinas: Four Seasons Foundation, 1973.

찾아보기

듄, 존 155

원문출전

01. 인연에 따르다 : 불교의 인간론

"깨달음으로의 존재 : 불교적 인간관", 평화의문화연구소, 『본질과 현상』(2005 겨울, 통권 2호), 63-73쪽.

02. 믿음과 용기, 그리고 깨달음 : 지눌의 심신론과 틸리히의 신앙론

"선이 말하는 믿음의 길 : 보조국사 지눌을 중심으로", 종교문화연구원 편, 『구원이란 무엇인가』(도서출판창, 1993), 93-127쪽.

03. 법신불 일원상과 범재신론 : 원불교의 일원주의와 세계주의

"대산의 일원주의와 세계주의 : 법신불 일원상과 범재신론을 비교하며", 원광 대학교원불교사상연구원, 『원불교사상과 종교문화』(제61집, 2014.9), 77-117쪽.

04. 모두 절대무 안에 있다 : 니시다의 철학과 기독교

"니시다의 철학과 기독교적 세계관 : 자각이론을 중심으로", 대화문화아카데 미 편, 『화엄세계와 하느님나라』(모시는사람들, 2012), 153-181쪽.

05. 창조적 만남과 궁극적 일치 : 길희성과 타나베의 신학과 철학

"길희성과 타나베 하지메가 불교와 그리스도교를 포섭하는 논리의 비교 연 구", 고려대학교한국학연구소, 『한국학연구』(28권, 2008.6), 113-151쪽. 이 논문 가 운데 길희성의 사상을 다룬 부분은 수정 보완을 거쳐 다음의 두 학술지, 즉 한 국문화신학회편,『문화와 신학』(제4권, 2009.5), 25-52쪽 및 졸저,『한국 그리스도교

비평』(이화여대출판부, 2009.10), 293-320쪽에도 게재된 바 있다.

06. 두 종교를 동시에 살아가다 : 불교적 그리스도인 니터의 고백

"두 종교를 동시에 살아가기 : 『붓다 없이 나는 그리스도인일 수 없었다』에 대한 리뷰", 중앙승가대학교불교학연구원, 『불교사상과 문화』(제4호, 2012.12), 367-378쪽.

07. 신학을 불교화하다 : 야기의 불교적 신학

"야기 세이이치의 불교적 신학", 『종교신학의 이해』(분도출판사, 1996), 245-265쪽. 『종교신학의 이해』가 절판되어 이번 기회에 다시 게재한다.

08. 불교를 수용하며 신학을 변호하다 : 발덴펠스의 자기비움의 신학

"한스 발덴펠스의 자기비움의 신학", 『종교신학의 이해』(분도출판사, 1996), 231-244쪽. 『종교신학의 이해』가 절판되어 이번 기회에 다시 게재한다.

09. 종교는 해석이다 : 스힐레벡스의 신학적 해석학

"종교체험의 해석적 성격 : 스힐레벡스의 해석학으로 본 대순 사상", 대순사상학술원, 『대순사상논총』(제17집, 2004.6), 93-112쪽.

10. 오늘 우리의 구원과 해탈 : 어느 불교적 신학자의 구원관

"구원, 오늘 우리의", 한국교수불자연합회 · 한국기독자교수협의회 편, 『오늘 우리에게 구원과 해탈은 무엇인가』(동연출판사, 2007), 23-50쪽.

11. 비종교적인 그러나 종교적인 : 비종교인 리영희가 보는 기독교와 불

교

　"비기독교인 리영희의 기독교관", 21세기기독교사회문화아카데미, 『신학과

사회』(제24집 1호, 2010.8), 91-113쪽.

　12. 90점 불교와 70점 기독교 : 두 종교에 대한 애정 어린 요청과 기대

　"어느 불교적 그리스도인", 『월간불교』(2009.12).

다르지만 조화한다 불교와 기독교의 내통

등록 1994.7.1 제1-1071
1쇄 발행 2015년 8월 31일

지은이   이찬수
펴낸이   박길수
편집인   소경희
편 집   조영준
관 리   위현정
디자인   이주향
펴낸곳   도서출판 모시는사람들
        03147 서울시 종로구 삼일대로 457(경운동 88번지) 수운회관 1207호
전 화   02-735-7173, 02-737-7173 / 팩스 02-730-7173

인 쇄   상지사P&B(031-955-3636)
배 본   문화유통북스(031-937-6100)
홈페이지 http://modl.tistory.com/

값은 뒤표지에 있습니다.
ISBN 979-11-86502-17-4 93210

이 도서의 국립중앙도서관 출판예정도서목록(CIP)은 서지정보유통지원시스템 홈페이지(http://
seoji.nl.go.kr)와 국가자료공동목록시스템(http://www.nl.go.kr/kolisnet)에서 이용하실 수 있습
니다. (CIP제어번호: 2015022358)